मुक्तिबोध की कविताई

'राधाकृष्ण' से प्रकाशित

लेखक की अन्य पूरक पुस्तक

मुक्तिबोध की समीक्षाई (आलोचना)

मुक्तिबोध की कविताई

अशोक चक्रधर

राधाकृष्ण प्रकाशन

ISBN : 978-81-7119-366-0

मुक्तिबोध की कविताई

पहला संस्करण : 1998
तीसरा संस्करण : 2023

मूल्य : ₹695

प्रकाशक
राधाकृष्ण प्रकाशन प्राइवेट लिमिटेड
जी-17, जगतपुरी, दिल्ली-110 051
शाखाएँ : अशोक राजपथ, साइंस कॉलेज के सामने, पटना-800 006
पहली मंज़िल, दरबारी बिल्डिंग, महात्मा गांधी मार्ग, प्रयागराज-211 001
वेबसाइट : www.radhakrishnaprakashan.com
ई-मेल : info@radhakrishnaprakashan.com

मुद्रक
बी.के.ऑफसेट
नवीन शाहदरा, दिल्ली-110 032

MUKTIBODH KI KAVITAAI
Criticism by Ashok Chakradhar

प्रो० मुजीब रिज़वी
को
सादर समर्पित

यह 'कविताई' पुस्तक

अशोक चक्रधर मुक्तिबोध के सबसे प्रामाणिक और सबसे पुराने पाठकर्ता रहे हैं। 1975 में प्रकाशित उनकी प्रसिद्ध और समारोहित पुस्तक 'मुक्तिबोध की काव्यप्रक्रिया' मुक्तिबोध की कविताओं को जिस तरह खोलती है, वैसा आज तक अन्यत्र दुर्लभ है।

मुक्तिबोध की कविताओं में फ़ैंटैसी का उपयोग और उनमें निहित गहन अर्थों को साधारण समीक्षक पकड़ नहीं पाते। अशोक चक्रधर अपनी इस नई पुस्तक में मुक्तिबोध की कविताओं की रचनाप्रक्रिया और अर्थप्रक्रिया में नए ढंग से प्रवेश करते हैं और एक बार फिर सिद्ध करते हैं कि चक्रधरीय 'पाठ' के रास्ते मुक्तिबोध की कविताएं 'दुरूह' नहीं हैं, बल्कि वे सहज अर्थवान कविताएं हैं। अपनी सहज समीक्षाई के ज़रिए मुक्तिबोध के पाठक को अशोक ऐसे व्याख्या मार्ग में ले चलते हैं जिसमें मुक्तिबोध की कविताओं के नए-नए अर्थ तो खुलते ही हैं, पाठक चाहे तो उनके नए अर्थ भी पा सकता है।

प्रस्तुत पुस्तक 'मुक्तिबोध की काव्यप्रक्रिया' नामक लेखक की प्रसिद्ध पुस्तक के कवितार्थ अंश का नया विस्तार है। अरसे से 'मुक्तिबोध की काव्यप्रक्रिया' पुस्तक अनुपलब्ध रही है जबकि पाठकों ने उसकी लगातार मांग की है। इस पुस्तक से पाठकों की वह मांग न केवल पूरी होगी बल्कि उन्हें बहुत कुछ नई सामग्री भी मिलेगी।

मुक्तिबोध के नए पाठकर्ताओं के लिए यह 'मुक्तिबोध की कविताई' हर तरह से एक अनिवार्य पुस्तक है।

– सुधीश पचौरी

अनुक्रम

प्राक्कथन

मुक्तिबोध का रचना-कर्म अपने युग की रचना-धर्मिता के बहुविध द्वंद्वों की सर्वाधिक सशक्त पहचान है और न केवल पहचान है बल्कि वह युगीन अंतर्विरोधों का वस्तुवादी विश्लेषण भी है। मुक्तिबोध नई कविता आंदोलन से संबद्ध रहकर भी एक प्रकार से असंबद्ध रहे हैं।

नई कविता के आरंभिक चरण में जितनी ज़रूरत इस बात की समझी गई थी कि नई रचनाएं आएं, उतनी ही या कदाचित उससे ज़्यादा इस बात की समझी गई कि उस समीक्षा-पद्धति और सिद्धांत को सामने लाया जाए जो नई कविता के जीवन-मूल्यों और उसकी रचना-प्रक्रिया को व्याख्यायित और मूल्यांकित कर सके। इसी आधार पर कहा जा सकता है कि नई कविता का यह दौर न केवल अपनी तात्कालिक आवश्यकताओं पर ज़ोर दे रहा था बल्कि अपने लिए एक वैचारिक आधारभूमि तैयार करके स्थायी स्थान का निर्माण कर रहा था।

आवश्यकताओं पर दिए गए तात्कालिक बल-प्रयोग का परिणाम यह हुआ कि नई कविता के प्रारंभिक दौर से अद्यतन नई कविता की रचना-प्रक्रिया और अर्थ-प्रक्रिया (मूल्यांकन प्रक्रिया / समीक्षा) को लेकर तीव्र मतभेद सम्मुख आते रहे हैं। विपरीत ध्रुवों पर स्थित मतभेदों का निनाद इतना उलझन भरा है कि उनके मध्य से किसी स्पष्ट निर्णय-प्रक्रिया को संपन्न करने में कठिनाई आती है। हां, एक स्वर से इतना तो अवश्य कहा जा सकता है कि नई कविता के प्रायः सभी पुरोधाओं ने परंपरा से प्राप्त अपनी संस्कृत काव्यशास्त्रीय समीक्षा-पद्धति को दृढ़ता से अस्वीकार किया। रस-सिद्धांत हो या अलंकार-सिद्धांत, मूल्यांकन की इस सदियों से चली आ रही परिपाटी को नकार दिया गया, लेकिन उसके विकल्प में आई समीक्षाई ने आधुनिक काव्य-रूप को पड़तालने के कोई मज़बूत और कारगर हथियार नहीं दिए। काव्यानुभव को जीवनानुभव से जोड़ कर नहीं देखा गया।

मुक्तिबोध ने न केवल अपनी कविता के लिए वरन् पूरे काव्यांदोलन के लिए समीक्षाई के जो प्रतिमान निर्धारित किए उनके द्वारा काव्य और जीवन

के बीच जानबूझ कर बढ़ाई गई दूरी कम हो गई। उनकी शिकायत भाववादियों से ही नहीं थी, प्रगतिशील समीक्षकों से भी थी। प्रगतिवादियों से उनकी ख़ास शिकायत यही थी कि उन्होंने संवेदनात्मक उद्देश्यों के आधार पर लेखक के अंतर्व्यक्तित्व की रचना के अंतर्गत जीवन-तत्वों को और उनकी अभिव्यक्ति को नहीं देखा। संवेदनात्मक उद्देश्यों को न समझने के कारण समग्र रचना-कर्म के बारे में भ्रांतिपूर्ण वक्तव्य दिए, उसे या तो राजनैतिक रूप से प्रतिक्रियावाद कहा गया या भारतीय संस्कृति और उसकी आत्मा के प्रतिकूल। उनके अनुसार होना यह चाहिए था कि संवेदनात्मक उद्देश्यों की जीवन-भूमि का विश्लेषण करते हुए उन रचनाओं की सहज मानवीयता का अध्ययन किया जाता। लेकिन इस प्रकार की कविताओं को या तो प्रतिक्रियावादी कह कर टरका दिया गया या निषेधात्मक करार दिया गया। मुक्तिबोध की शिकायत यही रही कि आलोचकों का उद्देश्य काव्य-प्रवृत्तियों को समझना नहीं रहा, वरन् उससे संघर्ष करके उसे नष्ट कर देना रहा।

हिन्दी की आधुनिक समीक्षा प्राय: आचार्य रामचन्द्र शुक्ल से शुरू हुई मानी जाती है। उसका अब तक का विकास यह बताता है कि समीक्षकों के सामने भारतीय और पाश्चात्य काव्यशास्त्र कुछ इस तरह से आए मानो उनका कोई देशज इतिहास और सामाजिक विकास न रहा हो, परिणामत: छायावाद के बाद जो रचना-प्रक्रिया शुरू हुई वह ऐसी आलोचना का अतिक्रमण कर गई।

नए कवियों द्वारा निजी-विशिष्ट कविता-सिद्धांतों का आग्रह इसी प्रकाश में देखा जाना चाहिए। मुक्तिबोध नई कविता की उस धारा को प्रतिनिधित्व देते हैं जो सामाजिक यथार्थ और जनवादी मूल्यों में विश्वास रखती है। उनके सामने जहां एक ओर सन् 1936 से प्रारंभ हुए प्रगतिशील आंदोलन का इतिहास था, वहां दूसरी ओर उन्होंने उस पूरे दौर में विकसित भारतीय और पश्चिमी भाववादी सौंदर्यशास्त्र का भी अध्ययन किया। प्रगतिवाद के अध्ययन और वस्तुवादी चेतना ने मुक्तिबोध को वह दृष्टि प्रदान की जिससे वे किसी भी समीक्षा-सिद्धांत (रचना-प्रक्रिया से लेकर अर्थ-प्रक्रिया तक) को उसके ऐतिहासिक परिदृश्य में रख कर परख सकते थे।

नई कविता आंदोलन के आने तक रचना-प्रक्रिया का स्वरूप पूर्ववर्ती रचना-प्रक्रिया से काफ़ी हद तक अलग हो चुका था। इतना ही नहीं, नई रचना-प्रक्रिया अपनी स्तर-बहुलता और रूप-बहुलता के कारण नई मूल्यांकन-पद्धति या कहें अर्थ-प्रक्रिया के जन्म का कारण बनी। वस्तुत: समीक्षा-सिद्धांत हमारी उस चेतना से निकलते हैं जो एक ख़ास सामाजिक दौर में पूरा का पूरा युग

ही अभिव्यक्त कर रहा होता है। यही कारण है कि प्रत्येक युग के अपने सामाजिक यथार्थ से जो अंत:संबंध होते हैं, उनसे काट कर गढ़ा गया कोई भी कला-सिद्धांत, ऊपर से थोपा गया, यांत्रिक या आयात किया हुआ लग सकता है। यहीं परे कला-विचारक की मौलिकता की परीक्षा होती है। कहने की आवश्यकता नहीं है कि मुक्तिबोध इस परीक्षा में काफ़ी हद तक खरे उतरते हैं।

जैसाकि हमने 'मुक्तिबोध की समीक्षाई' में देखा है, उनकी चिंता का विषय साहित्य ही नहीं होता बल्कि उसके बहाने संपूर्ण कला होती है। जीवन के प्रति ऐतिहासिक भौतिकवादी दृष्टि, कलाओं को वर्गीय विश्लेषण प्रदान करती है और इस प्रकार कला की सृजन-प्रक्रिया (जिस तत्व की हिन्दी में अब तक उपेक्षा हुई) को एक ऐसा आयाम प्रदान करती है जो समीक्षाई के क्षेत्र में मुक्तिबोध की एक देन मानी जा सकती है।

मध्य-युग में रचना और समीक्षा के बीच अलगाव अवस्थित था। इसका कारण उस समाज के भीतर कलावंतों की अपनी स्थिति था। समीक्षा और रचना का यह विभाजन, हो सकता है कि एक युग में लाभकारी रहा हो, किंतु आधुनिक युग में लाभकारी नहीं हो सकता। सामाजिक यथार्थ के बारे में विकसित और वैज्ञानिक समझ ने यह सिद्ध कर दिया है कि मनुष्य की क्रिया-शक्ति को उसकी संपूर्ण सामाजिक प्रक्रिया के अंतर्गत ही देखा जा सकता है। दूसरे शब्दों में, आज किसी भी रचना या रचनाकार का मूल्यांकन रचनाकार के संपूर्ण कृतित्व के एवं संपूर्ण सामाजिक यथार्थ के संदर्भ में ही किया जा सकता है।

हालांकि वर्ग-विभाजन बूर्जुआ समाज में और भी जटिल किंतु स्पष्ट प्रक्रिया से घटित होता है और विशेषीकरण के युग में न केवल समीक्षा और रचना के अलगाव की संभावनाएं बलवती हो सकती हैं, रचना और रचनाकार के व्यक्तित्व के अलगाव की संभावनाओं को भी सुना जा सकता है। किंतु जिसके पास इतिहास के द्वंद्वात्मक एवं ऐतिहासिक भौतिकवाद का ज्ञानात्मक आधार है, वह इस अलगाव का आसानी से अतिक्रमण करके, इसका शिकार होने से बच सकता है। मुक्तिबोध की समीक्षाई के संदर्भ में, उनकी रचनाओं को देखने पर हमारा यह विश्वास और भी मज़बूत होता है कि किसी भी युग के प्रतिनिधि कवि को समझने के लिए उसकी संपूर्ण चेतना-प्रक्रिया को समझना एक आवश्यकता है। उसकी चेतना-प्रक्रिया अनिवार्यतया उन सामाजिक स्थितियों से जुड़ी होती है जिसमें वह एक निश्चित सामाजिक संबंध रखता है। जो लोग कवि, कविता और समीक्षा तीनों में अलगाव पैदा करते हैं, मुक्तिबोध की समीक्षाई और कविताई उनके लिए एक चुनौती है।

मुक्तिबोध की कविताओं की रचना-प्रक्रिया एवं अर्थ-प्रक्रिया का विश्लेषण करते हुए हमने देखा है कि वहां रचना-प्रक्रिया के कई स्तर हैं, कई चरण हैं। इस स्तर-बहुलता के कारण उनकी रचनाएं शिल्प के स्तर पर एक-सी लगती हुई भी अलग-अलग स्वायत्त शिल्प का निर्माण करती हैं। शमशेर बहादुर सिंह शायद इसीलिए मुक्तिबोध को महान (क्लासिक) रचना का सृष्टिकर्ता मानते हैं।

अगर हम उनकी समीक्षाई को जानने के बाद उनकी कविताओं को पढ़ते हैं तो स्तर-बहुलता के बावजूद हम कविताओं के शिल्प को विदीर्ण करने में सफल होते हैं और उस अर्थ-तत्व तक सहज ही पहुंच सकते हैं जो अन्यथा असंभव था। दूसरे शब्दों में, किसी अन्य समीक्षक के समीक्षा-सिद्धांतों के आधार पर मुक्तिबोध की कविताओं को समझना प्रायः आसान नहीं है। इस प्रकार मुक्तिबोध के समीक्षा-सिद्धांत उनकी रचना-प्रक्रिया को और तदनंतर अर्थ-प्रक्रिया को समझने में आधारभूत पूरक तत्व का काम करते हैं। साथ ही वे एक स्वतंत्र समीक्षा-पद्धति का भी निर्माण करते हैं जिससे हम इस दौर की अनेक रचनाओं का मूल्यांकन कर सकते हैं।

किंतु हमें ऐसा लगता है कि रचनाकार के द्वारा रचनाओं की भूमिका के रूप में प्रस्तुत की जाने वाली समीक्षा-दृष्टि जहां एक ओर उस विशिष्ट कवि को समझने में सहायता करती है तो दूसरी ओर उस कवि की रचना-प्रक्रिया को इतना विशिष्ट बना देती है कि उसके शिल्प की सार्वजनीनता पर वाजिब सवाल किए जा सकते हैं। न केवल यही, बल्कि उसके समीक्षा-सिद्धांतों पर भी ऐसी ही टिप्पणी की जा सकती है। क्या मुक्तिबोध के बारे में यही टिप्पणी की जा सकती है?

इस सवाल का जवाब हम तब दे पाते हैं जब उनकी कविताओं का विश्लेषण करते हैं। वहां एक ओर हम उनकी स्तर-बहुल कविताओं को विश्लेषित करने में उनकी 'कामायनी : एक पुनर्विचार' की नई समीक्षा-पद्धति से पूरी सहायता प्राप्त करते हैं तो दूसरी ओर उसी रास्ते पर चलते हुए एक निश्चित अर्थ-पद्धति तक पहुंच जाते हैं, किंतु यह सही है कि मुक्तिबोध के उपलब्ध समीक्षा-सिद्धांत अर्थ-प्रक्रिया के क्षेत्र में हमारी विशेष सहायता नहीं करते, उल्टे कभी-कभी हमें अकेला छोड़ देते हैं। एक विशिष्ट रचना-प्रक्रिया के व्याख्याकार के लिए आवश्यक था कि वह उस अर्थ-पद्धति का भी आविष्कार करता जो ज़रूरी थी। मुक्तिबोध की अकाल मृत्यु उनकी एक बहुत बड़ी सीमा रही, किंतु इस तथ्य को नकारा नहीं जा सकता कि उनके द्वारा शिल्प के स्तर पर की गई समीक्षा, यानी रचना-प्रक्रिया के स्तर पर की गई समीक्षा हमें शिल्प के रचना-पक्ष की तरफ़ नहीं ले जाती। रचना-प्रक्रिया पर विचार करते हुए वे

फ़ैंटैसी एवं तत्संबंधित अवयवों को विश्लेषित करते हुए केवल इतना स्पष्ट कर पाए थे कि उनका निर्माण-प्रक्रिया (रचना-प्रक्रिया) में क्या अंत:संबंध है।

फ़ैंटैसी वह रचना-प्रक्रिया है, जो बुर्जुआ समाज के सौंदर्यबोध का बुनियादी अंग है। किंतु मुमूर्ष बुर्जुआ का नहीं। मुमूर्ष बुर्जुआ समाज में फ़ैंटैसी, अपनी सामाजिकता को खोते हुए उससे नितांत बाहर निकल जाती है और रचनाकार के लिए स्वप्न-दुनिया के द्वार खोल देती है। लेकिन विकासमान बुर्जुआ समाज के भीतर यह फ़ैंटैसी ऐसी रचना-प्रक्रिया को जन्म देती है जो समाजोन्मुख होती है। मुक्तिबोध अपनी पूरी जनवादी समझ के बावजूद एक ऐसे समाज के मध्यवर्ग के अंग थे जिसमें पूर्ण बुर्जुआ विकास की संभावनाएं अवरुद्ध होकर जनवादी विकास की संभावनाओं में परिणत होने लगी थीं। हालांकि मुक्तिबोध ने अपनी समीक्षा और रचनाओं में इस तथ्य को मुखर रूप से स्वीकारा नहीं है, पर उनकी रचनाओं में फ़ैंटैसी के उपयोग से यह स्पष्ट है कि वे बुर्जुआ शिल्प-मूल्य का जीवंत इस्तेमाल कर सकते थे। अगर मुक्तिबोध के द्वारा फ़ैंटैसी के बारे में यह वर्गीय विश्लेषण न दिया गया होता तो हम न केवल मुक्तिबोध की कविता नहीं समझ पाते अपितु बुर्जुआ समाज की कला-रचना-प्रक्रिया भी हमारे लिए उलझाव बनी रहती। इसका दिलचस्प विवरण हम वहां पाते हैं जहां मुक्तिबोध रचना-प्रक्रिया में तीन क्षणों का ज़िक्र कई बार कई तरह से करते हैं।

ऊपर से देखने से लगता है कि मुक्तिबोध कहना चाहते हैं कि यह नियम सार्वजनीन एवं शाश्वत है, किंतु कहने की ज़रूरत नहीं कि मुक्तिबोध इन क्षणों की पारस्परिकता के माध्यम से जिस रचना-प्रक्रिया का विश्लेषण कर रहे थे वह एक पूर्ण विकसित बुर्जुआ समाज की चेतना- प्रक्रिया का परिणाम था। इसलिए मुक्तिबोध द्वारा विश्लेषित यह तीन क्षण समकालीन हिन्दी कविता की रचना-प्रक्रिया को समझने के लिए आधारभूत तत्व का काम करते हैं। शिल्प के स्तर पर यही मुक्तिबोध की समीक्षाई की सबसे बड़ी ख़ूबी है।

मुक्तिबोध के कला-सिद्धांत कविता को एक सामाजिक-सांस्कृतिक प्रक्रिया मानते हैं, उनकी कविताएं इसका प्रमाण हैं। जो लोग कविता को सिर्फ़ एक कलात्मक या शिल्पात्मक प्रक्रिया मानते हैं उनके लिए मुक्तिबोध की कविताएं निश्चित रूप से 'जटिल', 'अधूरी', 'आत्मपरक अभिव्यक्ति', 'भयानक' या 'ऊबड़-खाबड़' लग सकती हैं, किंतु यदि हम मुक्तिबोध की संपूर्ण रचना-प्रक्रिया को देखें और उनके इस सूत्र– 'कला एक सामाजिक प्रक्रिया है'– को आधार मानकर उनकी रचनाओं को समझें, तो पाते हैं कि मुक्तिबोध शब्द के असामाजिक प्रयोग के कवि नहीं थे। उनके कथ्य की सार्थकता को समझने

के लिए कविता के बारे में उनके उक्त दृष्टिकोण से हमें बहुत सहायता मिलती है। साथ ही यह दृष्टिकोण हमें उस ग़लती से बचा लेता है जो मुक्तिबोध के संदर्भ में जाने-अनजाने की गई है। इस प्रकार मुक्तिबोध की समीक्षाई न केवल हमें उनके बारे में न्याय करने का मौक़ा देती है बल्कि एक सही आधार भी प्रदान करती है।

यह एक उल्लेखनीय बात है कि मुक्तिबोध मार्क्सवादी सौंदर्यशास्त्र के तकनीकी विशेषणों का कम से कम इस्तेमाल करते हैं। उनके स्थान पर वे अपने (निजी) शब्दों और मुहावरों को प्रयोग में लाते हैं, जिनको वे मार्क्सवादी अर्थ प्रदान करते हैं। वर्गीय विश्लेषण और इतिहास के प्रति भौतिकवादी दृष्टि का आग्रह रखने वाला कवि जब निश्चित अर्थ और संदर्भों वाले मार्क्सवादी सौंदर्यशास्त्रीय 'जार्गन' का इस्तेमाल न करके निजी-विशिष्ट शब्दावली का निर्माण करता है तो वह एक ऐसा ख़तरा उठाता है जो समीक्षा में नहीं उठाया जाना चाहिए।

समीक्षा एक विज्ञान होती है और पारदर्शी स्पष्टता एवं विश्लेषण की तीक्ष्णता उसकी प्राण होती है। मुक्तिबोध पाठक के सामने इस प्रक्रिया में एक खाई बना देते हैं। लगता है वे उस तीक्ष्णता और स्पष्टता से बचते रहे हैं जो प्रवृत्ति उन जैसे विचारक में नहीं होनी चाहिए थी। इसका कारण कदाचित साहित्य के बारे में उनकी उस समझ का परिणाम है जिसके तहत वे साहित्य को सामाजिक प्रक्रिया मानते हुए भी निजी-विशिष्ट प्रक्रिया मानते हैं।

वस्तुतः यहां वे बुर्जुआ समाज के विशेषीकृत और जटिल वर्ग-विभाजन के परिणामस्वरूप कला की विशिष्टता के भ्रम को परास्त नहीं कर सके हैं। ध्यान से देखा जाय तो यह चेतना-प्रक्रिया उनके काव्य-शिल्प पर तब प्रतिबिंबित होती हुई लगती है जब हम अनेक भाववादी कलावादी समीक्षकों की टिप्पणियां पढ़ते हैं कि उनकी कविताएं– 'जटिल', 'अधूरी', 'अतियथार्थवादी' आदि हैं। जो समीक्षक मुक्तिबोध के रचनाधर्म से समग्रता में परिचित हुए बिना विश्लेषण करते हैं वे ऐसे ही निष्कर्षों तक पहुंच जाते हैं।

मुक्तिबोध का सामाजिक यथार्थ के प्रति गहरा आग्रह है और उसकी पकड़ इतनी दो-टूक है कि इन सारी सीमाओं के बावजूद उनकी कविताओं का कथ्य सारी बाधाओं को पार करता हुआ, पाठक तक पहुंचता है। कहने की ज़रूरत नहीं कि मुक्तिबोध के रचना-शिल्प की 'जटिलता' उनके समीक्षा-सिद्धांतों के अभाव में नहीं समझी जा सकती थी। न केवल यह, बल्कि उनकी संपूर्ण रचना-प्रक्रिया के इस अंतर्विरोध को हम तभी जान पाते हैं जब हम उनकी समीक्षाई को उनकी कविताई की रचना-प्रक्रिया से मिलाकर देखते हैं।

मुक्तिबोध के द्वारा दिए गए समीक्षा-सिद्धांतों को जब हम उनकी उक्त कविताओं पर घटित करते हैं तो कुछ निश्चित और महत्वपूर्ण निष्कर्षों तक पहुंचते हैं।

उनकी कविताओं की रचना-प्रक्रिया के अनेक स्तर हैं। स्तर से हमारा तात्पर्य उस प्रक्रिया से है जो किसी विशिष्ट अनुभव को उसके विशिष्ट स्वरूप के कारण एक असामान्य और परिपक्व शिल्प प्रदान करती है। मध्यवर्ग की दुनिया इतनी स्तर-बहुल है कि जब व्यक्ति एक विशिष्ट प्रकार के अनुभव को जी रहा होता है तो उसमें अनके अनुभव-उपखंड प्रत्यक्ष या परोक्ष रूप में बड़ी तेज़ी से जुड़ते और तिरोहित होते रहते हैं। मध्यवर्ग की अपनी विशिष्ट स्थिति के कारण उनके अनुभव-संबंध इतने जटिल, इतने गतिशील और इतने वायवी हो जाते हैं कि उन अनुभव-क्षणों को बांधने में, तीसरे क्षण के भीतर उन्हें सही नाम से पुकारने और उन्हें एक संपूर्णता प्रदान करने में, उसे एक जंगल-यात्रा करनी पड़ती है। वस्तुतः मध्यवर्गीय व्यक्ति अपनी जगह पर गतिशील रहता है और जब तक गतिशील रहता है, स्पष्ट नहीं रहता। जिस प्रकार घूमते हुए चक्र की अनेक तानों और उनसे बने हुए चक्र का अनुभव करते हुए भी उसकी संरचना का अनुभव नहीं किया जा सकता, ठीक उसी प्रकार अपने अनुभव-संसार में कई बार वह एक ही वस्तु के प्रति अनेक दृष्टिकोणों से और अनेक दशाओं से ध्यान देता है और कई बार वह एक ही अनुभव को अपनी बदलती स्थितियों से प्रतिक्रिया देता है।

जब हम मुक्तिबोध की रचना-प्रक्रिया की स्तर-बहुलता की बात करते हैं तो हमारा आशय मध्यवर्गीय जीवन की इसी जटिलता से होता है। कोई भी अनुभव-परिपक्व और वर्गीय विश्लेषण से युक्त व्यक्ति इन जटिल अनुभवों के भीतर से भी कुछ सामान्य घटकों को निकाल कर बाहर ला सकता है। वस्तुतः सामान्य घटकों की खोज और निष्कर्ष का श्रम, उस व्यक्ति से नहीं हो सकता जो भाववादी है या मुमूर्ष बुर्जुआ समाज का रुग्ण अंग है। ऐसा व्यक्ति या तो स्वयं को दुहराने की नियति का शिकार हो जाएगा या भ्रांति को रचना मानने का आग्रह करेगा। कहने की ज़रूरत नहीं कि मुक्तिबोध की वस्तुवादी समझ उन्हें अपने जीवन के अनुभवों के जंगल में से उन पगडंडियों को स्पष्ट रूप से देख सकने, उन्हें रेखाकिंत करने और उन्हें व्यक्तित्व प्रदान करने के लिए सक्षम बनाती है। रचना के स्तर पर, स्तर-बहुलता से मतलब इस अनुभव-बहुलता से था।

कविताओं की अर्थ-प्रक्रिया के खोज-प्रयत्नों के दौरान हमने पाया कि यह स्तर-बहुलता दो प्रकार से सक्रिय रहती है—

1. कविताओं और कविताओं के बीच अर्थात अंतर्रचना में
2. कविता के भीतर ही अर्थात अंत:रचना में

इस पुस्तक में जिन कविताओं का हमने विश्लेषण किया है उनमें अधिकांश कथ्य के स्तर पर परस्पर पूरकता का धर्म निभाती हैं, इसके बावजूद सभी कविताओं की रचना-पद्धति अलग है। फ़ैंटैसी इन समस्त कविताओं का केंद्रीय शिल्प है, किंतु फ़ैंटैसी के भीतर अन्य रचना-पद्धतियों का इस्तेमाल इन कविताओं की अलग-अलग पहचान बनाता है।

दूसरे शब्दों में कहा जाए तो इन कविताओं की अलग-अलग पहचान वस्तु-पक्ष और कर्ता-पक्ष के अंत:संबंधों पर निर्भर करती है। जहां मुक्तिबोध अपने कथ्य में बोधात्मकता और लाक्षणिकता लाते हैं, या दूसरे शब्दों में कहें कि ऐसे अनुभव-खंडों को चुनते हैं जो लाक्षणिक शिल्प में सफलतापूर्वक कहे जा सकते हैं, एक विशिष्ट पद्धति का इस्तेमाल करते हैं, उसमें वे प्राय: वस्तु-पक्ष के विस्तारपूर्वक वर्णन का कार्य करते हैं। वर्णन इतनी चाक्षुष सघनता लिए होता है कि पढ़ते-पढ़ते चलचित्र आभासित होने लगता है।

यह काम बिंबों और लाक्षणिक शब्द-विन्यास द्वारा होता है। सामान्यत: ऐसे अनुभव-खंड वही होते हैं जो अनुभव में सार्वजनीन हों। ये कविताएं बहुत लंबी नहीं होतीं और कभी-कभी इनमें रूपक-धर्म का निर्वाह भी होता है। मुक्तिबोध के कुल शिल्प को देखते हुए इस रूपक-धर्म को भी फ़ैंटैसी माना जा सकता है, लेकिन छोटी कविताओं की यह रूपक-धर्मी फ़ैंटैसी बड़ी कविताओं की तुलना में अधिक सुगठित और संक्षेप में ही पूर्ण होती है। यहां चरित्र विकास का उतना समय नहीं होता, जितना त्वरित घटनाक्रम का। 'भूल-ग़लती' ऐसी ही रूपक-प्रधान एक छोटी कविता है। इसमें मध्यकालीन रूपक एवं लाक्षणिक शिल्प का इस्तेमाल करते हुए वर्तमान की व्यथाकथा निरूपित की गई है। 'लकड़ी का बना रावण', 'एक भूतपूर्व विद्रोही का आत्मकथन' और 'ब्रह्मराक्षस' भी ऐसी ही कविताएं हैं।

जहां मुक्तिबोध ऐसे अनुभव-खंडों को पाते हैं जो असामान्य होते हैं या जटिल और बेहद उलझे होते हैं, या मानसिक जगत की वायवीयता लिए होते हैं, उनको वे सिर्फ़ लाक्षणिक शिल्प में नहीं कहते, क्योंकि उसमें उन्हें विश्लेषण और क्रिया-प्रतिक्रिया बतानी होती है। ऐसी स्थिति में वे कर्ता और वस्तु-पक्ष के अंत:संबंधों पर कविता को टिकाते हैं। 'चांद का मुंह टेढ़ा है', 'अंधेरे में', 'अंत:करण का आयतन', 'ओ काव्यात्मन् फणिधर' और 'मेरे सहचर मित्र' कविताओं का यही आधार है। वस्तुत: जिस क्लासिक शिल्प की वे कल्पना किया करते थे, इन कविताओं में हमें वह मिलता है।

इस रचना-पद्धति में रचनाकार को सर्वाधिक सुविधा रहती है। वे इसमें लक्षणा से लेकर पुराण प्रतीकों तक, सामान्य मुहावरों से लेकर जटिल व्यंजनापरक मुहावरों तक, वर्णन, वातावरण-सृष्टि, संबोधन, प्रश्नवाचकता, सूत्र-संबंध, बिंबों और प्रतीकों जैसे विरोधी पैटर्नों के अविरोधी भाव और बाहर से दी गई अपनी वक्तव्य टिप्पणियों तक का इस्तेमाल करते हैं।

हमें लगता है कि मुक्तिबोध की कविताओं का इस विविधता के बावजूद एक निश्चित पैटर्न है। अगर हम अर्थ-प्रक्रिया के मार्ग से इस निश्चित रचना-प्रक्रिया का संधान कर लें, तो उसकी निश्चित व्याख्या-पद्धति तक पहुंचा जा सकता है, जिसकी कमी समकालीन आलोचना बुरी तरह महसूस करती रही है।

कविता के भीतर की अर्थात अंतःरचना की स्तर-बहुलता के बारे में भी यही बात लागू होती है। सामान्यतः मुक्तिबोध किसी कविता के भीतर दो-तीन तरीके की टैकनीक अपनाते हैं। प्रायः वे कर्ता और वस्तु-पक्ष के बीच अंतःसंबंधों में नाटकीयता की अंतर्सृष्टि करते हैं, या वे सीधे संबोधन का इस्तेमाल करते हुए प्रतीकों और लक्षणाओं का प्रयोग करते हैं। जो कविताएं अपेक्षाकृत छोटी होती हैं वे एक खंड-कथ्य का उद्‌घाटन करके रह जाती हैं। 'दिमाग़ी गुहान्धकार का औरांग उटांग' और 'पता नहीं' जैसी कविताएं सशक्त होते हुए भी समग्र कविता नहीं बन पातीं।

वस्तुतः इस प्रकार की कविताएं लंबी कविताओं की पूरक कविताएं होती हैं। यदि इन छोटी कविताओं को उनकी लंबी कविताओं के अभाव में पढ़ा जाए तो इसमें शक नहीं कि ये अबूझ पहेली भर होंगी और इनकी अर्थ-प्रक्रिया के नाम पर कोरी अललटप्प के सिवा कुछ भी नहीं जुटाया जा सकेगा। मैनीपुलेटेड कंटेंट को ही अर्थ मानने की मजबूरी हो जाएगी। कभी- कभी तो ये छोटी कविताएं स्वयं में किसी बड़ी कविता का हिस्सा मालूम पड़ती हैं, और कभी यह होता है कि किन्हीं दो लंबी कविताओं के अलग-अलग कथ्यांश एक छोटी कविता के रूप में जगह बना लेते हैं। 'पता नहीं' कविता में दो कविताओं के प्रमुख कथ्यों का योगदान है। 'मेरे सहचर मित्र' कविता के कथ्य- 'दो तडिल्लताओं में मैत्री होती ही है'- को रखने वाली यह कविता 'अंधेरे में' कविता के समापन के आगे की कविता है, अतः दोनों कविताओं की पूरक है। इन्हीं अर्थों में इस प्रकार की कविताएं समग्र कविताएं नहीं होतीं।

मुक्तिबोध की रचना-पद्धति की सबसे बड़ी खूबी यह है कि वे उपलब्ध रचना-शिल्पों को, जो एक दूसरे के विरोध में पड़ सकते हैं (जैसे- प्रतीक और बिंब, वर्णनात्मकता और लाक्षणिकता, आत्मकथन और वस्तुजगत चित्रण), उनके अंतर्विरोधों को तिरोहित करके उन्हें अविरोधी स्थिति में रख देते हैं।

मुक्तिबोध के कलावादी आलोचक जिस तनाव का ज़िक्र करते हैं, वह यही विरोधी तत्वों की अविरोधी संरचना है। एक शब्द जो एक जगह प्रतीक बना है वह कब तिरोहित हो जाएगा, और बिंब या लक्षणा पद में बदल जाएगा यह कहना कठिन हो जाता है। कब एक सामान्य विशेषण बिंब का रूप धारण करता हुआ प्रतीक में बदल जाएगा और वहां से प्रतीकाभास कराता हुआ आगे के अर्थों को व्यंजित करेगा, यह पहचान पाना प्रायः मुश्किल लगता है, किंतु फ़ैंटैसी और रचना के तीन क्षणों के बारे में मुक्तिबोध द्वारा किए गए विश्लेषण से अगर हम सहायता लें तो काफ़ी हद तक हम उसके स्तर-बहुल शिल्प के अंतःसंबंधों को समझ सकते हैं, जो अन्यथा संभव नहीं।

मुक्तिबोध की मार्क्सवादी समझ और आस्था की स्पष्ट पहचान है 'अंतःकरण का आयतन' शीर्षक कविता। यह कविता मुक्तिबोध के उन आलोचकों के लिए एक ज़रूरी कविता है, जो उनके काव्य में रहस्यवाद, उलझाव, अनेकार्थकता, व्यक्ति के अंतर्मुखी तनाव, अस्तित्ववाद या अतियथार्थवाद ढूंढ़ते रहे हैं। यह कविता बताती है कि संवेदनात्मक उद्देश्यों और भाव-धारा, ज्ञान-धारा और संवेदना के द्वंद्वात्मक संबंधों से निकली हुई उनकी फ़ैंटैसी भाववादी शिल्प होते हुए यथार्थवादी कथ्य की वाहिका रही है।

मुक्तिबोध की कविताई में आपको ले जाते हुए हम एक बात आग्रहपूर्वक दोहराना चाहेंगे कि मुक्तिबोध की कविताओं को उनके समग्र लेखन और युगीन संदर्भों में समझा जाना चाहिए। मुक्तिबोध के समीक्षा-सिद्धांत उनकी कविताओं की रचना-प्रक्रिया और अर्थ-प्रक्रिया को समझने में बुनियादी सहायता प्रदान करते हैं, और समकालीन कविता के उस आयाम को स्पष्ट करते हैं जिसके अभाव में वह लोगों के लिए एक अजूबा बनी हुई थी। रचना-प्रक्रिया और तत्संबंधी निष्कर्ष जो मुक्तिबोध ने दिए, वे समकालीन आलोचना में उनके मौलिक योगदान को प्रमाणित करते हैं। समकालीन रचना-प्रक्रिया को उसके स्तर-बहुल संसार के बावजूद एक निश्चित व्याख्या प्रदान करने का प्रयास उनके समीक्षा-सिद्धांतों के रहते ही सफल हो सका। उन्हीं के रहते समकालीन रचना-शिल्प, रचना-प्रक्रिया और अर्थ-प्रक्रिया दोनों को समझने में सहायता मिली।

शिल्प-पैटर्न वैविध्य के कारण मुक्तिबोध की कविता एक पाठ में अपने अर्थ तक नहीं पहुंचती। उसे कई-कई बार पढ़ना होता है। पदान्वय करने के बाद शिल्प के विविध पैटर्न भाषा को भिन्न-भिन्न अर्थ प्रदान करते हैं क्योंकि धीरे-धीरे ही समझ में आ पाता है कि कविता में कहां फ़ैंटैसी है और कहां प्रतीक, बिंब, संबोधन, वर्णन, वक्तव्य, आत्मकथन, विश्लेषण, वातावरण-निर्माण अथवा निष्कर्षण आदि। फ़ैंटैसी की प्रक्रिया वर्णन से जुड़ी रहती है और उपरोक्त

शिल्प-पैटर्नों के हेरफेर में आगे बढ़ती जाती है।

मुक्तिबोध की फ़ैंटैसी के इस निजी-विशिष्ट चरित्र को सबसे पहले सुधीश पचौरी ने पहचाना। सन् बहत्तर में 'सामयिक' में उनका एक लम्बा लेख प्रकाशित हुआ था जिसमें उन्होंने 'अंधेरे में' कविता की वस्तुपरक व्याख्या प्रस्तुत की। उस लेख को इस पुस्तक का प्रस्थानक माना जा सकता है। मुक्तिबोध के प्रति एक विकट चुम्बकीय आकर्षण पैदा करने से लेकर, उनकी कविताई और समीक्षाई के प्रति एक समझ विकसित करने का श्रेय सुधीश पचौरी को ही है। उन्होंने रास्ता दिखाया– गुरु वही जो पंथ दिखावा। फिर कर्ण सिंह चौहान, कांति मोहन, मिकी पटेल, चंचल चौहान, असग़र वजाहत, द्वारिका प्रसाद, मनमोहन और सुरेन्द्र राजन जैसे अग्रजों और मित्रों ने समय-समय पर अपने मूल्यवान सुझाव दिए। सबके सकर्मक योगदान के स्मरण से आज भी बल मिलता है।

अशोक चक्रधर
प्रोफ़ेसर एवं अध्यक्ष
हिन्दी विभाग
जामिआ मिल्लिआ इस्लामिया
केन्द्रीय विश्वविद्यालय

नई दिल्ली-110 025

वीरान मैदान, अंधेरी रात, खोया हुआ रास्ता, हाथ में एक पीली मद्धिम लालटेन। यह लालटेन समूचे पथ को पहले से उद्घाटित करने में असमर्थ है। केवल थोड़ी सी जगह पर ही उसका प्रकाश है। ज्यों-ज्यों वह पग बढ़ाता जायेगा, थोड़ा-थोड़ा उद्घाटन होता जायेगा, चलने वाला पहले से नहीं जानता कि क्या उद्घाटित होगा। उसे अपनी पीली मद्धिम लालटेन ही का सहारा है। इस पथ पर चलने का अर्थ ही पथ का उद्घाटन होना है, और वह भी धीरे-धीरे, क्रमशः।

— मुक्तिबोध

मुक्तिबोध की कविताई व्यावहारिक समीक्षा

चांद का मुंह टेढ़ा है

'चांद का मुंह टेढ़ा है'[1] मुक्तिबोध के पहले काव्य-संग्रह की छठी कविता है। इसी कविता का शीर्षक पुस्तक का शीर्षक बना है। कविता वर्णन एवं वातावरण-निर्माण से प्रारंभ होती है।

नगर के बीचोंबीच आधी रात के अंधेरे में काली शिलाओं से बनी भीतों और अहातों पर सुरक्षा की दृष्टि से लगाए गए कांच के टुकड़ों पर चांदनी फैली हुई है और कांच के टुकड़े संवलाई हुई झालरों जैसे लग रहे हैं।

वाचक की कैमरा दृष्टि जैसे किसी क्रेन के सहारे भीतों के उस पार जाती है, और पाती है कि वहां धूम्रमुख चिमनियां हैं, मीनारें हैं। मीनारों के बीच से चांद का टेढ़ा मुंह झांक रहा है। यह चांद भयानक स्याह सन् तिरपन का चांद है। गगन में कर्फ़्यू और धरती पर चुपचाप ज़हरीली छिः थूः है। पीपल के खाली पड़े पक्षियों के घोंसलों में खाली कारतूस पैठे हैं। गंजे सिर चांद की संवलाई किरणों के जासूस सामसूम नगर में धीरे-धीरे घूम-घाम रहे हैं, और नगर के कोनों के तिकोनों में छिपे हैं। चांद की कनखियों की कोर से निकली ये कोणगामी किरणें अंधेरे में पीली-पीली रोशनी की पट्टियां बिछाती हैं और नगर की ज़िंदगी का वह टूटा-फूटा उदास प्रसार देखती हैं।

यहां हमने कविता के पहले बंद का मात्र पदान्वय किया है। प्रथम बंद में ही कविता का कथ्य प्रकट हो जाता है, कुछ शब्दों के माध्यम से, जैसे धूम्रमुख चिमनियां, कारख़ाना, सन् तिरपन, कर्फ़्यू, कारतूस, जासूस आदि। अनुमान लगाया जा सकता है कि कविता का संबंध किसी मज़दूर हड़ताल से है जो सन् तिरपन में हुई। हड़ताल की गंभीरता इस बात से पता चलती है कि व्यवस्था को हड़ताल दबाने के लिए गोली-कारतूसों का सहारा लेना पड़ा, कर्फ़्यू लगाना पड़ा। अलबत्ता चांद की भूमिका कुछ अच्छी नहीं है। उसकी किरणों के जासूस शहर-भर में फैले हुए हैं। चंद्रमा मुक्तिबोध की अन्य कविताओं में भी वर्तमान पतनशील पूंजीवादी व्यवस्था के प्रतीक के रूप में प्रयुक्त हुआ है। 'मेरे सहचर मित्र' कविता में उन्होंने कहा है–

मैं स्याह-चन्द्र का फ़्यूज़ बल्ब
जल्दी निकाल

1. मुक्तिबोध : चांद का मुंह टेढ़ा है, पृ. 23-40

पावन-प्रकाश का प्राण-बल्ब
वह लगा सकूं
जो बल्ब तुम्हीं ने श्रमपूर्वक तैयार किया
विक्षुब्ध ज़िन्दगी की अपनी
वैज्ञानिक प्रयोगशाला में।[1]

एक अन्य कविता में कवि के मुख पर मुस्कानों का आंदोलन है और वह अपनी प्रिया के साथ खिड़की से बाहर देख रहा है–

अपनी खिड़की से देख रहे हैं हम दोनों
डूबता चांद कब डूबेगा।[2]

'लकड़ी का बना रावण' शीर्षक कविता के सर्वतंत्र-स्वतंत्र पूंजीवादी विराट पुरुष की आसमानी व्यवस्था का एक अंग है चन्द्रमा।[3]

कविता में आगे चार छोटे-छोटे बंद हैं जिनमें वर्णन एवं वातावरण-निर्माण की प्रक्रिया आगे बढ़ती है। कवि की नज़र का वर्णन-कर्त्ता कैमरा चन्द्रमा की कोणगामी किरणों के साथ-साथ अहाते से बाहर आ गया है, समीप के विशालाकार अंधियारे ताल पर, और देखता है कि यहां भी सूनेपन की स्याही में डूबी हुई चांदनी संवलाई हुई है। समीप के भीमाकार पुलों और उनके नीचे बहते नालों की धारा में भी धराशायी चांदनी के होंठ काले पड़ गए हैं। नाले के इधर-उधर मज़दूर बस्तियां हैं, हरिजन गलियां हैं। मज़दूर बस्तियां और हरिजन गलियां महानगरों में प्रायः गंदे नालों के ही आसपास पाई जाती हैं। हरिजन गलियों में कुहासे में डूबे हुए पेड़ों के बीच से गंजे सिर टेढ़े मुंह चांद की कंजी आंखें दिख रही हैं। बारह का वक्त है और भुसभुसे उजाले के फुसफुसाते षड्यंत्र में शहर में चारों ओर ज़माना भी सख़्त है।

मुक्तिबोध रचनावली में इस कविता का एक भिन्न पाठ दिया है। रचनावली के संपादक का मानना है कि इसका रचनाकाल 1953-62 तक फैला हुआ है। 1957 में यह 'विविधा' में प्रकाशित हुई, लेकिन मुक्तिबोध ने इसका अंतिम संशोधन 1962 में किया। कविता का अंतिम प्रारूप कौन-सा है यह जानने के लिए जब संपादक श्री नेमिचन्द जैन से संपर्क किया तो उन्होंने कहा कि यह बताना बहुत कठिन है कि अंतिम प्रारूप कौन-सा है। जो कविताएं विभिन्न पत्र-पत्रिकाओं में छप चुकी हैं उनकी प्रकाशन-तिथि के आधार पर यह प्रायः तय किया जा सकता है। अंतिम प्रारूप कौन-सा है यह जानने के लिए उन्होंने

1. मुक्तिबोध : चांद का मुंह टेढ़ा है, पृ. 86
2. वही, पृ. 50
3. वही, पृ. 18

एक रास्ता और सुझाया कि अंतिम दिनों में तुकों के प्रति उनका आग्रह कम हो रहा था। अतः एक कविता के अनेक प्रारूपों में जहां तुकों का प्रयोग कम हुआ हो उसे ही परवर्ती प्रारूप मानना चाहिए। श्री नेमिचन्द जैन के अनुसार कविताओं के छोटे या बड़े किए जाने की प्रवृत्ति उनके संशोधन का समय बताने में सहायक सिद्ध नहीं होती।[1]

रचनावली की भूमिका में श्री नेमिचन्द जी ने प्रारूपों की विभिन्नता की समस्या पर विस्तार से चर्चा की है। मुक्तिबोध एक ही कविता पर कई बार काम करते थे इसलिए प्रारूप अलग-अलग हो जाते थे। उन्होंने लिखा है– "उनकी रचनाओं के विभिन्न प्रारूपों की विस्तार से जांच की जानी चाहिए जिससे एक ओर तो अब तक प्राप्त रचनाओं के प्रामाणिक पाठ निश्चित रूप से निर्धारित हो सकें। दूसरी ओर, यह भी सम्भव है कि प्रारूपों के सम्यक् सम्पादन द्वारा कई रचनाओं का एक अधिक सशक्त और सम्पूर्ण रूप तैयार हो सके। पाण्डुलिपियों में अक्सर ऐसा पाया गया कि एक ही रचना को उन्होंने कई बार लिखा और इन विभिन्न प्रारूपों में कुछ हिस्से सामान्य होने के बावजूद कुछ हिस्से एकदम अलग हो जाते हैं और एक ही कथ्य के अलग-अलग स्तरों को ज़ाहिर करते हैं। कुछ अन्य रचनाओं में यह भी अनुभव होता है कि विभिन्न प्रारूपों में अलग-अलग अंश अपने आप में अधिक सशक्त और प्रभावी हैं। इसलिए अगर सावधानी से उन अंशों को जोड़ा जाए तो इसकी पूरी सम्भावना है कि उस रचना के मौजूदा रूप के मुकाबले एक अपेक्षाकृत अधिक सुगठित और समर्थ रूप तैयार हो जाए।"[2]

उपरोक्त उद्धरण के प्रकाश में संभव है कि संपादक महोदय ने कविता के कई प्रारूपों से मिलाकर रचनावली में प्रकाशित प्रारूप बनाया हो। इतना अवश्य है कि रचनावली के पाठ में तुकों का आग्रह अधिक है। उन्हीं के मंतव्य के अनुसार यह पाठ अंतिम नहीं होना चाहिए, क्योंकि उन्होंने बताया था कि अंतिम दिनों में मुक्तिबोध का तुकों के प्रति आग्रह कम हो रहा था।

रचनावली के पाठ के प्रारंभिक अंशों में कई पंक्तियां, जिनमें तुक मिल रही थी, 'चांद का मुंह टेढ़ा है' पुस्तक के पाठ में नहीं हैं। जैसे–

1. मीनारों के बीचोबीच चांद का है टेढ़ा मुंह लटका
   मेरे दिल में खटका[3]
2. कारतूस छर्रे

1. श्री नेमिचन्द जैन : भेंटवार्ता, दिनांक 13 जनवरी, 88
2. श्री नेमिचन्द जैन : मुक्तिबोध रचनावली-1 (भूमिका), पृ. 14
3. वही, मुक्तिबोध रचनावली-2, पृ. 298

हवाओं के पल्लू भी सिहरे।[1]

3. नगर छान डाला है
समय काला-काला है।[2]

4. बहकते अटकते हुए
झरते भटकते हुए।[3]

उपरोक्त चारों उदाहरण एक ही पृष्ठ के हैं। 'चांद का मुंह टेढ़ा है' पुस्तक के पाठ में यह नहीं है। अतः हम मानकर चलते हैं कि 'चांद का मुंह टेढ़ा है' पुस्तक वाला पाठ ही अंतिम है। अब कविता में आगे चलें।

भुसभुसे उजाले के फुसफुसाते षड्यंत्र में शहर में चारों ओर ज़माना सख़्त है। भुसभुसा उजाला चंद्रमा का है और षड्यंत्र भी उसी का है। उजाले के लिए 'भुसभुसे' विशेषण का मनोविज्ञान भी यही है।

वाचक अब गली के मोड़ पर खड़े अजगरी मेहराबों और घनघोर गठियल शाख़ों वाले बरगद का वर्णन करता है। बरगद पुराना है क्योंकि उससे निकलने वाली मरे हुए ज़मानों की संगठित छायाओं की सड़ी-बुसी बास चारों ओर फैली हुई है। सन्नाटा है, यदा-कदा लोगों के आने-जाने की आवाज़ के साथ पक्षियों के फड़फड़ाने और अपनी बीट गिराने की आवाज़ आती है। वाचक वक्तव्य देता है, जैसे यह समय की बीट हो। 'समय की बीट' में 'बीट' शब्द अंग्रेज़ी का हो सकता है। तीन पंक्तियां कविता में फिर से आती हैं।

गगन में कर्फ़्यू है,
वृक्षों में बैठे हुए पक्षियों पर कर्फ़्यू है
धरती पर किन्तु अजी। ज़हरीली छिः थूः है।

मुहाने के आगे सड़क के बाहरी ओर बरगद की एक बड़ी डाल इस तरह फैली है कि वाचक को लगता है गोया आदमी के जन्म से पहले जंगली मैमथ की सूंड पृथ्वी की छाती पर कुछ सूंघ रही हो।

बरगद की घनी-घनी छांह में सूनी-सूनी गलियां, फूटी हुई चूड़ियों की सूनी-सूनी कलाई-सी नज़र आ रही हैं। लेकिन ग़रीबों के इस ठांव में गलियों के चौराहे पर खड़े भैरो का सिन्दूरी अस्तित्व है। उनकी गेरुई मूर्ति की पथरीली व्यंग्य-मुस्कान पर भी टेढ़े मुंह वाले तिलिस्मी चांद की राज़भरी अय्यारी रोशनी पड़ रही है। तजुर्बों का ताबूत ज़िंदा बरगद सब जानता है कि यह भैरो कौन

1. श्री नेमिचन्द जैन : मुक्तिबोध रचनावली-2, पृ. 298
2. वही, पृ. 298
3. वही, पृ. 298

है ? और भैरो की चट्टानी पीठ पर और पैरों की मज़बूत पत्थरी सिन्दूरी ईंट पर ज्वलंत अक्षरों और भभकते वर्णों वाले लटकते पोस्टर कहां से आते हैं ?

कविता के इन कतिपय बंदों में दो पक्ष स्पष्ट रूप से सामने आ चुके हैं। एक पक्ष है– मीनारों वाले कारख़ाने, चंद्रमा और उसकी जासूस चांदनी का। दूसरा पक्ष है– नाले के उस पार हरिजन मज़दूर बस्तियों के बरगद और भैरो का।

आगे की कविता इन दोनों पक्षों के वर्गीय संघर्ष की कविता है। चंद्रमा वर्ग का फुसफुसाता षड्यंत्र चलता रहता है और गलियों में हड़ताली पोस्टरों की संघर्ष-गाथा जारी रहती है।

बरगद तो मुक्तिबोध का प्रिय प्रतीक है ही, भैरो का भी ज़िक्र मुक्तिबोध के गद्य-पद्य में मिलता है। 'अंधेरे में' कविता का बरगद भी ग़रीबों का घर, ग़रीबों की छत है। यहां भी वह हरिजन गलियों को प्रश्रय दे रहा है। इस बरगद को पूरा इतिहासबोध है, इसीलिए तो वो तजुर्बों का ताबूत है। विरोधाभास यह देखिए कि ताबूत में तो मृत शरीर रखा जाता है लेकिन यह बरगद ज़िंदा है। यह विरोधाभास इस बात की ओर संकेत करता है कि अतीत मृत होकर भी नहीं मरता। गतिशील इतिहास की प्रतिच्छवि है बरगद, मुक्तिबोध के लिए। बरगद सब कुछ जानता है। भैरो के बारे में उसका ज्ञान धार्मिक चेतना के वस्तुवादी आधार का ज्ञान है। मज़दूरों की बस्ती में लगी भैरो की मूर्ति गेरू से पुती हुई है, और वह अमीरों के मंदिरों की मूर्तियों की तरह ऐसी आभिजात्य नहीं है कि कोई उसकी पीठ पर पोस्टर न चिपका सके। भैरो संघर्षरत मज़दूर बस्ती में रहकर स्वयं संघर्ष का प्रतीक बन जाते हैं। मुक्तिबोध ने धार्मिक प्रतीकों को कट्टर कम्युनिस्टों की तरह या कुत्सित समाजशास्त्रियों की तरह कभी त्याज्य नहीं समझा। वस्तुगत जीवन में प्रयुक्त होने वाले धार्मिक उपादानों को प्रतिगामी संदर्भों में ही देखने के बजाय प्रगतिशील सोच से जोड़ कर देखा है। संघर्षशील सर्वहारा की बस्तियों में संघर्ष यदि सत्य है तो भैरो का अस्तित्व भी सत्य है। मुक्तिबोध ने भैरो का व्यक्तित्व जनोन्मुखी बनाया है। चंचल चौहान ने 'भैरो' के प्रतीकार्थ के विषय में लिखा है– 'गरीबों के ठांव में' 'भैरो' की सिन्दूरी गेरुई मूरत चौराहे पर खड़ी है। उस पर 'टेढ़े मुंह चांदनी की ऐयारी रोशनी' पड़ रही है। भैरो की मूरत में 'पथरीला व्यंग्य स्मित' है। इन संकेतों से लगता है कि भैरो उस जनता का प्रतीक है जो कभी भी अपनी निष्क्रियता छोड़ सक्रिय हो क्रांति कर उठेगी, उसमें दृढ़ता है जो उसका पथरीलापन है, उसकी पीठ चट्टानी है, अटूट है।[1]

---

1. चंचल चौहान : मुक्तिबोध, प्रतिबद्ध कला के प्रतीक, पृ. 66

हड़ताल और कर्फ़्यू की यह संघर्ष-गाथा 1953 में नागपुर में हुए विराट मज़दूर आंदोलन की गाथा है।

पोलिश लेखिका अग्नेश्का उस ज़माने में नागपुर जाकर मुक्तिबोध से मिली थीं। इस संदर्भ में 'मुक्तिबोध की आत्मकथा' का यह अंश द्रष्टव्य है– "मैंने अधूरी कविताएं, लम्बी कविताएं, डायरी, लेख– सभी अग्नेश्का को सौंप दिए। 'चांद का मुंह टेढ़ा है' कविता नगर के बीचोंबीच आधी रात-अंधेरे की स्याह बस्ती में– कल सुना रहा था। नागपुर में वह कारख़ाने के अहाते के पार, कलमुंही चिमनियों के पार, ग़रीब बस्तियों के सुनसान उदास लोगों, और जुम्मा टैंक के पास खड़ी तिलक की मूर्ति को देखकर आयी है, पोलैंड से आने पर हिन्दुस्तान में अग्नेश्का ने प्रजातंत्र के अजीब कर्फ़्यू का आतंक, कारतूस-छर्रे, गोलियों की हाय-हाय भरी ज़िन्दगी यानी भारत की धरती पर चुपचाप ज़हरीली छीः थूः महसूस की है।"[1]

अग्नेश्का ने मुक्तिबोध को लिखा– "मैंने अनुभव किया आप हर दुनियावी घटना को निजी स्तर पर जीते हैं। नागपुर के कर्फ़्यू का ज़िक्र करते-करते आप भावाकुल हो उठते हैं। जैसे जो कुछ चारों ओर हो रहा है– देश या विदेश में– आपका व्यक्ति उसका केन्द्र-बिन्दु बनकर जीता-जागता है। जहां प्रगतिगामी शक्तियों का विकास आपको पुलकित करता है, वहीं प्रतिक्रियावादी अवरोधों से आपको ठेस पहुंचती है। इस प्रकार आपका हृदय – आत्मा का आयतन – उल्लास और पीड़ा का एक समन्वित कोष नज़र आता है।"[2]

मुक्तिबोध की आत्मा का आयतन, कवितागत फ़ैंटेसी को आगे बढ़ाता है– अंधियाले ताल पर चांदनी संवला रही है। समय का निराकार घंटाघर गगन में चुपचाप अनाकार खड़ा है। ज़ाहिर है हरिजन गलियों में घंटाघर की कोई व्यवस्था नहीं है। यहां का घंटाघर इसीलिए अनाकार है। यहां तो ज़िंदगी के कांटे ही बताते हैं कि कितनी रात बीत गई। भैरो की पीठ पर पोस्टर चिपकाने के बाद गली का मुहाना फुसफुसाते शब्दों और चप्पलों की छपछप से गूंज उठता है।

ये फुसफुसाते शब्द बहसरत लोगों के हैं। बहस का अर्थ ही यह है कि कुछ लोग एक मत के हैं, कुछ दूसरे मत के। जंगल की डालों से गुज़रती हवा जैसे कुछ इशारों के आशय लेकर गली में आई हो, उसी प्रकार बहस छिड़ी हुई है। बहस में किन्हीं ब्रह्मराक्षसनुमा निष्क्रिय मध्यवर्गीय बुद्धिजीवियों के अनाकार तर्क भी हैं। किंतु गलियों की आत्मा में सार्थक शब्द बहस को

1. विष्णु चंद शर्मा : मुक्तिबोध की आत्मकथा, पृ. 447
2. मोती राम वर्मा : लक्षित मुक्तिबोध, पृ. 211

निर्णय तक पहुंचा देते हैं। अंधेरे के पेट में से ज्वालाओं की आंत के समान शब्दों की धार निकलती है, जैसे ही बरगद के खुरदुरे अजगरी तने पर टार्च की रोशनी की एक मार फैल जाती है। निविड़ अंधकार में बरगद के तने के पास टार्च की रोशनी के कारण सिर्फ़ दो हाथ दिखाई देते हैं, जो बांके-तिरछे वर्णों और लाल-नीले घनघोर हड़ताली अक्षरों वाला एक पोस्टर तने पर चिपका जाते हैं। इस गतिविधि के लिए मुक्तिबोध की उपमा देखिए-

मानो हृदय में छिपी बातों ने सहसा
अंधेरे से बाहर आ भुजाएं पसारी हों।

पोस्टर और उसमें छपे हड़ताली अक्षरों के प्रति मुक्तिबोध का लगाव उनका सर्वहारा के मुक्ति-प्रयत्नों और आंदोलनों के प्रति लगाव है। यह लगाव उनकी वर्गीय पक्षधरता की सहज रागात्मक अभिव्यक्ति है।

कविता में दूसरी ओर चांदनी की जासूसी गतिविधियां बरक़रार हैं। पोस्टर लगाने की हलचलों के कारण बरगद में पले हुए पक्षियों की फड़फड़ हुई, और इस फड़फड़ से चौकन्नी हो गई एक बिल्ली। यह बिल्ली जो रजनी के निजी गुप्तचरों की प्रतिनिधि है, मद्धिम चांदनी में एकाएक खपरैलों पर ठहर गई। यमदूत-पुत्री-सी इस बिल्ली की सारी देह स्याह है, सिर्फ़ पंजे श्वेत हैं और नाखून खून से रंगे हैं। यानी अभी-अभी एक शिकार करके आई है। यह बिल्ली जानना चाहती है कि मकानों की पीठ, अहातों की भीत, बरगद की डालों और अंधेरे के कंधों पर हड़ताली पोस्टर कौन चिपकाता है।

मुक्तिबोध की फ़ैंटैसी की यह अपनी ख़ूबी है कि यथार्थ-बिम्बों में फ़ैंटैसी के कल्पना-बिम्ब घुलमिल जाते हैं, जैसे गली के मुहाने के फुसफुसाते शब्दों में जंगल की हवाओं के इशारों के आशयों का घुलमिल जाना, जैसे बरगद के तने पर हृदय में छिपी हुई बातों की भुजाएं निकल आना और जैसे मकानों, अहातों और बरगद की डालों के साथ अंधेरे के कंधों पर भी पोस्टर का चिपकना या पोस्टर चिपकाते मज़दूरों की जासूसी के लिए बिल्ली या चांदनी का आना।

वर्णन करने की यह ऐसी फ़ैंटैसीयुक्त चित्रात्मकता है जिसमें यथार्थ-बिम्बों के कारण कथ्य के प्रति विश्वसनीयता जनमती है, और कल्पनाजन्य प्रतीक बिम्बों से काव्यात्मक गरिमा बढ़ती है। मुक्तिबोध अपनी फ़ैंटैसी को सदैव यथार्थ के गतार्थों के आसपास रखते हैं। इसलिए, क्योंकि कहीं ऐसा न हो कि आप बिल्ली, चांदनी, बरगद और भैरो जैसे प्रतीकों को समझ ही न पाएं।

कविता में बिल्ली के साथ-साथ टेढ़े मुंह चांद की अय्यारी रोशनी भी आ गई है। मकान-मकान घुसकर, लोहे के गजों की जालियों के झरोखों को

पार कर, लिपे हुए कमरे में जेल के क़ैदियों के कपड़ों जैसी चांदनी फैल जाती है। यहां आकर गोया वह यहां के बाशिन्दों को जेल सुझा रही हो, हड़ताल करोगे तो जेल में बंद हो जाओगे।

सिर्फ़ चांदनी ही नहीं, चांदनी के पक्ष की अन्य शक्तियां भी घिनौने षड्यंत्र में शरीक हैं। अंधियाले ताल के पास घिना चमगादड़ दल भटक रहा है। अहम् के अवरुद्ध हो जाने के कारण अपावन अशुद्ध घेरे में घिरकर नपुंसक पंख छटपटा कर ही रह जाते हैं। चमगादड़ दल बुद्धि की आंखों में स्वार्थ के शीशे-सा प्यासा ही भटक रहा है। बुद्धि की आंखें जब स्वार्थ के शीशे से सच्चाइयों को देखेंगी और सच्चाइयों की ताब नहीं सह पाएंगी तो प्यासा तो रहना ही पड़ेगा, और चमगादड़ योनि में रूपांतरित हो जाना मजबूरी बन जाएगा। वर्गीय स्वार्थ ही मनुष्य का मनुष्येतर रूपांतर करते हैं।

बुजुर्ग बरगद बाबा को लेकिन सबका इतिहास मालूम है। उनको अपनी ऊंचाई के कारण कोलतारी सड़क पर खड़े गांधी और तिलक के पुतले दिखाई दे रहे हैं, और दिखाई दे रहा है कि उन पर बैठे दो घुघ्घू आपस में बतिया रहे हैं। गांधी के पुतले पर बैठे घुघ्घू ने तिलक की प्रतिमा पर बैठे घुघ्घू से कहा– 'मसान में मैंने भी सिद्धि की है, और देखो मनुष्यों पर मूठ मार दी इस तरह . . .' गांधी के पुतले के घुघ्घू की बात पूरी भी न हुई थी कि तिलक के पुतले के घुघ्घू ने देखा, एक भयानक लाल मूठ काले आसमान में धीरे-धीरे तैरती-सी जा रही है।

अगले बंद की शुरुआत होती है–

उद्गार-चिन्हाकार विकराल
तैरता था लाल-लाल।।

कविता की शुरुआत में 'उद्गार चिन्हाकार' शब्द मीनार के विशेषणों के रूप में प्रयुक्त हुए थे। यहां ये विशेषण लाल-लाल विकराल मूठ के लिए प्रयुक्त हुए हैं। विशेषणों के शब्द-साहचर्य को देखते हुए अनुमान लगाया जा सकता है कि मूठ की कल्पना और उससे निःसृत समग्र फ़ैंटैसी के मूल में चिमनियों, मीनारों से निकलने वाली लाल-लाल आग के बिम्ब रहे होंगे। हड़ताल के बावजूद चिमनियां धूम्रमुख हैं, और आग के शोले उगल रही हैं तो मनुष्य के मारने की मूठ वाली भूमिका निभा ही रही हैं।

पी गया आसमान
रात्रि की अंधियाली सचाइयां घोट के
मनुष्यों को मारने के खूब हैं ये टोटके।

तिलक के पुतले का घुघ्घू कह उठा– "वाह-वाह रात के जहांपनाह। आजकल दिन के उजाले में भी अंधेरे की साख है, और रात्रि की कांखों में संस्कृति पाखी के पंख सुरक्षित हैं।"

षड्यंत्रकारी घुघ्घू-वर्ग मनुष्यों के मारने के टोटके करता है, और स्वयं संस्कृति का रखवाला बनकर खुशफ़हमियों में जीता है। 'अंधेरे में' कविता में भी तिलक के पुतले और गांधी का ज़िक्र आया है, वहां तिलक की प्रतिमा विक्षत हो गई थी और नासिका से खून बह रहा था। गांधी बोरे में बंद थे और दुःखी थे। उनके दुःख का कारण यही था कि आजकल घुघ्घू उनको कुर्सी बनाकर बैठते हैं और मनुष्यों के मारने के टोटके करते हैं। 'आज़ादी हमारा जन्मसिद्ध अधिकार है', तिलक ने नारा दिया था। उन्होंने कांग्रेस के अंदर रह कर कांग्रेस की ढुलमुल और दोहरी नीतियों से संघर्ष किया था। गांधी अपनी बुर्जुआ ईमानदारी में जनोन्मुखी थे, लेकिन इस समय का आंतककारी, दमनकारी शासन बुर्जुआ क्रांति की न्यूनतम जनवादिता का पालन भी नहीं कर रहा। तिलक और गांधी के पुतलों पर बैठे घुघ्घुओं के संवाद न केवल उनका वर्ग-चरित्र स्पष्ट करते हैं, बल्कि राष्ट्रीय मुक्ति संग्राम के अंतर्विरोधों को भी हमारे सागने लाते हैं।

गगन में कर्फ़्यू है
ज़माने में जोरदार ज़हरीली छिः थूः है।

ये पंक्तियां इस कविता की ध्रुव पंक्तियां हैं। जहां फ़ैंटैसी का एक दृश्य पूर्ण हो जाता है ये पंक्तियां प्रकट हो जाती हैं। कवि की कैमरा नज़र पूरे शहर में घूम रही है और देख रही है कि एक ओर तो सराफ़े में कल के सट्टे की हृदय-विनाशिनी चिंता है, और दूसरी ओर इधर रात्रि की काली स्याह कड़ाही से अकस्मात सत्यों की मिठाई की चाशनी सड़कों पर फैल गई है।

अगले बंद में चांदनी का चरित्र खुलकर सामने आता है कि उसका काम सिर्फ़ संघर्षरत लोगों के आंदोलनों की जासूसी करना ही नहीं है, बल्कि पतनशील पूंजीवादी संस्कृति को बनाए रखना भी है। इसीलिए वह चोरों-उचक्कों की तरह नाले और झरनों के तटों पर रात-बेरात मछलियां फंसाती है। नाले के आसपास रहने वाले निर्धनों के टूटे-फूटे दृश्यों में बदमस्त कल्पना और कामी कवियों के सैक्स-कष्टों की तरह फैल जाती है, और इस प्रकार उनका ध्यान मूल समस्या से हटाती है।

चांदनी कहां नहीं है ? वह किंग्ज़वे की मशहूर रात की ज़िंदगी में भी है। वहां की भारतीय फिरंगी दुकानों में वह अपने चमचमाते स्वरूप में है। बड़े-बड़े शो-रूमों में, सुगंधित प्रसाधनों में, पत्रिकाओं के विज्ञापनों में अर्धनग्न

महिलाओं के पोज़ों में चांदनी पसरी हुई है। इस क्षेत्र में कर्फ़्यू नहीं है। यहां पाश्चात्य पूंजीवादी, साम्राज्यवादी, आभिजात्य पगे जीवनमूल्य पलते हैं। तस्वीर का दूसरा रूप तो हरिजन गलियों में है, शहर के कोनों के तिकोनों में छिपी हुई चांदनी सड़क के पेड़ों के गुंबदों पर चढ़कर, महल उलांघ कर, मुहल्ले पार कर, गलियों की गुहाओं में दबे पांव खुफ़िया सुराग में खोजती है कि अंधेरे के कंधों पर कौन चिपकाता है ये पोस्टर।

मुक्तिबोध ने अपनी फ़ैंटैसी में अंतर्विरोधी कला पैटर्नों का इस्तेमाल किया है। चांदनी जो एक प्रतीक है, कहीं लगता है सिर्फ़ बिंब बनकर प्रस्तुत हो रही है, जैसे उसका शहर के कोनों से चलकर पेड़ों-महलों से गुज़रते हुए मुहल्ले के मुहानों तक आना एक बिम्बात्मक संघटना है, किंतु बिल्ली में रूपांतरित हो जाना या पोस्टर चिपकाने वालों की खोज करना उसे प्रतीक-धर्मिता प्रदान करता है। यों इस तरह यह एक जटिल शिल्प बनता है किंतु संवेदनात्मक उद्देश्य यदि पाठक के, आलोचक के सामने स्पष्ट हों तो यह जटिलता कहीं नहीं ठहरती। मुक्तिबोध की कविताओं को न समझ पाना दरअसल उनकी कविताओं को न समझ पाना नहीं है, बल्कि उनके संवेदनात्मक उद्देश्यों को न समझ पाना है।

चांदनी की गतिविधियां जारी हैं। उधर घुघ्घू ने हिचकियों की ताल पर गाना शुरू किया और टेलीफ़ोन खंभों पर थमे हुए तारों ने सट्टे के ट्रंक-काल सुरों में थर्राना और झनझनाना शुरू किया। रात्रि का काला स्याह कनटोप पहने हुए आसमान बाबा ने डूबी हुई बानी में हनुमान चालीसा गाना शुरू किया। श्मशान उजाड़ पेड़ों की अंधियाली शाखों पर लाल-लाल हिलते-डुलते चिथड़ों और लपट के पल्लुओं के बीच सच्चाई के अधजले मुर्दों की चिताओं की फटी-फूटी दहक में कवियों ने बहकती कविताएं गाना शुरू किया, और संस्कृति के कुहरीले धुएं जैसे भूतों के गोल-मटोल मटकों जैसे चेहरों ने दुनिया को हाथ जोड़कर नम्रता के घिघियाते स्वांग में कहना शुरू किया।

उपरोक्त पंक्तियों के चार-पांच दृश्यों ने व्यवस्था पक्ष के सभी वर्गों को समेट लिया है। ट्रंक-काल सुरों में व्यापारी पूंजीवादी वर्ग सक्रिय है। रात्रि का काला टोप पहने हुए आसमान बाबा व्यवस्था का वह तंत्र है जो हड़ताल से भयाक्रांत हनुमान चालीसा गा रहा है। व्यवस्था के पक्षधर कवि हैं जो अर्द्धसत्यों पर भ्रमपूर्ण कविताएं गा रहे हैं, और संस्कृति के धुएं से निकलने वाले भूत हैं वे बुद्धिजीवी जो नम्रता का स्वांग भरते हुए शब्दाडंबर में बुद्ध, ईसा और गांधी की अहिंसा की दुहाइयां दे रहे हैं।

बरगद के समान भैरो भी इनके छद्म से परिचित है और इन निस्सार

भाषणों के असत्य को चीन्हता हुआ व्यंग्य में अपनी ख़तरनाक हंसी हंस पड़ता है। उसकी हंसी मानो चांदनी और उसके षड्यंत्रों को नंगा कर देती है।

चांदनी और उसके सहवर्गियों की हरकतों पर भैरो का अट्टहास, भैरो की निम्न-वर्ग जनता के साथ पक्षधरता का परिचायक है।

कविता के अगले बंद में नया दृश्य, नया स्थान, इसलिए वर्णन नए सिरे से प्रारंभ होना चाहिए। अंधियाले ताल के पास नगर को निहारने वाला एक पहाड़ खड़ा है, जिसके नभचुंबी शीर्ष पर लोहे की शिला का एक चबूतरा है जो लोहांगी कहाता है। पास में ही भग्न खण्डहरों के बीच एक बुज़ुर्ग दरख़्त है जिसके घने तने पर प्रेमियों ने अपनी स्मृतियां अंकित की हुई हैं। लोहांगी की हवाएं दरख़्त में घुसकर पत्तों से फ़ुसफ़ुसाकर बतियाती हैं।

वस्तु-यथार्थ के सीधे-सरल चित्रण के बाद हवा और पत्तों का मानवीकृत हो जाना फ़ैंटैसी की शुरुआत का संकेत है।

दरख़्त पर खुदी प्रेमियों की स्मृतियां इस बात का संकेत हैं कि नगर के कोलाहल से दूर रहने की ग़रज़ से एकांत कामना में यहां सामान्य जन आते रहे हैं। संभवतः लोहांगी के चबूतरे पर आंदोलनकर्ता अपनी मीटिंग करते रहे हैं। तभी तो लोहांगी की हवाओं को मालूम है—

नगर की व्यथाएं
सभाओं की कथाएं
मोर्चों की तड़प और
मकानों के मोर्चे
मीटिंगों के मर्म राग
अंगारों से भरी हुई
प्राणों की गर्म राख।

लोहांगी पर अपनी मीटिंग संपन्न करने के बाद दो छायाएं गलियों में पहुंचीं। ये छायाएं छरहरी हैं। एक के हाथ में मोटे-मोटे काग़ज़ों की (यानी पोस्टरों की) घनी-घनी भोंगली है। दूसरे के हाथ में टिन का एक डिब्बा है, डिब्बे में कूंची है।

एक का नाम ज़माना है, दूसरे का नाम शहर। ज़माना पेंटर है और शहर कारीगर। ये दोनों रात में 'वाल-पेंटिंग' करने और पोस्टर चिपकाने निकले हैं। अपना काम करते हुए ये न तो सट्टे के व्यापारियों की तरह चिंतित हैं, न आसमान बाबा की तरह भयाक्रांत होकर हनुमान चालीसा गा रहे हैं, न मुर्दों की दहक में बहके हुए कवियों की तरह भ्रमोत्पादिनी कविताएं सुना रहे हैं, और न संस्कृति

के धुएं से निकले भूतों जैसे बुद्धिजीवियों की तरह नकली विनम्रता में अहिंसा का राग अलाप रहे हैं। ये तो एकदम तनावमुक्त हैं।

अपनी फक्कड़ता में प्रसन्न कारीगर शहर कहता है– "बरगद की गोल-गोल हड्डियों की पत्तेदार उलझनों के ढांचों में पोस्टर लटकाओ। गीतों की तरह पोस्टरों को लहराओ, फहराओ, चिपकाओ।" मज़े में आते हुए पेंटर भी हंस कर कहता है– "सारे पोस्टर हमने ठीक जगह चिपकाए हैं। तड़के ही मज़दूर इन्हें घूर-घूर कर पढ़ेंगे, और रास्ते में खड़े लोग-बाग पोस्टर के शब्दों में ज़िंदगी की झल्लाई हुई आग पाएंगे।" मज़े में आया हुआ पेंटर, ज़माना नामक कारीगर से कहता है– "प्यारे भाई कारीगर! अगर मैं हड़ताली पोस्टर पढ़ते हुए लोगों के रेखाचित्र खींच सकूं तो बड़ा मज़ा आएगा।"

चित्र बनाने के साधन पेंटर कहां से लेना चाहता है, यह भी द्रष्टव्य है। वह एक आंख बनाना चाहता है जो पोस्टर को देख रही हो। आंख में वह काला और लाल दो रंग इस्तेमाल करना चाहता है। काले रंग के लिए उसकी योजना है कि– "कत्थई खपरैलों से उठते हुए धुएं के रंगों में आसमानी स्याही मिलाई जाए," और लाल रंग के लिए वह सुबह की किरणों के रंग में आशाएं घोलना चाहता है। इनसे जो आंख बनेगी, उसकी दृष्टि जब पोस्टर पर गिरेगी, तो कहो भाई कारीगर कैसा रहेगा?

कारीगर भी अपने कामरेड पेंटर के समान कल्पनाप्रवण हो उठता है। वह बताता है कि उसने भी धुएं से कजलाए कोठे की भीत पर बांस की तीली की लेखनी से राम की व्यथा-कथा लिखी थी, जो आज भी सत्य है। लेकिन भाई! अब वक़्त कहां है कि तस्वीरें बनाई जाएं? इच्छा तो अभी बाकी है लेकिन ज़िंदगी भूरी नहीं ख़ाकी है।

"ज़िंदगी ख़ाकी है" से कारीगर की मुराद यही है कि यह पुलिस दमन का दौर है। ऐसे में संघर्ष पर एकाग्र रहना होगा न कि कला-सृजन पर।

पेंटर कारीगर की बात काटता है और उसके कंधे पर हाथ रखकर साफ़-साफ़ कहता है– चित्र बनाने के लिए समय और साधनों का होना ज़रूरी नहीं है। पैरों के नखों से या डंडे की नोक से धरती की धूल में भी रेखाएं खींचकर तस्वीरें बनती हैं, बशर्ते कि वहां ज़िंदगी का चित्र बनाने का चाव हो।

ज़माने के इस वक्तव्य के माध्यम से मुक्तिबोध ने जनवादी कला-संस्कृति के मूल उत्स 'ज़िंदगी' को रेखांकित किया है।

कारीगर हंसकर ज़माने की बात से सहमत हो गया और उसके कथन में अपनी बात जोड़ी– "ठीक है चित्र बनाते वक़्त सारे स्वार्थ त्यागे जाएं।

अंधेरे से भरे हुए ज़ीने की सीढ़ियों में चढ़ती-उतरती जो हमारी अंध अभिलाषा है उस पर भी अंकुश लगे। ऊपर के वे कमरे हमारे लिए नहीं हैं।"

पेंटर ज़माना एक बार फिर नगर कारीगर की बात को काटता है कि "नहीं, तुम्हारी बात ग़लत है। उन ऊपर के कमरों पर भी हमारे सम्मिलित श्रम का अधिकार है। यही सम्मिलित श्रम का अधिकार हमारे अंदर 'ऊपर' को छीनने का दम भी पैदा करेगा।"

पेंटर और कारीगर में पेंटर ज़्यादा समझदार है, और समझदार क्यों न हो वह ज़माना है अर्थात युग की चेतना। कारीगर शहर का अनुभववादी वस्तु-यथार्थ है। वर्गीय आकांक्षाओं की सीढियां राम की व्यथा-कथा के दुखते मूल और अपनी क्षमताओं का उसे तर्कसंगत ज्ञान नहीं है। युग-चेतना रूपी पेंटर सर्वहारा वर्ग का 'वेनगार्ड' बनकर आंदोलनकारी शहरी श्रमिक वर्ग को उसकी क्षमताएं बता रहा है। ज़माना और शहर के उपरोक्त संवादों में पूरा नाटकीय कौशल है। थोड़े ही संवादों में दोनों पात्रों की चरित्रगत विशेषताएं सामने आ जाती हैं। पात्रों का नामकरण चरित्रों को समझने में मदद देता है।

अंततोगत्वा दोनों तय करते हैं कि फिलहाल चित्र नहीं बनाते, पोस्टर चिपकाते हैं।

फिलहाल तस्वीरें
इस समय हम
नहीं बना पायेंगे
अलबत्ता पोस्टर हम लगा जायेंगे।
हम धधकायेंगे।
मानो या मानो मत
आज तो चन्द्र है सविता है,
पोस्टर ही कविता है॥

कविता में शहर और ज़माना नामक दोनों पात्र नेपथ्य में चले जाते हैं। सामने रह जाता है पोस्टर। वेदना के रक्त से लिखा हुआ लाल-लाल, घनघोर शब्दों का धधकता हुआ पोस्टर। ये पोस्टर के कानों में अपना संदेश बोलते हैं, छपे अक्षरों के ज़रिए। यह अक्षर "धड़कती छाती की प्यार भरी गर्मी में भाप बने आंसू के खूंखार अक्षर हैं।" सर्वहारा के कष्टजन्य आंसुओं को पोस्टर की प्यार भरी गर्मी ने सुखाकर भाप बना दिया है, और यही भाप अपने वर्ग-शत्रु के विरुद्ध खूंखार अक्षरों में बदल गई है। तभी तो इन अक्षरों में इतनी ताक़त है कि दमनकारी रायफ़ली गोलियों के धड़ाकों से टकरा कर भी अक्षत हैं।

यही तो ज़माने के असली पैग़ंबर हैं। ये अदना से हड़ताली पोस्टर अपने कंधों पर टूटते आसमान को थामने का हौसला रखते हैं। इन पोस्टरों में ही मानवता की रक्षा करने का दायित्वबोध है। ये पोस्टर आदमी की दर्द-भरी गहरी पुकार को जानते हैं। तभी तो कहते हैं–

आदमी की दर्द भरी गहरी पुकार सुन
पड़ता है दौड़ जो
आदमी है वह खूब
जैसे तुम भी आदमी
वैसे मैं भी आदमी,
बूढ़ी मां के झुर्रीदार
चेहरे पर छाए हुए
आंखों में डूबे हुए
ज़िंदगी के तजुर्बात
बोलते हैं एक साथ
जैसे तुम भी आदमी
वैसे मैं भी आदमी,
चिल्लाते हैं पोस्टर।

पोस्टरों ने आदमी के जी की पुकार सुनकर दूसरे आदमियों को दौड़ना सिखाया है। आदमी के हृदय की करुणा की रिमझिम सभी अमोघ अस्त्रों से कहीं शक्तिशाली होती है। धरती का नीला पल्ला कांपता है, आसमान कांपता है। आदमी की पीड़ा की काली झड़ी जब बरसती है तो विचारों की विक्षोभी तड़ित भी कराहने लगती है। क्रोध की गुहाओं का मुंह खोले शक्ति के पहाड़ दहाड़ने लगते हैं। मुई खाल की सांस से लोहा भी भस्म हो जाता है। पोस्टर के ज़रिए जब मानवीय पीड़ा का गायन होता है तो करुणा के रोंगटों में सन्नाता हुआ आदमी दूसरे आदमी की मदद के लिए दौड़ पड़ता है, संगठित होने लगता है, जुझारू हो जाता है। इतना ही नहीं, आदमी के दौड़ने के साथ-साथ ज़मीन, ज़माना और आसमान सभी दौड़ने लगते हैं।

पोस्टर की क्षमता के विषय में इस लंबे वक्तव्य के बाद कविता अब समाप्त होना चाहती है। अंतिम बंद में बरगद और भैरो अपनी-अपनी पीठ पर पोस्टर धारण किए हुए संवादरत दिखाई देते हैं। दोनों में बहस छिड़ी हुई है कि– सुबह कब होगी, मुश्किलें दूर कब होगीं ?

यह ज़ोरदार जिरह चल ही रही है कि रात धीरे-धीरे समाप्त होने लगती है, गगन की कालिमा को चीरकर समय का कण-कण तड़ित उजाले की बूंद-बूंद

बन कर चूने लगता है, और इस आशावादी प्रकाश के आगमन के साथ ही कविता समाप्त हो जाती है। 'मुश्किल होगी दूर कब'– का कोई उत्तर मुक्तिबोध ने नहीं दिया, अलबत्ता तड़ित उजाले के रूप में उत्तर का संकेत अवश्य दिया है। पूरी कविता वर्ग-संघर्ष के दौरान होने वाले राजनैतिक षड्यंत्रों का लेखा-जोखा श्रेष्ठ नाटकीय बुनावट में प्रस्तुत करती है। पूंजीवादी मनोवृत्तियों के प्रतीक के रूप में चांदनी का चरित्र अपने पूर्ण विश्लेषण के साथ प्रस्तुत हुआ है। हरिनारायण व्यास 'चांदनी' को आधुनिकता मानते हैं। उनके अनुसार– "आधुनिकता को उन्होंने कृष्ण-पक्ष में उदित होने वाली क्षयी चन्द्रमा की चांदनी कहा है। और इसीलिए 'चांद का मुंह टेढ़ा है।' इस चांद की चांदनी में क्षीण सौंदर्य, षड्यंत्र, राजनीतिक उथल-पुथल, उल्लू और शूद्रों के सांस्कृतिक विद्रोह का प्रतीक भैरव आदि सब मौजूद रहते हैं।"[1] चांदनी को आधुनिकता कहने से बात नहीं बनती। आधुनिकता तो सर्वहारा वर्ग के सपनों में भी है। चांदनी को निश्चित रूप से पतनशील पूंजीवादी सभ्यता कहने में भी कोई संकोच नहीं होना चाहिए।

ज़माने और शहर के रूप में पेंटर और कारीगर का चरित्र चित्रांकन भी अपनी पहचान बनाता है। डा॰ सुरेन्द्र प्रताप की यह टिप्पणी सरलीकृत लगती है, जहां वे कहते हैं– "मुक्तिबोध कलाकार और कारीगर में भेद नहीं करते।"[2] दोनों के चरित्र और समझ में भारी भेद है। भेद न होता तो पेंटर कारीगर के कथनों का प्रतिवाद न करता। दरअसल पेंटर है ज़माना, यानी युग-चेतना, और कारीगर है शहर, यानी वस्तु-यथार्थ। पेंटर की समझ निश्चित रूप से इस समय कारीगर से ज़्यादा है। यह बात दूसरी है कि क्रांति कारीगर ही करते हैं। पेंटर और कारीगर के माध्यम से मुक्तिबोध ने सचेतन बुद्धिजीवी वर्ग और संघर्षरत श्रमिक वर्ग की कामरेडशिप का संकेत दिया है।

पूरी कविता में सर्वथा मौलिक एवं नवीन बिंबों एवं प्रतीकों का इस्तेमाल हुआ है। बिंबों के क्रमशः प्रतीक बनने की प्रक्रिया इस कविता में प्रायः देखी जा सकती है। छतों, महलों, कमरों से गुज़रती हुई चांदनी प्रारंभ में बिंबधर्मी रहती है तदनंतर बिल्ली में रूपांतरित होकर प्रतीकार्थ देने लगती है। 'चांद का मुंह टेढ़ा है' शीर्षक कविता अपने संपूर्ण कलेवर में ही वर्ग-संघर्ष की क्रांति चेतना से आपूरित है।[3] क्रांति का पैरोकार पोस्टर इस कविता की केंद्रीय शक्ति है एवं मुक्तिबोध के संवेदनात्मक उद्देश्यों का मूल है।

---

1. हरिनारायण व्यास : लोक हितवादी चेतना के कवि मुक्तिबोध (लेख), मुक्तिबोध का रचना संसार (सं॰ गंगा प्रसाद विमल), पृ. 12
2. सुरेन्द्र प्रताप : मुक्तिबोध : विचारक, कवि और कथाकार, पृ. 83
3. डा॰ शशि शर्मा : मुक्तिबोध का साहित्य : एक अनुशीलन, पृ. 159

भूल-ग़लती

लंबी कविताओं की तुलना में छोटी कविताओं का रचना-विधान कुछ दूसरे प्रकार का है। छोटी कविताओं में फ़ैंटैसी एवं उसके उपशिल्पों का क्रम अधिक नहीं रहता बल्कि रूपक-धर्म होता है। मुक्तिबोध के कुल शिल्प को देखते हुए इस रूपक-धर्म को भी फ़ैंटैसी माना जा सकता है, लेकिन छोटी कविताओं की यह रूपक-धर्मी फ़ैंटैसी बड़ी कविताओं की तुलना में अधिक सुगठित और संक्षेप में ही पूर्ण होती है। यहां चरित्र-विकास का उतना समय नहीं होता जितना त्वरित घटना-क्रम का। 'भूल-ग़लती'[1] ऐसी ही रूपक-प्रधान एक छोटी कविता है।

पहले बंद में किसी सामंती दरबार का वर्णन है। पदान्वय करें तो कुछ इस प्रकार होगा– "आज दिल के तख़्त पर भूल-ग़लती जिरहबख़्तर पहनकर बैठी है। उसकी आंखें नुकीले तेज़ पत्थर-सी चिलकती हैं। उसके हथियार दूर तक चमकते हैं। अनगिनत खम्बों और महराबों-थमे इस दरबारे-आम में सब कतारें बेजुबां बेबस सलाम में सिर झुकाए खड़ी हैं।"

भूल-ग़लती के राज्य के दरबारे-आम के इस दृश्य के बाद दूसरे बंद में नए चरित्र की एंट्री होती है– "सामने से हथकड़ी पहने एक ऊंचा क़द प्रविष्ट हुआ, जिसके समूचे जिस्म पर लत्तर हैं, जिन पर बहते खून के लाल लम्बे दाग़ झलकते हैं। बेचैन घावों की अजब तिरछी लक़ीरों से उसका चेहरा कटा है कि जिसको देखकर कांपते हुए दिल की भाप उठती है। वह ईमान है, जिसे भूल-ग़लती के दरबार में क़ैद करके लाया गया है। सुल्तानी निगाहों में निगाहें डालता हुआ वह बेख़ौफ़ नीली बिजलियां फेंक रहा है। ख़ामोश हैं, दरबार में सब ख़ामोश हैं। मनसबदार, शायर और सूफ़ी, अलग़ज़ाली, इब्ने सिन्ना, अलबरूनी, आलिमोफ़ाज़िल, सिपहसालार और सारे सरदार ख़ामोश हैं', दूसरा बंद समाप्त।

तीसरा बंद हथकड़ी-बद्ध ईमान के इनकार के स्वर से प्रारंभ होता है। यह तो स्वयं प्रकट है कि दूसरे और तीसरे बंद के अंतराल में कुछ घटनाएं घटीं और शासक व लाए गए अपराधी के बीच कुछ संवाद हुए। उन संवादों को लांघकर कविता का तीसरा बंद ईमान के इनकार से प्रारंभ हो रहा है। स्पष्ट है कि उसके सामने कुछ प्रलोभनकारी जाल फेंके गए, उसके सामने ज़िंदगी

1. मुक्तिबोध : 'चांद का मुंह टेढ़ा है', पृ. 1-3

बख़्श देने के प्रस्ताव भी रखे गए, बशर्ते कि वह सुलतान की आज्ञा का पालन करे, लेकिन ईमान तो "खुदमुख़्तार है, हठ-इनकार का सिर तानकर उसने (हर प्रलोभनकारी प्रस्ताव के लिए) नामंजूर कहा। उसे ज़िंदगी की शर्म की-सी शर्त नामंजूर है।" ईमान के हठ-इनकार का वह रूप देखकर उस वक़्त कोई भी सोच सकता था कि सल्तनत पर घने स्याह साये छाए जा रहे हैं, याकि सुल्तानी जिरह-बख़्तर सिर्फ़ मिट्टी का बना हुआ है, याकि ये शाहंशाह तो अब सिर्फ़ रेत का-सा ढेर बनकर रह गया है और उसकी शाही धाक तो अब सिर्फ़ सन्नाटा है।"

'लकड़ी का बना रावण' कविता का 'भव्य द्यौः पिता' भी स्वयं को 'ब्रह्म विराट पुरुष और सर्वतंत्र-स्वतंत्र' मानता था और समझता था कि उसकी सत्ता 'रविचन्द्र-तारा द्युतिमंडलों के परे तक'[1] है। लेकिन उसका समझना तभी तक रह पाया जब तक उसका विरोध नहीं हुआ। जैसे-जैसे कुहरे के जनतंत्री नर, वानर उसकी ओर ऊपर बढ़ने लगे, वैसे-वैसे उसकी समझ में आने लगा कि वह अब सिर्फ़ 'बांस के व काग़ज़ के पुट्ठे के बने हुए महाकाय रावण सा हास्यास्पद'[2] बनकर रह गया है।

'भूल-ग़लती' कविता में तो अभी ईमान ने इनकार में सिर ही हिलाया है कि सुलतानी जिरहबख़्तर सभासदों को मिट्टी का बना नज़र आने लगा।

'लेकिन, ना, ज़माना सांप का काटा' यह पंक्ति ब्रैकिट में लिखी है। सभासदों की भय और द्विधाग्रस्त मानसिकता की परिचायक है। ख़ामोश और भूमिका-शून्य रहने के बावजूद सभासद समझने लगे हैं कि 'भूल-ग़लती' नामक यह आलमगीर शाहंशाह मेरी-आपकी कमज़ोरियों का लाभ उठा रहा है। उसका यह स्याह लोहे का जिरहबख़्तर भी हमारी कमज़ोरियों से ही बना है, जिसे पहनकर यह खूंखार आलीजाह सच्चाई की आंखें निकाले डालता है और दिल की बस्तियां उजाड़े डालता है। हमें भी उसने घेरकर बेबुनियाद, बेसिरपैर बनाया हुआ है। हम सब उसके शाही मुकाम में चमकते तामझाम में क़ैद हैं।

चौथा बंद : कविता का वाचक-नायक जो सभासदों में शरीक़ है, बताता है- "इतने में हमीं में से कोई अजीब कराह-सा निकलकर भागा, भरे दरबारे-आम में मैं भी संभलकर जागा।" इस नई घटना से- 'कतारों में खड़े ख़ुदगर्ज़-बा-हथियार, बख़्तरबंद समझौते वहम कर रह गए' और 'दिल में अलग जबड़ा, अलग दाढ़ी लिए, दुमुंहेपने के सौ तजुर्बों की बुजुर्गी से भरे संजीदा दढ़ियल सिपहसालार सहम कर रह गए।'

---

1. मुक्तिबोध : 'चांद का मुंह टेढ़ा है', पृ. 18
2. वही, पृ. 22

सहम कर इसलिए रह गए कि अब तक इस तरह शाही दरबार से कोई नहीं भागा। भागने वाला स्वयं 'खुदगर्ज़-बा-हथियार बख़्तरबंद समझौतों' में शरीक था। ये समझौते, शाहंशाह का चरित्र, ईमान के प्रति होता अत्याचार, सच्चाई की आंखों का निकाला जाना और दिल की बस्तियों का उजड़ना, वह सह नहीं पाया। पीड़ाएं घनीभूत हो गईं। और जब पीड़ाएं घनीभूत हो जाती हैं तो कराह को रोकना मुश्किल हो जाता है। कराह की तरह निकल भागना बाह्य यथार्थ के प्रति उसकी अनिवार्य संवेदनात्मक आंतरिक प्रतिक्रिया बन गया।

कराह की तरह निकल भागने की एक व्यजंना यह भी है कि भागने वाले ने भागने से पहले कोई योजना नहीं बनाई। वह कराह के समान अचानक अनायास निकल गया। गोया उसने दरबार की सुख-सुविधाओं और स्वार्थाधारित समझौतों को एक झटके में तोड़ दिया। यदि कोई क़ैदी या शत्रु-पक्ष का कोई व्यक्ति इस तरह अचानक भागा होता तो प्रतिक्रियास्वरूप दरबार में खड़े हुए हथियारबंद सिपाही और सिपहसालार उसे पकड़ने के लिए तत्काल उसका पीछा करते, किंतु क़तारों में खड़े वे सब के सब स्तब्ध और किंकर्तव्यविमूढ़ थे। दुमुंहा चरित्र रखने वाले ये दरबारी सिपहसालार एकाएक समझ नहीं पाए, क्या किया जाना चाहिए, सहम कर रह गए।

पांचवां बंद : दरबार से भागने वाले उस 'कोई एक' के फ्रेम से बाहर होते ही दृश्य बदल गया और नया दृश्य उस स्थान का है जहां वह अब जा पहुंचा– "लेकिन उधर उस ओर कोई बुर्ज़ के उस तरफ जा पहुंचा। अंधेरी घाटियों के गोल टीलों और घने पेड़ों में कहीं पर खो गया।" वाचक-नायक महसूस करता है कि– 'वह बेनाम बेमालूम दर्रों के इलाक़े में सच्चाई के सुनहले तेज अक्सों के धुंधलके में लश्कर मुहैया कर रहा है।' वाचक को पूरी आशा है कि वह "हमारी हार का बदला चुकाने आएगा और संकल्पधर्मी चेतना का रक्त-प्लावित स्वर, हमारे ही हृदय का गुप्त स्वर्णाक्षर, प्रकट होकर विकट हो जाएगा।" इस आशा-आकांक्षा की अभिव्यक्ति के बाद कविता समाप्त हो जाती है।

सामंती परिवेश और सामंती चित्रात्मकता रखने वाली इस कविता का प्रच्छन्न कथ्य सामंतवाद नहीं है। सामंती दरबार तो एक रूपक है जिसके माध्यम से मुक्तिबोध वर्तमान पूंजीवादी व्यवस्था की बात करना चाहते हैं। आज का शासक वर्ग यों जनतांत्रिक मूल्यों की दुहाई देता है किंतु आचरण उसका सामंती ढंग-ढर्रे का है। जनता का चुना प्रतिनिधि यदि स्वयं को शाहंशाह महसूस करने लगे तो यह उसकी 'भूल-ग़लती' ही होगी। कविता में इसीलिए शाहंशाह का नाम 'भूल-ग़लती' है। ईमान रूपी जनवादी शक्तियां जब सच्चाई कहने का

साहस दिखाती हैं तो दमन-चक्र चल पड़ता है। मनसबदार, शायर और सूफ़ियों का सारा बुद्धिजीवी वर्ग स्तब्ध होकर किंकर्त्तव्यविमूढ़ हो जाता है। दरबार में ईमान की निर्भय प्रस्तुति मध्यवर्गीय सभासदों को आत्मचेतस बनाती है, उन्हें यह बोध होने लगता है कि वे भी सत्तापक्ष के चमकते तामझाम में क़ैद हैं। प्रतिक्रियास्वरूप कराह की तरह किसी का निकल भागना भावी विप्लव का संकेत है। कविता के अंत में वाचक सभासद उस संकेत को परिभाषित भी कर देता है कि वह जो हमारी हार का बदला चुकाने आएगा, वह जो संकल्पधर्मा चेतना का रक्तप्लावित स्वर है, वह वस्तुतः हमारे ही हृदय का गुप्त स्वर्णाक्षर है। उसके बस प्रकट होने भर की देर है, यदि वह प्रकट हो गया तो निश्चय ही विकट होगा।

अंतिम पंक्तियां इस मार्क्सवादी अवधारणा की पुष्टि करती हैं कि क्रांति व्यक्तिगत प्रयासों का परिणाम नहीं होती है। मुक्ति यदि मिलती है तो वह सभी सहयोगी वर्गों के संयुक्त प्रयासों का परिणाम होती है।

इस कविता को डा॰ शशि शर्मा 'व्यक्तित्व परिष्करण' के अंतर्गत मानती हैं। 'व्यक्तित्व परिष्करण' बहुत ही भ्रामक-सा शब्दयुग्म है। विचित्र बात यह है कि वे कविता के गतार्थों तक तो ठीक पहुंच जाती हैं, लेकिन निष्कर्षण में भ्रमजन्य निर्णय देने लगती हैं। उनके अनुसार यह तो ठीक है कि "वह व्यक्ति जिसका चेहरा बेचैन घावों की तिरछी लकीरों से कटा है और जिस पर दिल की भाप कांपने लगती है वह क्रांतिधर्मी व्यक्ति ईमानदारी और न्याय-चेतना का प्रतीक है जो ग़लत और बेईमान शोषक व्यवस्था के सामने बेख़ौफ़ होकर खड़ा है। लेकिन इसके साथ ही उस बेईमान व्यवस्था में कुछ समझौतापरस्त अवसरवादी बुद्धिजीवी भी हैं जो व्यवस्था की बेईमान और अन्यायप्रेरित शासन-प्रणाली को देखते हुए भी चुप हैं।"[1]

कविता का यह किया हुआ अर्थ तो ठीक है लेकिन निर्णय देते समय वे कहती हैं– "'भूल-ग़लती' में मानसिक द्वंद्व तीन स्तरों पर हैं– व्यक्ति के स्तर पर, कवि के स्तर पर और अस्मिता की चेतना के स्तर पर।"[2]

किसी और कविता के विषय में संभवतः यह टिप्पणी उचित ठहरती किंतु यहां तो इस प्रकार के द्वंद्व का कोई अवसर नहीं दिखाई दे रहा। पहला उन्होंने बताया– व्यक्ति के स्तर पर मानसिक द्वंद्व। क़ैद कर लाए गए व्यक्ति 'ईमान' में कहीं कोई द्वंद्व नहीं, वह विरोध की अपनी मुद्रा में यहां तक निश्चित है कि उसे 'ज़िन्दगी की शर्म की-सी शर्त' तक अस्वीकार है। सभासदों में

1. डा॰ शशि शर्मा : मुक्तिबोध का साहित्य : एक अनुशीलन, पृ. 181
2. वही, पृ. 181

भी किसी व्यक्ति के व्यक्तिगत मानसिक द्वंद्व का परिपाक नहीं हुआ। समझौतापरस्त अवसरवादी बुद्धिजीवी भी सिर्फ़ चुप हैं, उनमें कोई मानसिक तनाव नहीं। जो व्यक्ति निकलकर भागा वह भी किसी व्यक्तिगत मानसिक द्वंद्व का शिकार नहीं था, उसने तत्काल निर्णय लिया और निकलकर भागा। भागने के बाद भी वह किसी द्वंद्व में नहीं है। कविता के वाचक सभासद की ओर से देखें तो पाते हैं कि वह भी इस आकांक्षा में निश्चिंत हैं कि एक दिन हमारे ही हृदय के गुप्त स्वर्णाक्षर प्रकट होकर विकट हो जाएंगे। व्यक्तिगत मानसिक द्वंद्व के दर्शन इस कविता में कहीं नहीं हैं।

दूसरा उन्होंने बताया– कवि के स्तर पर मानसिक द्वंद्व। ऐसा कहना तो कवि के प्रति अन्याय ही होगा। कवि इस कविता की रचना-प्रक्रिया में बहुत निश्चित और तर्कसंगत है। उसने एक रूपक के माध्यम से इस शोषणकारी व्यवस्था और उसके विरुद्ध उठने वाली न्यायसंगत आवाज़ों, सत्ता से जुड़े नाभिनालबद्ध चरित्रों का चित्रण और क्रांति के लिए सहयोगी वर्गों के जुड़ाव की प्रक्रिया को बिना किसी तनाव, बिना किसी द्वंद्व के प्रस्तुत किया है। कविताओं में कवि के मानसिक द्वंद्व की दुहाई देना सदैव उचित और तर्कसंगत नहीं होता।

तीसरा उन्होंने बताया– अस्मिता की चेतना के स्तर का मानसिक द्वंद्व। इसे यदि उन्होंने विस्तार से समझाया होता तो समझ में भी आता। किसकी अस्मिता की चेतना की बात है, वे स्पष्ट नहीं कर पाईं। क्या क़ैद कर लाए गए ईमान की? वहां अस्मिता की चेतना तो है लेकिन मानसिक द्वंद्व नहीं है। अन्य सभासदों या उपस्थित लोगों के बारे में कहा जा सकता है कि वहां अस्मिता की चेतना के लिए संघर्ष की भावना तो है पर पहचान योग्य मानसिक द्वंद्व नहीं है।

'भूल-ग़लती' कविता में पात्रों के नामकरण से लेकर घटनाओं के आदि और इति तक समग्र कलेवर सुगठित है तथा एकदिशागामी चिंतन का परिणाम है। लेकिन मुक्तिबोध की कविता में हर जगह मानसिक द्वंद्व की तलाश करना भी तो एक फ़ैशन हो गया है। डा॰ नरेन्द्र देव वर्मा की टिप्पणी तो और भी उलझाव भरी है। उनके अनुसार– "यह आधुनिक मानव की मूल्यहीनता को प्रस्तुत करने वाली छोटी कविता है। इसमें यह संवेदना अधिक मुखर है कि आधुनिक मनुष्य के क्रियाकलाप किसी मूल्यबोध में संचालित नहीं होते, किंतु मनुष्य की मूल्य-चेतना उसकी पाशविक वृत्ति के क्रूर पंजों में सिसक रही है। हृदय की सारी भावनाएं इसी बर्बर पशुता के इंगितों पर संचालित होती हैं।"[1] डा॰ नरेन्द्र देव ने इस कविता को मनुष्य के अंतर्मन में घटित होने वाली

1. डा॰ नरेन्द्र देव वर्मा : मुक्तिबोध का काव्य, पृ. 30

घटनाओं की कविता माना है, मनुष्य की मूल्य-चेतना और पाशविक वृत्तियों का अंत:संघर्ष स्वीकार किया है। यों कविता के यह गतार्थ भी निकाले जा सकते हैं क्योंकि कविता अप्रस्तुत-विधान में प्रस्तुत होती है, किंतु यहां गढ़े गए रूपक में अंत:यथार्थ की तुलना में बाह्य वस्तुगत यथार्थ की संगतियां अधिक हैं। डा० नरेन्द्र देव ने संघर्ष के रक्तप्लावी स्वर के क्रांति-मंच को भी अंतश्चेतना का आंतरिक संघर्ष मान लिया है। वस्तुत: मुक्तिबोध की कविताओं की समीक्षा उनके संवेदनात्मक उद्देश्यों के प्रकाश में ही की जानी चाहिए।

अंधेरे में

'अंधेरे में'[1] कविता मुक्तिबोध की सर्वाधिक चर्चित कविता है। इस कविता के विषय में डा० नामवर सिंह कहते हैं– "मुक्तिबोध के प्रतिनिधि काव्य-संकलन 'चांद का मुंह टेढ़ा है' की अंतिम कविता 'अंधेरे में' कदाचित उनकी अंतिम रचना भी है, जिसे कवि-कर्म की चरम परिणति भी कहा जा सकता है। कुल मिलाकर उसे यदि नयी कविता की भी चरम उपलब्धि कहा जाए तो अतिशयोक्ति न होगी।"[2]

नई कविता की चरम उपलब्धि यह कविता अनेक विद्वानों की व्याख्याओं को प्राप्त हुई। प्रायः यह कहा गया है कि यह कविता मुक्तिबोध के कथ्य और अभिव्यक्ति की गहनता, रहस्यमयता, दुरूहता की व्यंजक है। इसमें संयोजित स्थितियों में कहीं घना अंधेरा है तो कहीं विवरतम– यह सब उसकी अचेतन मानसिकता के परिचायक हैं।[3] यह भी कहा गया है कि इस कविता में मुक्तिबोध के मन का द्वंद्व शिल्प की सबल उपलब्धियों में अभिव्यक्त हुआ है।[4]

स्वयं नामवर जी ने इसे अस्मिता की खोज कहा।[5] उनके विपरीत चंचल चौहान ने इसे सर्वहारा वर्ग में अपनी मध्यवर्गीय अस्मिता का विलय बताया।[6] विष्णु खरे को यह कविता व्यक्तिगत तथा विराट स्तरों पर संघर्ष लगती है।[7] डा० रामविलास शर्मा इस कविता के काव्य-नायक को अपराध भावना से घिरा हुआ पाते हैं जो आदम की अपराध भावना से भिन्न है, वह न पूरी तरह जनता के साथ है और न ही शोषकों के साथ है।[8] डा० शर्मा को काव्य-नायक के अकेलेपन के मूल में अस्तित्ववादी रहस्यवादी चिंतन लगता है। शमशेर जी ने इस कविता के विषय में कहा है– "यह कविता देश के आधुनिक जन इतिहास

---

1. मुक्तिबोध : चांद का मुंह टेढ़ा है, पृ. 228-270
2. डा० नामवर सिंह : कविता के नए प्रतिमान, पृ. 178
3. हुकुम चंद राजपाल : मुक्तिबोध की काव्यचेतना और मूल्य-संकल्प, पृ. 142
4. रमाकांत शर्मा : छायावादोत्तर हिन्दी कविता, पृ. 362
5. डा० नामवर सिंह : कविता के नए प्रतिमान, पृ. 235
6. चंचल चौहान : मुक्तिबोध प्रतिबद्ध कला के प्रतीक, पृ. 107
7. विष्णु खरे : मुक्तिबोध (सं० विश्वनाथ प्रसाद तिवारी), पृ. 117
8. डा० रामविलास शर्मा : मुक्तिबोध का आत्मसंघर्ष और उनकी कविता (लेख) धर्मयुग, दिसंबर, 1969

का स्वतन्त्रतापूर्व और पश्चात का एक दहकता इस्पाती दस्तावेज़ है। इसमें अजब और अद्‌भुत रूप से व्यक्ति और जन का एकीकरण है। देश की धरती, हवा, आकाश, देश की सच्ची मुक्ति-आकांक्षी नस-नस इसमें फड़क रही है. . . और भावनाओं के अनेक गुम्फित स्तरों पर।"[1] डा० प्रभाकर माचवे इसे 'गुएरनिका इन वर्स' कहते हैं, क्योंकि उनके अनुसार इस कविता के अनेक अंश पिकासो के विश्व प्रसिद्ध चित्र 'गुएरनिका' जैसा ही प्रभाव डालते हैं।

डा० नरेन्द्र देव वर्मा कहते हैं कि यह कविता विवेकहीनता का अंधेरा न होकर अवचेतना का अधंकार है।[2] डा० जगदीश गुप्त के अनुसार– "गहरे या गहराते हुए अंधेरे और समुद्र की सम्मिलित प्रतीकात्मक अनुभूति उनकी काव्य-चेतना की केन्द्रीय अनुभूति है।"[3] डा० गंगा प्रसाद विमल के अनुसार यह कविता मुक्तिबोध के आंतरिक संघर्ष की प्रतीक है जिसमें घोर अवसाद और घोर विद्रोह के तत्व हैं।[4] डा० शिव कुमार मिश्र कहते हैं– "मुक्तिबोध की यह कविता आत्मकेन्द्रित अनेक नए कवियों के सम्मुख चिंतन के नए क्षितिज उद्‌घाटित करती है। यह नई कविता का एकाएक गौरवशाली कीर्तिमान है।"[5] डा० मिश्र ने उक्त परिचय के साथ इस कविता को विशाल फ़ैंटैसी पर आधारित प्रखर यथार्थ बोध की कविता कहा है। उनके अनुसार– "'अंधेरे में' जैसी उनकी प्रखर यथार्थ बोध की कविता का निर्माण ही एक ऐसी विशाल फ़ैंटेसी पर आधारित है। एक केन्द्रीय फ़ैंटेसी और उसकी भीतरी पर्तों में प्याज़ के छिलके की भांति अन्य फ़ैंटेसियां। एक-एक पर्त खुलती जाती है, दृश्य बदलते जाते हैं और यथार्थ की सजीव से सजीव छवियां सामने आती रहती हैं। तीखा, मर्म तक चुभने वाला, तेज़ धार से युक्त कथ्य स्पष्ट से स्पष्टतर होता चलता है और कविता समाप्त होते-होते तक पाठक निर्णय नहीं कर पाता कि इसे फ़ैंटेसी कहा जाए या जीवित प्रत्यक्ष सत्य।"[6]

शमशेर बहादुर सिंह की यह विस्तृत टिप्पणी भी उल्लेखनीय है– "'अंधेरे में' मुक्तिबोध की एक ऐसी कविता है जिसमें उनकी काव्यात्मक शक्ति के अनेक तत्व घुलमिल कर एक महान रचना की सृष्टि करते हैं, जो रोमानी होते हुए भी अत्यधिक यथार्थवादी और एकदम आधुनिक है। और किसी भी कसौटी पर उसको जांचा जाए, मैं कहूंगा कि वह आधुनिक युग की कविताओं

---

1. शमशेर बहादुर सिंह : (भूमिका), चांद का मुंह टेढ़ा है, पृ. 26
2. डा० नरेन्द्र देव वर्मा : मुक्तिबोध का काव्य, पृ. 67
3. डा० जगदीश गुप्त : मुक्तिबोध का रचना संसार (सं० गंगा प्रसाद विमल), पृ. 70
4. डा० गंगा प्रसाद विमल : (सं०) मुक्तिबोध का रचना संसार, पृ. 76
5. डा० शिव कुमार मिश्र : आधुनिक कविता और युग-दृष्टि, पृ. 283
6. वही, पृ. 267-68

में सर्वोपरि ठहरती है। उसके बिम्ब और प्रतीक और संकेत और संदर्भ, शब्द और ध्वनि-चित्र, बड़ी गहरी और विविध गूंजें हमारी भावनाओं में भर जाते हैं। उसमें मुक्तिबोध का कवि व्यक्तित्व बाल्ट व्हिट्मैन और मायकवस्की के शिल्प और शक्ति से टक्कर लेता है और अपनी ज़मीन पर अप्रतिहत और अद्वितीय रहता है। इस कविता का हमारी अमर राष्ट्रीय कविताओं में शुमार होगा, मुझे इसमें किंचित भी संदेह नहीं। हिन्दी की स्वस्थतम आधुनिक काव्य-सृष्टि का यह सर्वोपरि विजय चिह्न है।"[1]

श्रीकान्त वर्मा को खेद रहा है कि इसे पहचानने में हिन्दी कविता को पचास साल लग गए। अब इस मनु को पहचाना गया जब देश अंधेरे में जा चुका है। इतिहास के प्रश्न कविता के प्रश्नों में बदल गए हैं।[2]

मुक्तिबोध की इस कविता को विभिन्न समीक्षकों ने जहां एक ओर युग की सबसे सशक्त रचना माना, वहीं दूसरी ओर इसकी रचना-प्रक्रिया और अर्थ-प्रक्रिया के संदर्भ में परस्पर अंतर्विरोधी निष्कर्ष दिए। हम यहां इस कविता की रचना-प्रक्रिया और अर्थ-प्रक्रिया का विवेचन कर रहे हैं। व्यावहारिक समीक्षा की इस प्रक्रिया में ही विभिन्न विद्वानों के उपरोक्त मतों का मूल्यांकन हो सकेगा।

इस कविता का शीर्षक पहले मुक्तिबोध ने 'आशंका के द्वीप : अंधेरे में' रखा था, किंतु बाद में इन्हीं की इच्छा से इसका शीर्षक सिर्फ़ 'अंधेरे में' रहने दिया गया। इस विषय में श्रीकान्त वर्मा ने 'चांद का मुंह टेढ़ा है' की भूमिका में लिखा है– "बीमारी के दौरान मुक्तिबोध ने इच्छा ज़ाहिर की कि इस संकलन में उनकी दो कविताएं– 'चंबल की घाटियां' और 'आशंका के द्वीप : अंधेरे में'– ज़रूर शामिल की जाएं। दोनों एक के बाद दूसरी छापी जाएं और दूसरी का शीर्षक बदल दिया जाए। उन्होंने कहा था कि 'आंशका के द्वीप : अंधेरे में' शीर्षक एक विशेष मनःस्थिति के प्रवाह में मैंने दिया था। उनकी इच्छा के मुताबिक शीर्षक से मैंने 'आंशका के द्वीप' हटा दिया है, हालांकि मुझे लगता है यह शीर्षक इस कविता के अर्थ को अधिक अच्छी तरह व्यंजित करता है।"[3]

'अंधेरे में' आठ खंडों में विभक्त, इकहत्तर बंद (स्टैंजा) की एक लंबी कविता है। न तो आठों खंड समान आकार-प्रकार के हैं और न बंद ही। एक विशेष बात जो इस कविता में देखने को मिलती है और जो प्रायः मुक्तिबोध की सभी कविताओं का सामान्य धर्म है कि हर नए बंद में कवितागत शिल्प

1. शमशेर बहादुर सिंह : भूमिका, चांद का मुंह टेढ़ा है, पृ. 26
2. श्रीकान्त वर्मा : मुक्तिबोध की सार्थकता (लेख), आलोचना-6
3. श्रीकान्त वर्मा : 'प्रस्तुत संकलन' (भूमिका), चांद का मुंह टेढ़ा है, पृ. 8

का पैटर्न बदल जाता है, लेकिन मजाल है कि अगला बंद पिछले बंद से असंबद्ध हो जाय। ये बंद पैटर्न में भिन्न होते हुए भी किसी न किसी रूप में किसी न किसी सूत्र से जुड़े रहते हैं।

वस्तु-स्थिति का वर्णन करते हुए कविता शुरू होती है, फ़ैंटैसी के सहारे। ज़िंदगी के अंधेरे कमरों में कोई लगातार चक्कर लगाता है, जिसके पैरों की आवाज़ सुनाई देती है, किंतु वह दिखाई नहीं देता। उसका इतना भर परिचय मिलता है कि वह 'तिलिस्मी खोह में गिरफ़्तार कोई एक' है। इस संक्षिप्त वर्णन के अनंतर कविता का कर्ता प्रकट होता है– 'मेरे ह्रदय की धक-धक पूछती है– वह कौन?' यानी यह वर्णन स्वयं कर्ता ही कर रहा था।

इस तरह कविता के पहले बंद में ही वस्तु-पक्ष और कर्ता-पक्ष के संकेत मिल जाते हैं कि कविता में एक 'वह' है, एक 'मैं' है। कवितागत 'मैं' ही कविता का वाचक-नायक है।

'वह कौन?' वाचक-नायक के सामने सवाल है। "इतने में" (फ़ैंटैसी सक्रिय) "अकस्मात गिरते हैं भीतर से / फूले हुए पलिस्तर / खिरती है चूने भरी रेत / खिसकती हैं पपड़ियां इस तरह– / खुद-ब-खुद / कोई बड़ा चेहरा बन जाता है / स्वयमपि / मुख बन जाता है दिवाल पर / नुकीली नाक और / भव्य ललाट है / दृढ़ हनु," फ़ैंटैसी ने एकाएक दिवाल पर चमत्कारिक आकृति रूपायित कर दी। और इसी को देखकर वाचक-नायक के मन में जिज्ञासा होती है– 'कौन मनु?' इस जिज्ञासा के साथ ही पहला बंद समाप्त होता है।

अब ज़रा देखें कि वाचक-नायक का पहला सवाल था– 'वह कौन', लेकिन दूसरा सवाल हो गया– 'कौन मनु?' इन दो प्रश्नों के अंतराल में प्रकट पुरुष का जो वर्णन हुआ उसी वर्णन ने उसे (आब्जैक्ट) इतना मूर्त किया कि वाचक (सबजैक्ट) उसके बारे में सवाल करते हुए, अब तक समझ में आए रूप को एक विशेषण बना दे। यहां वाचक-नायक ने उसे मनु के ही रूप में क्यों जाना, यह हमारे लिए अगला सवाल हो सकता है। इस सवाल पर आलोचकों में काफ़ी बहस हुई है, लेकिन इतना स्पष्ट है कि कर्ता-पक्ष, वस्तु-पक्ष की ज्ञेयता के लिए प्रयत्नशील है।

'कौन मनु?' का उत्तर फ़ैंटैसी नहीं देती, बल्कि दूसरे बंद में नए बिंबों के माध्यम से नई पहचान पैदा करती है– "बाहर शहर के, पहाड़ी के उस पार, तालाब. . . / अंधेरा सब ओर, / निस्तब्ध जल, / पर, भीतर से उभरती है सहसा / सलिल के तम-श्याम शीशे में कोई श्वेत आकृति," यह आकृति-रूप कुहरीले बड़े चेहरे के रूप में फैल जाता है– मुस्काता है, पहचान बताता है, किंतु वह वाचक-नायक की समझ में नहीं आता। ज़रा सोचिए, जब इससे पूर्व

वाचक-नायक ने उसे मनु कहा था, तो क्या वह उसकी समझ में आ गया था? नहीं। और इसीलिए मनु कोई निश्चित और स्पष्ट प्रतीक नहीं है, प्रतीकाभास है। वाचक-नायक स्वयं निश्चित नहीं था कि वह मनु है, क्योंकि वह आकृति उसके लिए 'अनजानी-अनपहचानी' थी। और वैसे भी यदि वह निश्चित होता तो 'मनु' के आगे संबोधन चिह्न लगा होता और 'कौन' के बाद कौमा- 'कौन, मनु!' कुछ आलोचक 'मनु' शब्द देखकर संभ्रम में पड़ गए हैं, उन्होंने तरह-तरह के अर्थ दिए हैं। हमारी समझ से यह 'मनु' उस वस्तु-पुरुष के, अब तक के रूप के वाचक-नायक पर पड़े प्रभाव की एक सहज प्रतिक्रिया है। आशय, वस्तु-पक्ष के उजागर मानवीकरण से है।

दूसरे बंद में पहले बंद से इतना विकास हुआ कि जहां पहले बंद में आकृति केवल रूपायित हुई थी, वहां दूसरे बंद में उसने मुसका कर अपनी पहचान बताने की कोशिश भी की। पहचान स्थापित हो जाए, यह प्रयास दोनों ओर से चल रहा है। कर्ता-पक्ष में प्रश्न और जिज्ञासाएं हैं, वस्तु-पक्ष में स्वयं को स्पष्ट करने के प्रयास।

फ़ैंटैसी गतिमान रहती है और तीसरे बंद में आकर पहचान की तीसरी भूमि का निर्माण करती है। वस्तु-पक्ष अब पहले बंद की निश्चेष्ट आकृति नहीं है, दूसरे बंद की केवल मुसकाती आकृति नहीं है बल्कि अधिक गतिशील है, सक्रिय है- "तिलस्मी खोह का शिला-द्वार / खुलता है धड़ से. . . / घुसती है लाल-लाल मशाल अजीब सी, / अंतराल विवर के तम में / लाल-लाल कुहरा, कुहरे में, सामने, / रक्तालोक-स्नात पुरुष एक / रहस्य साक्षात्!!"

चौथा बंद : रहस्य-साक्षात् वस्तु-पक्ष कर्ता वाचक-नायक पर हावी हो उठता है। उसका 'तेजो प्रभावमय' स्वरूप कर्ता में सात्विक अनुभाव पैदा करता है। वाचक-नायक के शरीर में 'अजीब एक थर-थर' होने लगती है। रहस्य-वस्तु को वाचक-नायक कई विशेषण देने लगता है- 'संभावित स्नेह सा प्रिय रूप' किंतु 'गहन एक संदेह'। यहां 'संभावित' शब्द आगामी पहचान के लिए एक सूत्र है। इस शब्द का तक़ाज़ा है कि कर्ता और वस्तु के बीच स्नेह की जो संभावनाएं हैं, वे उद्घाटित हों।

पांचवें बंद में वाचक-नायक अज्ञात-रहस्य-पुरुष के लिए निश्चयात्मक टिप्पणी करता है। अभी तक जिसके लिए वह 'वह कौन' 'कौन मनु' 'नहीं वह समझ में आता', 'रहस्य साक्षात्', आदि कह रहा था, अब उसकी समझ में आ जाता है कि-

> वह रहस्यमय व्यक्ति
> अब तक न पाई गई मेरी अभिव्यक्ति है

पूर्ण अवस्था वह
निज संभावनाओं, निहित प्रभावों, प्रतिमाओं की,
मेरे परिपूर्ण का आविर्भाव
हृदय में रिस रहे ज्ञान का तनाव वह
आत्मा की प्रतिमा।

समझ में तो आ गया, लेकिन उसका समझ में आ जाना भी गंभीर और ख़तरनाक प्रश्नों में बदल गया। 'इसलिए' हुआ यह कि बाहर के गुंजान जंगलों से हवा आई, उसने फूंक मारी, मशाल बुझाई, और कर्ता का कहना है कि उसको 'यों अंधेरे में पकड़ कर मौत की सज़ा दी।'

कविता के गतार्थों तक पहुंचने के लिए यह बंद बेहद महत्वपूर्ण है। क्योंकि इस बंद में कर्ता एवं वस्तु के मध्य की क्रिया-प्रतिक्रिया की एक परिणति है– 'पहचान'। किंतु 'पहचान' बन जाना समस्या का अंत नहीं, बल्कि समस्या की शुरुआत है। 'पहचान' ही अपने आप में एक गंभीर ख़तरा है। इस 'पहचान' ने एक बात बताई कि वस्तु-पक्ष कोई निरपेक्ष सत्ता नहीं थी, वह कर्ता की अपनी 'अभिव्यक्ति' थी लेकिन 'अब तक न पाई हुई।' 'वह हृदय में रिस रहे ज्ञान का तनाव' थी, उसका संवेदनात्मक ज्ञान थी। इस बंद के सही अर्थ न करना, समग्र कविता को ग़लत निष्कर्षों तक ले जाता है, जैसा कि हुआ। ख़ैर, हम आगे चलें और कोशिश करें।

सवाल यह है कि हवा को क्या पड़ी थी कि उसने एकाएक मशाल ही बुझा दी? प्रश्न अगर गंभीर और ख़तरनाक थे तो वाचक-नायक के लिए थे, उसके लिए तो नहीं। एकाएक हवा का आ जाना फ़ैंटैसी शिल्प की सुविधा का प्रमाण तो है ही, क्योंकि वाचक से असंबद्ध होते हुए भी वह आ गई। अगली पंक्ति में वाचक-नायक मशाल के बुझने को अपने लिए मौत की सज़ा मानता है। देखा जाय तो यह उसके साथ हवा की ज़्यादती थी। दरअसल कर्ता और वस्तु के बीच पहचान स्थापित हो जाने के बाद वस्तु का चित्र बना रहना अनावश्यक था, यहां वह हवा की फूंक से विलुप्त हुआ, किसी और ढंग से भी हो सकता था। जिसने भी किया उसकी भूमिका यह रही कि उसने वस्तु को नेपथ्य में डाल कर्ता वाचक-नायक के साथ एक द्वंद्व की स्थिति को जोड़ दिया।

वाचक-नायक दुखी। छठा बंद। उसे लगता है जैसे उसे खड़ी पाई की सूली पर टांग दिया गया। उसकी वस्तु-पक्ष के प्रति यह पहली प्रभावात्मक प्रतिक्रिया है। वह चेतन से अचेतन स्थिति में गिरा दिया गया।

फ़ैंटैसीगत चेतना के अचेतन होने का तात्पर्य है, फ़ैंटैसी के समापन की

सूचना। फ़ैंटैसी ने इस दौर में कर्ता और वस्तु के बीच पहचान स्थापित की और कर्ता के द्वंद्व को उभारते-उभारते स्वयं तिरोहित हो गई। कविता का पहला खंड यहां समाप्त हुआ, हो भी जाना चाहिए था।

कविता के प्रथम खंड और उसकी शुरुआत के विषय में चंचल चौहान कहते हैं कि 'अंधेरे में' कविता की संरचना ऐण्टीथीसिस के आधार पर हुई है। 'नहीं देता दिखाई' और 'दिखाई जो देता' का यह पैराडॉक्स अनायास नहीं है।

मनु सफ़ेदपोश निम्न-बुर्जुआ का प्रतीक है, वाचक की अपनी दृष्टि आरोपित होकर 'वह' को अपने वर्ग (मध्यवर्ग) के आदमी के रूप में पहचान पाती है।[1]

कविता के प्रतीकार्थों को खोलने की अभी जल्दी न की जाए तो भी आगामी खंड में हमें अर्थ-संकेत स्वत: मिलते हैं।

दूसरे खंड के पहले बंद में पुन: एक वातावरण का निर्माण किया जाता है। फ़ैंटैसी में वातावरण बनाते हुए संयोग से रचना-प्रक्रिया का संकेत भी मिलता है। फ़ैंटैसीगत शब्दों की लहरें छटपटाने लगती हैं। रचना-प्रक्रिया की दृष्टि से यह छटपटाहट प्रथम क्षण के अंतर्तत्व के धक्के से तरंगायित और मानसिक दृष्टि के सम्मुख उद्‌घाटित होकर अनुभवों से आलोकित हो जाना और अंतत: अभिव्यक्ति के लिए आतुर हो जाना है। ऐसा संयोग से ही हो गया है, फ़ैंटैसी शिल्प की छूट के कारण। इसका अर्थ यह नहीं है कि कविता का कथ्य, कविता की रचना-प्रक्रिया को बताना है।

वाचक-नायक को शब्दों की यह लहरें मीठी लगती हैं किंतु उससे सही भी नहीं जातीं। सांकलें बजती हैं द्वार पर जैसे कोई उसी की बात उसे ही बताने के लिए बुलाता है, बुलाता है। वाचक-नायक ने उसे पहचान लिया कि बाहर खड़ा यह व्यक्ति वही रहस्य पुरुष (रक्तालोकस्नात पुरुष) है, जो तिलिस्मी खोह में उसे दिखा था। 'अवसर अनवसर' अब वह प्रकट होता ही रहता है, 'उसकी सुविधाओं का' तनिक भी ख़्याल किए बिना।

चाहे जहां, चाहे जिस समय उपस्थित
चाहे जिस रूप में
चाहे जिन प्रतीकों में प्रस्तुत
इशारे से बताता है, समझाता रहता
हृदय को देता है बिजली के झटके।

1. चंचल चौहान : मुक्तिबोध प्रतिबद्ध कला के प्रतीक, पृ. 109

लगता है वाचक-नायक अब उसके आने को नहीं रोक सकता। वह बाह्य रहस्य-पुरुष वाचक-नायक पर लगातार मेहनत कर रहा है, शायद उसे वाचक-नायक से कोई उम्मीद हो। लेकिन रहस्य पुरुष और वाचक-नायक के संबंध अभी सामान्य नहीं हो पाए, द्वंद्व बरकरार है। वह 'मीठा' भी है, 'दु:सह' भी है। रहस्य-पुरुष, कहना चाहिए कि बेहद प्रभावशाली है, वाचक-नायक के अंतर 'को बिजली के झटके' जो देता है। वाचक-नायक उन झटकों को खाता है। झटके खा-खा कर फिर उसके व्यक्तित्व के प्रभाव का बखान करता है कि उसके चेहरे पर सुबहें खिलती हैं, उसके गालों पर पठार की चट्टानी चमक है, आंखों में किरणीली शांति की लहरें हैं। वाचक-नायक के मन में उसे देखकर अनायास ही प्यार उमड़ता है, उसे लगता है कि वह दरवाज़ा खोलकर उसे बाहों में कस ले, हृदय में रख ले, उससे लिपटकर घुल जाए, मिल जाए। परंतु. . .। और यह 'परंतु' बहुत बड़ा है। यही सारे द्वंद्व की जड़ है। यह 'परंतु' उसकी अपनी स्थिति ने पैदा किया कि वह अभी भी भयानक गड्ढे के अंधेरे में आहत और क्षत-विक्षत पड़ा है। उसे लग ही नहीं रहा कि उसमें शक्ति है कि उठ सके। पर साथ ही यहां वाचक-नायक का एक वक्तव्य है, ब्रैकिट में बंद- (यह भी तो सही है कि कमज़ोरियों से ही लगाव है मुझको)। सही बात है, इसीलिए ब्रैकिट में बंद है। वाचक-नायक द्वारा अपनी आलोचना का दबा-स्वर है, पर यही मुख्य कारण है उस बड़े 'परंतु' का, स्थिति के सारे द्वंद्व का। परिणाम यह होता है कि वाचक-नायक अपने परमप्रिय को हृदयस्थ नहीं कर पाता, उसे टालता रहता है, उससे कतराता रहता है, उससे डरता है। क्योंकि बाह्य रहस्य-पुरुष अब न केवल आता है और अपनी झांकी देकर लौटता है, बल्कि वह वाचक-नायक को तुंग शिखर के खतरनाक कगार-तट पर बिठा देता है। ऐसी शोचनीय स्थिति में उसे वहां छोड़कर कहता है कि रस्सी के पुल पर चलकर पर्वत संधि के गह्वर पार करो और दूर उस शिखर-कगार पर स्वयं ही पहुंचो। कितना कठिन काम करने को कहता है ये रहस्य-पुरुष। वाचक-नायक की हिम्मत साथ नहीं देती, यहीं दम छोड़ देता है और सोचता है- "अरे भाई मुझे नहीं चाहिए शिखरों की यात्रा / मुझे डर लगता है ऊंचाइयों से।" इस आत्मस्थिति का परिणाम यह होता है कि वह धीरे-धीरे उस परमप्रिय व्यक्ति के प्रति निरपेक्ष होने लगता है- "वह जन वैसे ही आप चला जाएगा, आया था जैसा।" इतना कहकर वाचक-नायक आराम से बैठ सकता था, पर आराम कहां है- "खड्डे के अंधेरे में मैं पड़ा रहूंगा पीड़ाएं समेटे !!"- यथास्थितिवाद भी कहां सुख देता है। रहस्य-पुरुष के बारे में इतना कह कर वह संतुष्ट नहीं होता, यह उसका अंतिम निर्णय नहीं है। उससे तो उसका द्वंद्व और गहरा जाता है- 'क्या करूं, क्या नहीं करूं, मुझे बताओ'-

इस तम-शून्य में तैरती है जगत-समीक्षा
की हुई उसकी
(सह नहीं सकता)
विवेक-विक्षोभ महान उसका
तम-अंतराल में (सह नहीं सकता)
अंधियारे मुझ में द्युति-आकृति सा
भविष्य का नक्षा दिया हुआ उसका
सह नहीं सकता !!
नहीं, नहीं, उसको मैं छोड़ नहीं सकूंगा
सहना पड़े- मुझे चाहे जो भले हो।

'क्या करूं, क्या नहीं करूं' का सवाल कैसे जवाब पाता है, यह उपरोक्त टुकड़े में दर्शनीय है। रहस्य-पुरुष जगत-समीक्षक है। उसकी समीक्षा में ज़ोर है। वाचक-नायक ब्रैकिट में, यानी अप्रकट स्वीकार करता है कि वह उसे सह नहीं सकता। अंधियारे खड्डे के तम-अंतराल में भी वह द्युति-पुरुष महान विवेक-विक्षोभ देकर जाता है, वाचक-नायक उसे भी नहीं सह सकता (अप्रकट)। वह इतना ही नहीं करता, भविष्य का पूरा नक्षा भी देता है। यहां आकर वाचक-नायक प्रकट-स्वीकार करता है कि वह उसे छोड़ नहीं सकता, यानी उसे पाकर भी गड्ढे में पड़ा नहीं रह सकता, बल्कि अब वह उसकी 'जगत-समीक्षा' को उसके 'विवेक-विक्षोभ' को और उसके, 'भविष्य के नक्षे' को अंगीकार करेगा, अब उससे विलग रहना संभव नहीं है।

अब तक की फ़ैंटैसी के वस्तु-यथार्थ पर वाचक-नायक की टिप्पणियां एवं उसके 'अंतर' का 'बाह्य' के वस्तु-यथार्थ से द्वंद्व, कविता के गतार्थों को खोलने की शुरुआत करते हैं। 'कमजोरियों से ही लगाव है मुझको' जैसा वक्तव्य वाचक-नायक की मध्यवर्गीय कमज़ोरियों का आत्म-स्वीकार है। दूसरी ओर पहले खंड का 'संभावित स्नेह सा प्रिय रूप' अब निश्चयवाचक होकर 'उस मेरे प्रिय' हो जाता है और बावजूद इसके कि वह वाचक-नायक को कठोर से कठोर आज्ञाएं देता है, फिर भी वह उसे सह नहीं सकता, उसे छोड़ नहीं सकता। द्वंद्व की परिणति मानसिक संकल्प में होती है।

यहां से लौटकर अब यदि पीछे कविता (फ़ैंटैसी) में लौटा जाए तो कविता का वस्तु-यथार्थ भी अपने अर्थ देगा और पता लगेगा कि अब तक की फ़ैंटैसी महज़ कोई रहस्य लोक नहीं थी, कोरा जादुई तिलिस्म नहीं थी, बल्कि उसके सामाजिक मतलब हैं। खोह का द्युति पुरुष, भीत पर का मनु, तालाब की कुहरीली श्वेत-आकृति, गुहाद्वार का रक्तालोकस्नात पुरुष, एवं बार-बार आकर

सांकलें बजाने वाला और तरह-तरह के कठोर आदेश देने वाला व्यक्ति, कोरा रहस्यलोक ही खड़ा नहीं करते, बल्कि वह 'बाह्य सामाजिक संघर्ष' के ही फ़ैंटैसी में हुए मानवीकृत रूप हैं। सामाजिक संघर्ष और सामाजिक विचारधारा को अभिव्यक्ति देने वाला, संघर्ष का अग्रदूत यह सामाजिक व्यक्तित्व बार-बार कवि के मध्यवर्गीय मन के करीब आता है और उसे विभिन्न स्थितियों में- ऊहापोह में, द्वंद्व में- डाल देता है। सामाजिक व्यक्तित्व से आत्म-साक्षात्कार ही मध्यवर्गीय मानसिकता को किंकर्तव्यविमूढ़ कर देता है। मध्यवर्गीय कवि-मन इस रहस्य-पुरुष को पाने की अदम्य आकांक्षा और अपनी मध्यवर्गीय कमजोरियों से लगाव- यह दोनों रुझान एक साथ रखता है। उसके मन का यही केंद्रीय अंतर्विरोध उसमें द्वंद्व पैदा करता है। लेकिन कविता में यहां तक आते-आते कमज़ोरियों के बावजूद यह द्वंद्व तिरोहित होकर एक संकल्प-चेतना में बदल जाता है।

इसी संकल्प-चेतना के उदय का प्रभाव होता है कि वाचक-नायक, अपने कमज़ोर घुटनों को बार-बार मसल, लड़खड़ाता हुआ, दरवाज़ा खोलने के लिए आगे बढ़ता है। अब वह पैरों से धरती का फैलाव महसूस करता है, मस्तक से आकाश अनुभव करता है। अंधेरे में होते हुए भी वह स्पर्श की गहरी शक्ति पाता है। बाह्य का यह साक्षात्कार उसकी आत्मा में भीषण सत्-चित् वेदना दहका देता है। विचार विचरण-सहचर हो जाते हैं। उसकी यह परिणति उसकी चेतना के बदलाव की सूचक है। अब वह उस बाह्य से पुनः साक्षात्कार करने के लिए पहली बार अपनी ओर से प्रयत्नशील होता है-

> बढ़ता हूं आगे
> चलता हूं संभल-संभल कर
> द्वार टटोलता,
> जंग खाई, जमी हुई, जबरन
> सिटकिनी हिलाकर
> ज़ोर लगा, दरवाज़ा खोलता
> झांकता हूं बाहर. . .

यह सही है कि मध्यवर्गीय संस्कारग्रस्त जंग खाई जमी हुई सिटकिनी बिना ज़ोर लगाए नहीं खुल सकती। बद्धमूल स्थिति के टूटने पर ही सिटकिनी खुलती है, और खुलने पर दरवाज़े के बाहर, अपने वर्ग से बाहर का वस्तु-यथार्थ दिखाई देता है। इस तरह दूसरा बंद समाप्त।

दूसरे बंद के अंत में छोड़े गए डौट्स आगामी बंद में 'बाहर' का वर्णन करने के संकेत हैं। तीसरे बंद में बाहर का वर्णन फ़ैंटैसी में ही चलता है कि-

"सूनी राह है, अजीब फैलाव है, सर्द अंधेरा है। उदास तारे ढीली आंखों से विश्व देख रहे हैं। हर बार सोच और हर बार अफ़सोस, हर बार की फ़िक्र के कारण बढ़े हुए दर्द का मानो कि दूर वहां, दूर वहां अंधियारा पीपल पहरा देता है।" 'अंधियारा पीपल' के बिंब का उभरना, सोच, अफ़सोस, फ़िक्र और दर्द को मूर्त कर देता है। 'पीपल' के पीछे अर्थ की यह परंपरा जुड़ जाने से वह बिंब नहीं रह पाता, धीरे-धीरे प्रतीक होने लगता है। मुक्तिबोध जिस शब्द का प्रतीक के रूप में इस्तेमाल करना चाहते हैं, उसके इस्तेमाल से पहले उसकी भूमिका का पर्याप्त वर्णन कर देते हैं।

'अंधियारे पीपल' के पहरे में "हवाओं की निःसंग लहरों में कांपती हुई कुत्तों की दूर-दूर अलग-अलग आवाज़, सियारों की ध्वनि से टकराती रहती है। दूरियां कांपती हैं, फ़ासले गूंजते हैं।" मुक्तिबोध द्वारा यह ऐसे वातावरण की सृष्टि है जिससे वाचक-नायक अर्थ लगा सके कि– 'बाहर कोई नहीं, कोई नहीं बाहर।'

फ़ैंटैसी में वर्णन के लिए, नाट्य-सृष्टि के लिए काफ़ी छूट होती है, क्योंकि वास्तविक जगत से उसका सीधा नाता नहीं होता। कोई एक रात का पक्षी अंधियारे सूने में चीख़ जाता है, कहता है–

वह चला गया है
वह नहीं आएगा, आएगा ही नहीं
अब तेरे द्वार पर
वह निकल गया है गांव में, शहर में।
उसको तू खोज अब
उसका तू शोध कर
वह तेरी पूर्णतम परम अभिव्यक्ति
उसका तू शिष्य है (यद्यपि पला तक. . .)
वह तेरी गुरु है,
गुरु है. . . . .

ध्यान देने की बात है कि पहले खंड के पांचवे बंद में वाचक-नायक उस पुरुष के बारे में जान गया था कि वह उसकी 'अब तक न पाई गई अभिव्यक्ति है', किंतु यहां दूसरे खंड में आकर कोई रात का पक्षी फिर से उसे यह तथ्य बताता है। क्यों ? इसलिए कि द्वंद्व की स्थिति में संकल्प-सिंचित हो जाने के बावजूद वाचक-नायक अपने दुःखों की अंधेरी दुनिया में ही है। यहां उसके अंतर का संकल्प ही मानो पक्षी के रूप में फ़ैंटैसीकृत होकर बाह्य के साक्षात्कारों के उसके प्रयासों को तेज़ करना चाहता है। यहां पक्षी अभिव्यक्ति के साथ दो

विशेषण भी जोड़ता है कि वह पूर्णतम और परम है, साथ ही यह भी बताता है कि वाचक-नायक उसका शिष्य है, परम अभिव्यक्ति उसकी गुरु है। और यह सही भी है क्योंकि इस रहस्य-पुरुष (पूर्णतम परम अभिव्यक्ति) ने ही उसे 'जगत-समीक्षा' दी, 'विवेक-विक्षोभ' दिया और यहां तक कि 'भविष्य का नक्षा' भी दिया।

वाचक-नायक उस अंधेरी दुनिया से निकलना चाहता है, उससे मुक्ति चाहता है। यह मध्यवर्गीय मन मुक्ति का अभिलाषी है इसका तात्पर्य यह है कि वह अपने सुविधा-स्वार्थ-ग्रस्त मोहजालपूर्ण अंधेरे से छूटने को लालायित है, छटपटा रहा है। फ़ैंटैसी ने अंधेरे का आशय भी अब स्पष्ट कर दिया है कि अंधेरा मध्यवर्गीय मोहजालों और स्वार्थों का घेरा है। यह मध्यवर्गबद्धता तभी टूट सकती है जब व्यक्ति का अपने वर्गीय आत्मानुरोधों के प्रति मोहभंग हो जाय और पतनोन्मुखी पूंजीवाद के विकृत रूप धारण करने के कारण अपने वर्ग की आसन्न-मृत्यु से हटकर मध्यवर्गीय व्यक्ति भविष्य-गति को निश्चित करने वाली शक्तियों से साक्षात्कार करे। यह साक्षात्कार तब तक असंभव है जब तक कि वह अपनी वर्गस्थिति से बाहर न निकले। "अपने वर्ग से बाहर निकलकर, सर्वहारा वर्ग से साक्षात्कार एवं उसके साथ शिरकत करने में मध्य-वर्ग को मुक्ति मिलेगी– परम अभिव्यक्ति यानी वर्ग-मुक्ति खोजने या शोधने का यही अर्थ है।"[1]

तीसरे खंड की शुरुआत, अब तक की स्थिति पर एक टिप्पणी से होती है–

"समझ न पाया कि चल रहा स्वप्न या जागृति शुरू है।"

इतना तो स्पष्ट है कि यह टिप्पणी एक सचेत टिप्पणी है और कम से कम फ़ैंटैसीगत नहीं है। यह टिप्पणी किसकी है? क्या फ़ैंटैसी का वाचक-नायक फ़ैंटैसी से निकलकर सचेत हो गया है, या यह स्वयं कवि है? या कहें कि कवि ही फ़ैंटैसी में जाकर वाचक-नायक बन जाता है। कवि और वाचक-नायक में एक रिश्ता है जो यहां स्पष्ट होता है। वाचक-नायक कवि के संवेदनात्मक ज्ञान का मूर्त रूप है, अतः उससे अलग नहीं है। दूसरी ओर इसी शब्दावली में कहें तो वह मुक्ति-पुरुष कवि का अपना संवेदनात्मक उद्देश्य है जो उसके अपने ज्ञानात्मक आधार के कारण है।

सचेत वाचक-नायक या कवि अपने इर्द-गिर्द का वर्णन करता है कि दिया जल रहा है। पीतालोक प्रसार में काल गल रहा है। यह सिविल लाइंस

1. सुधीश पचौरी : सामयिक-3, मई 1972, पृ. 133

है। और वह अपने कमरे में यहां पड़ा हुआ है। उसकी आंखें खुली हुई हैं। वह पीटे गए बालक-सा मार खाया चेहरा स्लेट-पट्टी पर खींची गई भूत जैसी आकृति देखता है। यह दिवा-स्वप्न की स्थिति है। कवि ने उपमा के माध्यम से उसे अभिव्यक्त किया। फिर एक सवाल– "क्या वह मैं हूं, मैं हूं?"

दूसरे बंद में सवाल अनुत्तरित रहता है, शायद वह उत्तर पाने की ग़रज़ से था ही नहीं, स्वत: उत्तर था। वातावरण पुन: फ़ैंटैसी को उकसाता है– "रात के दो हैं / दूर-दूर जंगल में सियारों का हो-हो / पास-पास आती हुई घहराती गूंजती / किसी रेलगाड़ी के पहियों की आवाज़।" बाह्य के इस वातावरण पर वाचक-नायक की प्रतिक्रिया उसकी मन:स्थिति के अनुरूप होती है। उसे लगता है कहीं कोई एक्सीडेंट न हो जाए। उसकी बाह्य के प्रति यह प्रतिक्रिया उसके मध्यवर्गीय मन के बाह्य से साक्षात्कार के भय की द्योतक है– "चिंता के गणित अंक / आसमानी स्लेट-पट्टी पर चमकते / खिड़की से दीखते।"

कुछ डॉट्स (. . .) के बाद एकाएक फ़ैंटैसी का विषयरूप बदलने लगता है, लेकिन पृष्ठभूमि वही है– खिड़की से दिखाई देता हुआ आसमान। आसमान में सितारों के बीच रुकते व घूमते, हाय! हाय! तॉल्सतॉय उसे कैसे दिखाई दे गए, बीच में ही। तॉल्सतॉय क्यों दिखे? इस प्रश्न को हम सोचें, इससे पहले अगले बंद के तॉल्सतॉय-नुमा आदमी पर ध्यान जाता है–

शायद तॉल्सतॉय-नुमा
कोई वह आदमी और है
मेरे किसी भीतरी धागे का आखिरी छोर वह
अनलिखे मेरे उपन्यास का केन्द्रीय संवेदन
दबी हाय-हाय नुमा।
शायद तॉल्सतॉय-नुमा।

अब दूसरा प्रश्न उठता है कि तॉल्सतॉय, तॉल्सतॉय-नुमा क्यों हो गए? कविता का वाचक-नायक कर्ता एक शिक्षित मध्यवर्गीय बुद्धिजीवी मन है, उसे यह इतिहास ज्ञात है कि तॉल्सतॉय ने अपने युग के सामाजिक अंतर्विरोधों का ईमानदारी से चित्रण किया है। किंतु वे इन्हीं अंतर्विरोधों के कारण सामाजिक क्रांति के लिए मज़दूर वर्ग के आंदोलन और उसकी भूमिका को पूरी तरह से नहीं समझ सके। यही कारण है कि फ़ैंटैसी में तॉल्सतॉय, तॉल्सतॉय-नुमा हो जाते हैं। तॉल्सतॉय नायक को मध्यवर्गीय यथार्थवादी दृष्टिकोण से प्रिय हो सकते थे, किंतु जैसे ही इस दृष्टिकोण के अंतर्विरोध सामने आते हैं, कर्ता के लिए तॉल्सतॉय, भीतरी धागे के आख़िरी छोर के रूप में नज़र आने लगते हैं, धागे के पहले छोर के रूप में नहीं।

फ़ैंटैसी एकदम नया मोड़ लेती है। इस खंड का चौथा बंद : प्रोसैशन? प्रोसैशन के लिए फ़ैंटैसी में वातावरण बनता है– "निस्तब्ध नगर के मध्य-रात्रि-अंधेरे में सुनसान / किसी दूर बैंड की दबी हुई क्रमागत तान-धुन / मंद-तार-उच्च-निम्न स्वर-स्वप्न / उदास-उदास ध्वनि-तरंगें हैं गम्भीर / दीर्घ लहरियां।।"

पांचवें बंद में जुलूस का उदास संगीत। छठे बंद के दौरान जुलूस का थोड़ा-थोड़ा प्रकाश दिखाई देने लगता है। सातवें बंद में जुलूस स्पष्ट होता है– "और अब / गैस लाइट-निलाई में रंगे हुए अपार्थिव चेहरे / बैंड दल/ उनके पीछे काले-काले बलवान घोड़ों का जत्था / दीखता / घना व डरावना अवचेतन ही / जुलूस में चलता।" लगता है यह किसी मृत्यु-दल की शोभा-यात्रा है– "नींद में खोए हुए शहर की गहन अवचेतना में / हलचल, पाताली तल में / . . . सब सोए हैं लेकिन मैं जाग रहा, देख रहा।" यहां वाचक-नायक सचेत नहीं हो गया– वह जाग रहा है, लेकिन अवचेतना में।

आठवां बंद : विचित्र प्रोसैशन में पत्रकार-लेखक, विचारक, जगमगाते कविगण, मंत्री, उद्योगपति सभी सम्मिलित हैं। बैंड-दल के लोगों के चेहरे उसके देखे हुओं से मिलते हैं। वह यह देखकर चकित है कि इस बैंड-दल में बड़े-बड़े नाम कैसे शामिल हो गए। इनके साथ ही उसे इनके पीछे-पीछे चलता हुआ 'संगीन-नोकों का चमकता जंगल' दिखाई देता है– "चल रही पदचाप, ताल-बद्ध दीर्घ पांत / टैंक-दल, मोर्टार, आर्टिलरी सन्नद्ध / धीरे-धीरे बढ़ रहा जुलूस भयावना।" उसे कर्नल, ब्रिगेडियर, जनरल-मार्शल, सेनापति, सेनाध्यक्ष दिखाई देते हैं, यहां तक कि शहर का हत्यारा कुख्यात डोमा जी उस्ताद भी।

यह प्रोरौशन सैनिक्त तानाशाही के वातावरण को उजागर करता है– भीतर का राक्षसी स्वार्थ अब / साफ़ उभर आया है। छिपे हुए उद्देश्य / यहां निखर आए हैं / यह शोभा-यात्रा है किसी मृत-दल की।" यह मृत-दल, पूंजीपति-सामंती वर्ग एवं उसके क्रीतदासों की शोभा-यात्रा है। यह रात्रि की शोभा-यात्रा, शासक वर्ग के कभी भी 'फ़ासिस्ट' हो जाने का संकेत देती है क्योंकि उसे उभरती हुई जनवादी शक्तियों से आसन्न-मृत्यु का भय है।

फ़ैंटैसी के इस वस्तु-यथार्थ को नायक अब तक केवल देख रहा था। उसने शोभा-यात्रा के रूप में एक कटु-यथार्थ को देखा था। उसकी वर्ग- चेतना ने शोषक एवं दमनकारी राज्यसत्ता के पीछे छिपे हुए पूंजीपति- सामंती वर्गों और उपवर्गों के घिनौने बर्बर चरित्र को नंगा देख लिया था। एकाएक प्रोसैशन में से कुछ आंखें उसकी ओर उठीं और सड़क पर एक शोर खड़ा हो गया– "मारो गोली, दागो स्साले को एकदम / दुनिया की नज़रों से हटकर / छिपे तरीके से / हम जा रहे थे कि / आधी रात-अंधेरे में उसने देख लिया हमको / व जान

गया वह सब / मार डालो, उसको ख़त्म करो एकदम।" इस भयंकर यथार्थ से साक्षात्कार में– पहली बार उसकी मुठभेड़ शोषक-वर्गों के राज-तंत्र एवं शासन-तंत्र से हुई। रास्ते पर भागदौड़ धका-पेल!! गैलरी से भागा वह पसीने से सराबोर। गतिशील वस्तु-यथार्थ के साथ कर्ता-नायक भी गतिशील हो गया।

दसवां बंद : एकाएक स्वप्न टूट जाता है एवं सारे चित्र छिन्न-भिन्न हो जाते हैं और जागते में स्वप्न फिर से याद आने लगता है। कवि यहां सचेत हो जाता है एवं फ़ैंटैसी के वस्तु-यथार्थ का वर्णन करता हुआ उसकी प्रतिक्रिया में एक वक्तव्य देता है– "और तब मुझे प्रतीत हुआ भयानक / गहन मृतात्माएं इसी नगर की / हर रात जुलूस में चलतीं / परन्तु, दिन में / बैठती हैं मिलकर करती हुई षड्यंत्र / विभिन्न दफ़्तरों-कार्यालयों, केन्द्रों में, घरों में।"

उपरोक्त पंक्तियों के विषय में डा॰ जनक शर्मा का कथन है– "इन पंक्तियों में एक करारा मार्मिक व्यंग्य युग के उन बुद्धिजीवियों पर है जो अपने सिद्धांतों-आदर्शों का दिखावा मात्र करते हैं और वास्तव में जो स्वार्थों से सने मानवता का दम्भ भरते हैं और पाशवता के केन्द्र-रूप हैं।"[1] डा॰ शिव कुमार मिश्र इस व्यंग्य की व्याख्या करते हुए कहते हैं– "यदि व्यंग्य में सचमुच मर्म को भेद देने की शक्ति होती है, उसे यथार्थ का एक सशक्त माध्यम माना जाता है तो उसकी वह धार, तथा शक्ति यहां अपने पूरे पैनेपन के साथ मौजूद है। यहां व्यंग्य व्यक्ति पर नहीं, युग पर है, अपनी बौद्धिकता की डींग मारने वाले युग पर, आदर्शवाद-सिद्धांतवाद तथा अपनी मानवीयता का हर क्षण प्रदर्शन करने वाले समूचे बुद्धिजीवी वर्ग पर। अनुभूत जीवन सत्य की इससे प्रखर अभिव्यक्ति और क्या हो सकती है! इसी बूते पर यह कविता प्रखर यथार्थबोध का फ़ैंटैसीनुमा रूमानी दस्तावेज़ बन सकी है।[2]

फ़ैंटैसीनुमा यह रूमान मुक्तिबोध को जीवन-यथार्थ से मिला है। उनके मित्र और सहकर्मी कवि भारत भूषण अग्रवाल बताते हैं कि मुक्तिबोध को रात्रिकालीन मटरगश्तियों में बड़ा मज़ा आता था, "उनके सहपाठी शान्ताराम को कुछ दिनों बाद गश्त लगाने की नौकरी मिल गयी और मुक्तिबोध को उसके साथ रातभर गश्त देने में आनन्द आने लगा। रहस्य, चुप्पी और अनाम आतंक के वातावरण का उत्स, जिसने बाद में उनकी अभिप्रायपूर्ण रचनाओं में असाधारण अभिव्यक्ति पायी, इन्हीं रात्रिकालीन मटरगश्तियों में पाया जा सकता है।"[3]

---

1. डा॰ जनक शर्मा : गजानन माधव मुक्तिबोध : व्यक्तित्व एवं कृतित्व, पृ. 247
2. डा॰ शिवकुमार मिश्र : आधुनिक कविता और युग-दृष्टि, पृ. 271
3. भारत भूषण अग्रवाल : मुक्तिबोध और उनकी कविता (लेख), मुक्तिबोध (सं॰ विश्वनाथ प्रसाद तिवारी), पृ. 2

जो हो, कविता के इस बंद में कवि का वक्तव्य ही प्रधान है। वह आगे सोचता है– "हाय, हाय। मैंने उन्हे नंगा देख लिया।" मज़े की बात यह है कि उन्हें नंगा देख लेने पर उसकी प्रतिक्रिया यह नहीं होती कि क्योंकि "मैंने उन्हें नंगा देख लिया, अब मैं उन्हें देख लूंगा," बल्कि वह सोचता है– "इसकी मुझे और सज़ा मिलेगी।' सच्चाई को जानते हुए भी उसका भयभीत होना उसकी अपनी वर्ग-स्थिति के कारण है।

चौथा खंड : वाचक-नायक कवि अपने कमरे में लेटा हुआ है। सत्ता-व्यवस्था का संत्रास उसे आत्म-केन्द्री बना देता है। उसके मन में अपनी स्थिति के अनुरूप बिम्ब आने लगते हैं– "उदास मटमैला मनरूपी / वाल्मीकि / चल-विचल हुआ सहसा / अगिनत काली-काली / हायफ़न-डैशों की लीकें / बाहर निकल पड़ीं, / अंदर घुस पड़ीं भयभीत।" किन्तु, एकाएक उसका अंतर्मुखत्व समाप्त होता है। वह बाहरी जग की अख़बारी दुनिया का फैलाव, फंसाव, घिराव, तनाव सब ओर देखता है। वह पाता है कि सेना ने सड़कें घेर ली हैं। फ़ैंटैसी प्रारंभ हो जाती है। "यह सब क्या है?" का सीधा उत्तर मिलता है कि 'जनक्रांति के निमित्त यह मार्शल-लॉ है।' वह भागता है, भागते-भागते उसे दीखता है– सामने ही अंधकार स्तूप सा / भयंकर बरगद. . . / सभी उपेक्षितों, सभी वंचितों-ग़रीबों का वही घर, वही छत / उसके ही तल-खोह अंधेरे में सो रहे / गृह-हीन कई प्राण। 'बरगद' की यह व्याख्या बरगद-मात्र को एक प्रतीक बनाने लगती है और लगता है कि यह 'बरगद' सर्वहारा जनता का प्रतीक है। बरगद का ज़िक्र मुक्तिबोध की अन्य कई कविताओं में भी आया है। हर स्थान पर उसके साथ एक व्याख्या जुड़ी हुई है जो उसे निश्चित अर्थ देकर प्रतीक बनाती है। कहीं यह प्रतीक प्रखर हो जाता है, कहीं प्रतीकाभास बनकर रह जाता है। हां, इतना अवश्य है कि जहां भी बरगद या वट वृक्ष आया है उसका संबंध जनता या सर्वहारा से या उसकी विचारधारा से है।

बंद के अंत में किसी एक अतिदीन पागल का संकेत-सूत्र मिलता है। अगले, तीसरे बंद में– "किन्तु, आज इस रात बात अजीब है। वही जो सिरफिरा पागल कतई था / आज एकाएक वह / जागरित बुद्धि है प्रज्वलित धी है।" वह आत्मोद्‌बोधमय कोई गान गाता है।

कर्ता-कवि (वाचक-गायक) एक सचेत टिप्पणी करता है– "(करुणा रसाल वे हृदय के स्वर हैं / गद्यानुवाद यहां उनका दिया जा रहा है)।"

फ़ैंटैसीगत कविता के अंदर कविता चलती है– "ओ मेरे आदर्शवादी मन / ओ मेरे सिद्धांतवादी मन / अब तक क्या किया? जीवन क्या जिया!!. . . बहुत बहुत ज़्यादा लिया / दिया बहुत-बहुत कम / मर गया देश, अरे जीवित

रह गए तुम !! लो हित पिता को घर से निकाल दिया / जन-मन करुणा-सी मां को हंकाल दिया / विवेक बघार डाला स्वार्थों के तेल में / आदर्श खा गए।" आत्मोद्बोधमय यह गान गाने वाला पागल कौन है ? भगवान सिंह ने लिखा है– "पागलपन वस्तु-जगत से मानसिक विच्छेद का ही तो नाम है जिसकी अलग-अलग कोटियां एवं प्रकोप स्थितियां हुआ करती हैं। जब जीवन यंत्रणामय बन जाता है, शिकंजे कस उठते हैं, उत्पीड़न प्रखर हो जाता है तो उसमें से भी कुछ के मन में आत्मग्लानि होती है। जिन्हें तकनीकी शब्दावली में सिम्पेथाइज़र कहते हैं, उन्हीं का प्रतिनिधि तो यह पागल नहीं है ?"[1]

यह पागल वाचक-नायक के आत्मरूप मध्यवर्गीय बुद्धिजीवी (ब्रह्मराक्षस) के रूप में सामने आया है जो जीवन और जनता से नहीं जुड़ पाया और जिसकी छटपटाहट उसके मन में है। जन-क्रांति के भयानक दौर में उसका आत्मप्रबुद्ध हो जाना स्वाभाविक ही है। सिरफिरे पागल के अन्य प्रतीकार्थ भी लगाए जा सकते हैं– यह कवि का अंतर्मुखी व्यक्तित्व भी हो सकता है, किंतु इस आत्मोद्बोधन के पश्चात जो जनक्रांति में हिस्सा लेने के लिए तत्पर होता है।

'मेरा सिर गरम है, इसलिए भरम है' से चौथा बंद प्रारंभ होता है। यह फ़ैंटैसी के समापन की सूचना है। कवि के स्वयं का स्थित्यात्मक चित्र है। वह टिप्पणी करता है– "सपनों में चलता है आलोचन, विचारों के चित्रों की अवलि में चिंतन"। पागल के विषय में उसका वक्तव्य है– "व्यक्तित्व अपना ही अपने से खोया हुआ / वही उसे अकस्मात मिला था / रात में / पागल था दिन में / सिरफिरा विक्षिप्त मस्तिष्क।"

पांचवां बंद : पागल के गान के वस्तु-यथार्थ ने वाचक-नायक में आत्मालोचन की प्रक्रिया प्रारंभ कर दी। उसे जन-क्रांति के इस दौर में अपनी निष्क्रियता का बोध होता है और अपराध-भावना बढ़ती है कि "मानो मेरे ही कारण लग गया / मार्शल लॉ वह / मानो मेरी ही निष्क्रिय संज्ञा ने संकट बुलाया / मानो मेरे ही कारण ही दुर्घट / हुई यह घटना. . . / आज इस पागल ने मेरी चैन भुला दी / नींद गंवा दी।"

वाचक-नायक की इस आत्मालोचना पर डा॰ रामविलास शर्मा टिप्पणी करते हैं– "यह अपराध भावना धार्मिक आस्थाओं के कारण, आदम ने ज्ञान का फल चख लिया इस कारण नहीं उत्पन्न होती। यह अपराध भावना सामाजिक दायित्व बोध और अपनी आत्मग्रस्तता के अहसास से उत्पन्न होती है।"[2] इसी

1. भगवान सिंह : सर्वनाम, फरवरी, 1973, पृ. 28
2. डा॰ रामविलास शर्मा : मुक्तिबोध का आत्मसंघर्ष और उनकी कविता (लेख), धर्मयुग, 21 दिसम्बर, 1969, पृ. 20

स्वर में डा० जनक शर्मा का कथन है– "मुक्तिबोध आत्मसाक्षात्कार के कवि हैं। समाज में होने वाली दुर्घटनाओं, अन्याय, अत्याचारों में वे स्वयं को भी कहीं शामिल देखते हैं– स्वयं को कठघरे में खड़ा करके जांचते परखते हैं। मुक्तिबोध में गहरा दायित्वबोध था देश के प्रति, अपने समाज के प्रति अत: देश में या समाज में कहीं अघट घटता तो वे स्वयं को भी अपराधी मानते थे।"[1] डा० जनक शर्मा की यह टिप्पणी सरलीकृत है। उन्होंने आत्मालोचना की प्रक्रिया को अपराधबोध मान लिया है।

आत्मालोचना कर्ता को अंतर्मुख होने से बचाती है। वह प्रेरणा से उत्साहित होता है, उसकी संकल्पधर्मा चेतना क्रियाशील हो जाती है। सर्वहारा के बरगद के पास वह खड़ा है। झुके हुए गुमसुम टूटे हुए घरों के तिमिर अतल से उसका मन घुलने लगता है। वह अपने मध्यवर्गीय घेरे से निकल आया है, अत: सर्वहारा जनता के पास आकर वह एक सुगंधि को महसूस करता है– "रात्रि के श्यामल ओस से क्षालित / कोई गुरु-गम्भीर महान अस्तित्व/ महकता है लगातार / मानो खण्डहर प्रासादों के उद्यान. . ./ पर उस महक-लहर में कोई छिपी वेदना, / कोई गुप्त चिन्ता छटपटा रही है।" उद्यान यहां प्रतीक बन जाता है– बाह्य के जन-संसार का, सुगंधि संघर्षों की। किंतु बावजूद इसके, वेदना भी है, क्योंकि भावी के प्रति अगनित आशंकाएं हैं।

पांचवां खंड : आत्मालोचना के बाद उसे थोड़ा भान होता है, लेकिन फ़ैंटैसी में ही। उसे लगता है जैसे किसी अजनबी ने उसके कंधे पर हाथ रख दिया हो, वह चौंकता है, एक थरथर रेंग जाती है। उसका चौंकना स्वाभाविक भी है– एक लंबी विचार-प्रक्रिया के बाद ठहरे हुए मानव-मन की यही स्थिति होती है, उसकी इंद्रियां अत्यधिक संवेदनशील हो जाती हैं। किंतु वह किसी अजनबी का हाथ नहीं था बल्कि ऊपर से गिरकर एक बरगद-पात कंधे पर बैठ गया था। वाचक-नायक सोचता है कि बरगद-पात का गिरना क्या उसके लिए कोई संकेत है। उसे संकेत जानकर ही वह दौड़ने लगता है– कई मोड़ घूमते हुए– किसी एक मुंदे हुए घर की पत्थर-सीढ़ी उसे दिखती है, वह बैठ जाता है।

मुंदा हुआ घर क्या है, यह तीसरे बंद में उद्घाटित होता है कि वह उसके निज के भीतर की खोह है। इस आभ्यंतर की प्राकृत गुहा में उसे– तिमिर को भेदकर चमकते हुए– मणितेजस्क्रिय, रेडियो-एक्टिव रत्न बिखरे दिखाई देते हैं, जिन पर एक प्रबल प्रपात झर रहा है।

---

1. डा० जनक शर्मा : गजानन माधव मुक्तिबोध: व्यक्तित्व एवं कृतित्व, पृ. 248

प्राकृत जल वह आवेग-भरा है,
द्युतिमान मणियों की अग्नियों पर से
फिसल-फिसल कर बहती लहरें
लहरों के तल में से फूटती हैं किरनें
रत्नों की रंगीन रूपों की आभा
फूट निकलती
खोह की बेडौल भीतें हैं झिलमिल ।।

इस प्राकृत गुहा के विषय में सुधीश पचौरी ने ठीक ही कहा है कि यह कवि का मध्यवर्गीय वर्गचेतस पूर्व-निष्क्रिय मनोजगत है।[1] बाह्य के कटु-यथार्थ से घायल यह मन भीतर लौटता है, भीतर अब काफ़ी कुछ बदल चुका है। वहां उसे अब मणितेजस्क्रिय-रेडियो-एक्टिव रत्न दिखाई पड़ते हैं, वे 'दीप्ति-वलयित रत्न' कल के अपने ही अनुभव, विवेक, वेदना-निष्कर्ष में परिवर्तित हो गए लगते हैं। अब तक क्या किया ? 'जीवन क्या जिया ?' जैसी निर्मम आलोचना के पश्चात अब व्यावहारिकता के धरातल पर वाचक-नायक अपने जीवन को नया मोड़ देने लगता है। पुराने आदर्श टूट जाते हैं, उनके प्रति मन में अब संभ्रम शेष नहीं है।

छठा खंड : इस बात के ध्यान में आते ही कि उसने अपने मणिमय तेजस्क्रिय जीवनानुभवों को गुहावास दे रखा था, वह अफ़सोस से भर जाता है– "हाय, हाय। मैंने उन्हें गुहा-वास दे दिया। लोक-हित क्षेत्र से कर दिया वंचित / जनोपयोग से वर्जित किया और / निषिद्ध कर दिया / खोह में डाल दिया।" वह जानता है कि उन्हें खोह में डालने के पीछे उसका वर्ग-भय काम कर रहा था– "वह ख़तरनाक थे, (बच्चे भीख मांगते) ख़ैर. . .," कहकर वह आगे सोचता है, उसकी चेतना अब दूसरे स्तर पर कार्य कर रही है, पुरानी स्थितियों से वह निकल आया है। उसकी संकल्पधर्मा-चेतना दृढ़ हो जाती है। आत्मालोचना और 'अपराध-बोध' के लिए भी यह समय नहीं है, अब तो 'जूझना ही तै है।'

'बच्चे भीख मांगते' पर डा॰ शिवकुमार मिश्र की टिप्पणी है– "इतनी साहसपूर्ण स्वाकारोक्ति और कमर कस कर जीवन-संग्राम में कूद पड़ने की यह आकांक्षा– (बच्चे भीख मांगा करें तो मांगा करें) मुक्तिबोध जैसे ही किसी निश्छल, समाजचेता कवि का वरण कर सकती है। मुक्तिबोध की ईमानदारी का यह स्वर वह है जहां वे अपने अनेक समानधर्माओं की भांति अपनी कमज़ोरियों पर पर्दा डालते हुए उनका औचित्य प्रमाणित नहीं करते, साहस के साथ उनका

---

1. सुधीश पचौरी : सामयिक-3, मई 1972, पृ. 137

उद्‌घाटन करते हुए नए पथ पकड़ते हैं।"[1]

फ़ैंटैसी में ही फ़ैंटैसी के बदलाव की सूचना मिलती है– सीन बदलता है, फ़ैंटैसी में नए सिरे से वर्णन शुरू हो जाता है– "सुनसान चौराहा सांवला फैला / बीच में वीरान गेरुआ घंटाघर / ऊपर कत्थई बुजुर्ग गुम्बद / सांवली हवाओं में काल टहलता है / रात में पीले हैं चार घड़ी-चेहरे / मिनिट के कांटों की चार अलग गतियां / चार अलग कोण / कि चार अलग संकेत / (मनस में गतिमान चार अलग मतियां)"। कहना न होगा कि वाचक-नायक की वर्तमान स्थिति वस्तु-जगत की क्रियाओं के कारण प्रतिक्रियास्वरूप है। "बेचैन ख़्यालों के पंखों के कीड़े / उड़ते हैं गोल-गोल / मचल-मचल कर।" ख़्यालों की यह बेचैनी फ़ैंटैसी के विस्तार की सूचना है।

दूसरा, तीसरा बंद : फ़ैंटैसी में तीव्र गति आती है। पहले वातावरण बनता है और तदनंतर वस्तु-यथार्थ का वर्णन प्रारंभ होता है– "सुनसान चौराहा / बिखरी हैं गतियां, बिखरी है रफ़्तार / गश्त में घूमती है कोई दुष्ट इच्छा।" "संगीन नोकों पर टिका हुआ सांवला बंदूक जत्था / गोल त्रिकोण बनाए खड़ा जो / चौक में बीच के / एक ओर / टैंकों का दस्ता भी खड़े खड़े ऊंघता / परन्तु अड़ा है।" कर्ता वाचक-नायक दमन देखकर भागता है– "भागता मैं दम छोड़ घूम गया कई मोड़।" "भागते-भागते पैरों के बीच का कीच उछलकर / चेहरे पर, छाती पर पड़ता है सहसा / ग्लानि की मितली. . .धुंधले से आकार कहीं-कहीं दीखते / भय के? या घर के? कह नहीं सकता।"

नायक एकाएक वस्तु-यथार्थ की भीषणता देखकर स्वयं को असुरक्षित महसूस करने लगता था। अपने तर्क-बोध के कारण उसे जो धुंधले चित्र दिखे वे या तो भय के थे या घर के, किंतु अगले ही क्षण वह चेतस हो उठता है। धुंधले चित्र तिरोहित हो जाते हैं, नया और स्पष्ट चित्र उभरता है– "कोलतार रास्ता / लंबा व चौड़ा व स्याह व ठंडा", किंतु "कहीं कोई नहीं है / नहीं कहीं कोई भी।"

स्वप्न की एक स्थिति समाप्त होती है और दूसरी प्रारंभ। उसे कोई खींचता है, जादू से बंधा हुआ वह उस ओर चल पड़ता है– "सपाट सूने में ऊंची सी खड़ी जो / तिलक की पाषाण मूर्ति है निःसंग / स्तब्ध जड़ी-भूत. . ."

'जड़ी-भूत' के आगे लगे डौट्स बताते हैं कि अब आगे पाषाण-मूर्ति का ही वर्णन होना है। वाचक-नायक देखता है कि पाषाण-प्रतिमा हिलती है,

---

1. डा० शिवकुमार मिश्र : नयी कविता और युग-दृष्टि, पृ. 274

कण-कण कांपने लगते हैं, नीले इलैक्ट्रौन झरते हैं, पत्थरी ओठों पर मुस्कान कांपती है। और एकाएक उसे प्रतिमा के भव्य ललाट की नासिका से बहता रक्त दिखाई देता है, जाने कब से बह रहा है। वह कयास लगाता है– 'मानो मस्तक-कोष ही फूट पड़े सहसा।'

फ़ैंटैसी का यह हिस्सा, तिलक का उसमें विक्षत्त रूप में आना, भारतीय स्वाधीनता संग्राम में उनकी ऐतिहासिक भूमिका और वर्तमान स्थितियों की विसंगतियों की लक्षणा करता है। बुर्जुआ आज़ादी के संघर्ष में तिलक की भूमिका बाएं बाजू से थी। 'आज़ादी हमारा जन्मसिद्ध अधिकार है' की घोषणा कांग्रेस के भीतर से, उन्हीं के माध्यम से उठी थी, कांग्रेस के भीतर की ढुलमुल नीतियों और उसकी दुहरी नीतियों से उन्होंने अंदर ही अंदर संघर्ष किया था। किंतु आज वाचक-नायक के सामने वर्तमान शासक वर्ग का यह आतंककारी, दमनकारी रूप उसे लगातार यह एहसास कराता है कि बुर्जुआ क्रांति के अग्रधावकों के कम से कम जनवादी तत्वों की भी रक्षा अब नहीं हो रही। तिलक की नाक से बहता ख़ून बुर्जुआ जनवाद की प्रकट हत्या की लक्षणा करता है। वाचक-नायक रो उठता है। कहना न होगा कि प्रस्तुत प्रसंग, मुक्तिबोध की दृष्टि के अनुसार, राष्ट्रीय-मुक्ति-संग्राम के सारे अंतर्विरोधों को उजागर कर देता है। वाचक-नायक का रोना जहां एक ओर उसके डिसइल्यूजंड हो जाने को सूचित करता है वहां दूसरी ओर एक मध्यवर्गीय ईमानदार, अनुभववादी मानसिकता की सूचना भी देता है। लेकिन वह रोता ही नहीं रहता बल्कि अंतर्जगत में भारी परिवर्तन करता है, नए सिरे से चीज़ों के बारे में विचार करता है– "इतने में छाती में भीतर ठक-ठक / सिर में धड़-धड़ !! कट रही हड्डी ! फ़िक्र ज़बरदस्त !! विवेक चलाता तीखा-सा रंदा / चल रहा बसूला/ छीले जा रहा मेरा यह निजत्व ही कोई / भयानक ज़िद कोई जाग उठी मेरे भी अंदर/ हठ कोई बड़ा भारी उठ खड़ा हुआ।" सुधीश पचौरी कहते हैं कि "कवि (वाचक-नायक) का 'अहं केन्द्रीय निजत्व' छिलने लगता है– राजनैतिक अंतर्विरोधों से जर्जर तिलक की निःसंग पाषाण-प्रतिमा को देखकर। इतिहास भी कवि के संकल्पों-संस्कारों को अनुभव से छील रहा है।"[1]

"इतने में आसमान कांपा व धांय-धांय / बंदूक धड़ाका / बिजली की रफ़्तार पैरों में घूम गई।" खोहों-सी गलियों के अंधेरे में एक ओर वाचक-नायक थक-बैठकर सोचने-विचारने लगा। इस सोच-विचार के साथ फ़ैंटैसी भी बदलने लगती है। "सर्दी में बोरे को ओढ़कर / कोई एक अपने / हाथ-पैर समेटे/ कांप रहा, हिल रहा– वह मर जाएगा।" धीरे-धीरे व्यक्ति स्पष्ट होता है, वह

---

1. सुधीश पचौरी : सामायिक-3, मई 1972, पृ. 137

गांधी जी हैं। फ़ैंटैसी में गांधी जी का आना हालांकि थक-बैठकर सोचने-विचारने का परिणाम था, किंतु वाचक-नायक को उनका आना अप्रत्याशित लगता है। फ़ैंटैसी के गांधी जी पंगु हैं, कर्ता इसका कारण सोचता है– "नहीं, नहीं वे जांच-पड़ताल करते हैं चुपचाप।"

अगले तीन बंद– चौथे, पांचवें व छठे– में वाचक-नायक और वस्तु-यथार्थ के गांधी जी में साक्षात्कार स्थापित होता है। गांधी जी का यह वक्तव्य– "हम हैं गुज़रे हुए ज़माने के चेहरे", उन्हें स्वाधीनता-संग्राम के बुर्जुआ वर्ग के नेतृत्व का प्रतीक बना देता है। लेकिन गांधी जी वर्तमान असंगतियों, एवं शासक-वर्गों द्वारा अपने कम से कम आदर्शों की हत्या देखकर, फ़ैंटैसी में कह उठते हैं– 'आगे तू बढ़ जा।' गांधी कह रहे हैं– "दुनिया न कचरे का ढेर कि जिस पर / दानों को चुगने चढ़ा हुआ कोई भी कुक्कुट / कोई भी मुरगा / यदि बांग दे उठे ज़ोरदार / बन जाए मसीहा। जनता के गुणों से ही संभव / भावी का उद्‌गम।" गांधी का यह कथन एक ओर आत्मालोचनात्मक है तो दूसरी ओर आज़ादी की लड़ाई और आज की स्थिति के अंतर्विरोधों को बहुत शार्पली सामने रखता है।

'भावी का उद्‌गम' अगले बंद में जाकर फ़ैंटैसी की सहायता से मूर्त हो जाता है, गांधी की गोद का बच्चा बन जाता है। "मेरे पास चुपचाप सोया हुआ यह था। संभालना इसको सुरक्षित रखना"– गांधी से इतना कहलाकर फ़ैंटैसी ने उन्हें ग़ायब कर दिया। पिछले बंद में 'भावी का उद्‌गम' कहकर अगले बंद में शिशु का संदर्भ, शिशु को प्रतीक बनाने की प्रक्रिया में मदद करता है। शिशु जनता के उद्‌गम का, उसके उभरते संघर्ष का प्रतीक लगता है। अब यह शिशु वाचक-नायक के पास है– "बालक लिपटा है मेरे इस गले में चुपचाप / छाती से कंधे से चिपटा है नन्हा सा आकाश / स्पर्श है सुकुमार कोमल / किंतु भार है गम्भीर अनुभव / भावी की गंध और दूरियां अंधेरी / आकाशी तारों को साथ लिए मैं / चला जा रहा हूं / घुसता ही जाता हूं फ़ासलों की खोहों में, तहों में।"

आठवां बंद : सहसा कंधे पर शिशु रो उठता है। उसका स्वर वाचक-नायक को अतिशय परिचित लगता है। "पहले भी तो कई बार कहीं तो भी सुना था / उसमें तो स्फोटक क्षोभ का आएगा / गहरी है शिकायत / क्रोध भंयकर।" शिशु का यह कार्य-व्यापार उसके प्रतीकार्थ को और स्पष्ट करता है। वाचक-नायक शिशु रूपी क्रांति के एक चरण को सहेजे रखने का दायित्व अनुभव करता है। उसने अपने अंतर्जगत से निकल कर बाह्य-यथार्थ से सामना किया है। उसका यह दायित्व-बोध उसके अपने वर्ग (मध्यवर्ग) की संभावित भूमिका

का संकेत करता है। यह देखकर कि शिशु क्रोध से चीख रहा है, वह प्रसन्न होता है। उसे चुप कराने के प्रयास करता है, डरता है कि कहीं इस स्वर को कोई सुन न ले। अर्थात जनक्रांति का उद्घोष अपनी प्रारंभिक स्थिति में ही दबा न दिया जाय। बाहर के भय के बावजूद उसका अंतर प्रसन्न है– "न जाने क्यों बहुत खुश हूं / जिसको न मैं इस जीवन में कर पाया / वह कर रहा है।"

'शिशु' मुक्तिबोध का प्रिय प्रतीक है। उनकी अधिकांश कविताओं की फ़ैंटैसी घूम-फिर कर 'शिशु' के पास ज़रूर आती है। उन कविताओं में भी शिशु चीखता हुआ, रोता हुआ पाया जाता है। अलग-अलग कविताओं में इस प्रतीक के अर्थ-सूत्र भी वे देते हैं कि वह 'सत्य का शिशु है'[1] 'अनुभव-बालक'[2] है। 'शिशु' पाकर वाचक-नायक की सारी आत्मग्लानि तिरोहित होने लगती है। वह शिशु-आक्रोश को जीना चाहता है। उसकी जन-संघर्षोन्मुख नई चेतना उसे उत्साह से भर देती है– "आत्मा है गीली / पैर आगे बढ़ रहे, मन आगे जा रहा।"

कवि को फ़ैंटैसी में जनक्रांति का साक्षात् चित्र भी उपस्थित करना है अतः संघर्ष-प्रतीक शिशु को वह साक्षात् प्रकट-संघर्ष बनाना चाहता है। इसके लिए शिशु का रूपांतरण आवश्यक है। फ़ैंटैसी कवि की मदद करती है। कंधे पर शिशु के स्थान पर मात्र फूलों के गुच्छे आ जाते हैं। उन स्वर्ण-पुष्पों से प्रकाश-विकीरण होता है। पुष्पों को लेकर गली में जाता है कि गुच्छे ग़ायब हो जाते हैं, कंधे पर वज़नदार रायफ़ल होती है। फ़ैंटैसी कवि-मंतव्य को पूरा करती है। इस तरह से यहां जन-संघर्षों के दमन के विरुद्ध शिशु का क्रोध सक्रिय जनवादी सशस्त्र संघर्ष में बदल जाता है।

वाचक-नायक का भी यह एक गुणात्मक रूपांतरण है कि वह सशस्त्र संघर्ष की स्थिति में है। वस्तुतः उसका शुद्ध कलाकार मर गया, वह अब बाह्य जीवन-जगत के सक्रिय संघर्ष से जुड़ा हुआ है। कवि मन की यही भावना फ़ैंटैसी में एक मरे कलाकार का दृश्य-विधान करती है जो दमन-आतंक का शिकार हुआ– "ओफ़्फ़ो! एकांत-प्रिय यह मेरा / परिचित व्यक्तित्व है, वही, हां सचाई थी सिर्फ़ एक अहसास / वह कलाकार था / गलियों के अंधेरे का, हृदय में भार था / पर कार्य-क्षमता से वंचित व्यक्ति / चलता था अपना असंग अस्तित्व।...स्वप्न व ज्ञान व जीवनानुभव जो /... हलचल करता था / रह-रह दिल में / किसी को भी दे नहीं पाया था वह तो" "संदेहास्पद समझा गया

---

1. मुक्तिबोध : तार सप्तक, द्वितीय संस्करण, पृ. 51
2. वही : चांद का मुंह टेढ़ा है, पृ. 51

और मारा गया वधिकों के हाथों।" "अपने में द्युतिमान वह मुक्ति का इच्छुक था। किन्तु उसका यों वध हुआ। मर गया एक युग / मर गया एक जीवनादर्श।" जनक्रांति के इस भीषण दौर में कलाकार की दारुण हत्या वाचक-नायक को अंतर्मुख करने लगती है कि इतने में उसे कोई चिढ़ाने लगता है– "मैं क्या करता था अब तक / भागता-फिरता था सब ओर।" वाचक-नायक इस कथन से कलाकार व्यक्ति की मध्यवर्गबद्धता को ही उसकी मौत का ज़िम्मेदार ठहराता है कि उसने जनक्रांति के इस दौर में अपनी सही भूमिका को नहीं निबाहा। इसके अनंतर वाचक-नायक एकाएक सचेत होता है और टिप्पणी करता है– (फ़िजूल है इस वक्त कोसना खुद को), और वह इस दौर में अपनी भूमिका समझ लेता है– "एकदम ज़रूरी-दोस्तों को खोजूं / पाऊं मैं नए-नए सहचर / सकर्मक सत्-चित् वेदना-भास्कर!!"

तेरहवें बंद से सोलहवें बंद तक : अगला दृश्य। जैसे ही वाचक-नायक जीने से उतरा कि आततायी सत्ता द्वारा घेर लिया गया। पकड़ लिया गया। यातनाएं दी जाने लगीं, किंतु उसके बावजूद "अंतर्तत्वों का पुनर्प्रबंध और पुनर्व्यवस्था / पुनर्गठन सा होता जा रहा है," उसके साथ ही यातना का दौर और तेज़ हो गया– "शीश की हड्डी जा रही तोड़ी / लोहे की कील पर बड़े-बड़े हथौड़े / पड़ रहे लगातार / शीश का मोटा अस्थि-कवच ही निकाल डाला।" ढूंढ़ा जा रहा है– पश्यत् कैमरा जिसमें तथ्यों के जीवनदृश्य उतरते हैं, कहां-कहां सच्चे सपनों के आशय हैं, कहां-कहां क्षोभक स्फोटक सामान है। चुप-चुप टुकड़ी के सरगने आत्मा को खोजा जा रहा है– 'स्क्रीनिंग करो मिस्टर गुप्ता / क्रॉस एक्ज़ामिन हिम थौरौली।"

इस बंद में अद्भुत बिंबात्मकता है। मिस्टर गुप्ता सत्ताधारी वर्ग के तंत्र के टिपीकल चरित्र का प्रतीक है। फ़ैंटैसी में चाबुक चमकार जारी है, किंतु जन-संघर्षों में तपी-मंजी "यह आत्मा बहुत कुशल है / देह में रेंग रही संवेदना की गरमीली कड़ुवी धारा की गहरी / झन-झन थर-थर तारों को उसके समेट कर वह सब / वेदना-विस्तार करके इकट्ठा / मेरा मन यह / जबरन उनकी छोटी सी कड्ढी / गठान बांधता सख़्त व मज़बूत मानो कि पत्थर ज़ोर लगा कर, / उसकी गठान को हथेलियों से करता है चूर-चूर, / धूल में बिखरा देता है उसको।"

आतंक अत्याचार के इस दहशत दृश्य पर डा० नामवर सिंह लिखते हैं– "पढ़ते-पढ़ते जार्ज आरवैल का '1984' याद आ जाता है जो अब एक 'फ़ैंटैसी' न होकर एक जीती-जागती सच्चाई बन गया है।"[1]

---

1. डा० नामवर सिंह : कविता के नए प्रतिमान, पृ. 241

यह भयानक यातना आत्मा को नहीं कुचल पाती– "मन यह हटता देह की हद से / जाता है कहीं अलग जगत में।" वाचक-नायक का मन जनक्रांति से अभी भी जुड़ा रहता है, उसमें हिस्सा लेने के लिए वह छटपटाने लगता है– "यद्यपि खोह में खूंटे से बंधा है / दैत्य है आसपास / फिर भी बहुत दूर मीलों के पार वहां / गिरता हूं चुपचाप पत्र के रूप में / किसी एक जेब में / वह जेब /. . .किसी एक फटे हुए मन की।"

अगला सत्रहवां बंद। यह बंद अब तक चलती कथात्मक फ़ैंटैसी की कथा का अंग नहीं है, वरन् वाचक-नायक व वस्तु-यथार्थ की क्रिया-प्रतिक्रियाओं पर कवि की एक निष्कर्षात्मक टिप्पणी है– "समस्वर, समताल / सहानुभूति की सनसनी कोमल / हम कहां नहीं हैं / सभी जगह हम।. . .निजता हमारी" "भीषण शक्ति को धारण करके / आत्मा का पोशाक दीन व मैला। विचित्र रूपों को धारण करके / चलता है जीवन, लक्ष्यों के पथ पर।" इस अंश में कवि की आस्था स्पष्ट होती है।

सातवां खंड। फ़ैंटैसी की कथा अपना सूत्र पकड़ लेती है। वर्णन चलता है। पहला बंद : वाचक-नायक को रिहा कर दिया गया है।

दूसरा बंद : उसे अब नए साथी खोजने हैं। इस समय उसके सामने वस्तु-यथार्थ के रूप में विविध साथियों के बिंब हैं। भूमि के भीतरी पाताल-तल में खिले हुए, काले गुलाब व स्याह सिवंती, स्याम चमेली, संवलाए संकेत न जाने कब से सुझाव-संकेत भेजते हैं। इस कुल रूपक से उक्त जन-आंदोलन के भूमिगत होने का अहसास होता है।

"इतने में सहसा दूर क्षितिज पर / . . . उठते हैं वहीं पर हाथ अकस्मात / अग्नि के फूलों को समेटने लगते / मैं उन्हें देखने लगता हूं एकटक / अचानक विचित्र-स्फूर्ति से मैं भी / ज़मीन पर पड़े हुए चमकीले पत्थर / लगातार चुनकर / बिजली के फूल बनाने की कोशिश करता हूं / . . . किन्तु असंतोष है मुझको गहरा / शब्दाभिव्यक्ति-अभाव का संकेत / काव्य-चमत्कार उतना ही रंगीन / परन्तु ठण्डा। मेरे भी फूल हैं तेजस्क्रिय, पर / अतिशय शीतल।"

इस बंद में फ़ैंटैसी तिरोहित हो जाती है। वाचक-नायक का कवि-रूप सामने आता है, कविता सीधी होने लगती है। ऐसा लगता है कि कर्ता कवि अपनी कविताओं पर ही टिप्पणी कर रहा है– "अरे, इन रंगीन पत्थर-फूलों से मेरा काम नहीं चलेगा।" यहां कवि को अपनी कविताओं की उपयोगिता एवं उनकी सीमाओं का पता चल जाता है, उसका आत्म-सीमाओं से साक्षात्कार होता है। लेकिन कवि का दायित्वबोध उसे हताश नहीं होने देता बल्कि उसकी मध्यवर्गीय सीमाएं तोड़ने लगता है और वाचक-नायक के रूप में बाहर आने

का संकल्प करता है।

तीसरा बंद : वाचक-नायक का वक्तव्य– "अब अभिव्यक्ति के सारे ख़तरे उठाने ही होंगे। तोड़ने होंगे / तोड़ने होंगे ही मठ और गढ़ सब / पहुंचना होगा दुर्गम पहाड़ों के उस पार / तब कहीं देखने मिलेंगी बाहें। जिनमें कि प्रतिपल कांपता रहता / अरुण कमल एक / ले जाने उसको धंसना ही होगा/ झील के हिम-शीत सुनील जल में।" यहां यह स्पष्ट है कि अभिव्यक्ति के सारे ख़तरे कवितागत अभिव्यक्ति के ख़तरे नहीं हैं, क्योंकि इससे पहले ही वाचक-नायक ने कहा है कि कोरी कविता से काम नहीं चलना। यह भी ध्यान देने योग्य है कि कविता के दूसरे खंड में रक्तालोकस्नात पुरुष द्वारा वाचक-नायक को पर्वत-संधि के गह्वर पार करने के आदेश दिए जाने पर वाचक-नायक ने ख़ुद को कमज़ोर अवस्था में अचेतन अंधकार के गड्ढे में पाया था, लेकिन विवेक-प्रक्रिया की अब तक की यात्रा में अब उसके पास उसके अपने संकल्प हैं, वह स्वयं दुर्गम पहाड़ों को पार कर उससे भी आगे अरुण कमल तक पहुंचना चाहता है। अरुण कमल का पता रक्तालोकस्नात पुरुष ने नहीं दिया था, केवल पर्वत दिशा का संकेत किया था लेकिन अनुभव-जगत की छील-छाल द्वारा, विवेक रंदे द्वारा, अब वह स्वयं सत्य तक पहुंचने में समर्थ है।

'शिशु' की भांति 'अरुण कमल' भी मुक्तिबोध का प्रिय प्रतीक है और कई कविताओं में आया है। अपने रंग के अनुकूल यह क्रांति की विचारधारा और क्रांति के प्रारंभिक स्वरूप को प्रतीकायित करता है।

चौथा बंद : फ़ैंटैसी अपने पूर्व-सूत्र से नाता जोड़ती है, पर अब वस्तु-यथार्थ पहले जैसा नहीं है, बदल चुका है– "भागता मैं दम-छोड़ / घूम गया कई मोड़ / . . . दिमाग़ में जान है, दिलों में दम है / सत्य से सत्ता के युद्ध का रंग है।"

वाचक-नायक जन-क्रांति की ताकतों के बीच आकर विचित्र अनुभव करता है– "जितना मैं लोगों की पांतों को पारकर / बढ़ता हूं आगे / उतना ही पीछे मैं रहता हूं अकेला / पश्चात्पद हूं।" वह देखता है कि एक रेला और उसके पीछे से चला आ रहा है, उसके बराबर आ जाता है। लोग उसी की विक्षोभ-मणियों को, उसी के विवेक-निष्कर्षों को लेकर अंधेरे में सोत्साह बढ़ रहे हैं, किंतु वह अभी भी अकेला है। दरअसल अभी भी वह अपने वर्ग-व्यूह से पूरी तरह निकल नहीं पाया है।

छठा बंद : फ़ैंटैसी में कोई आता है और दे जाता है, चुपचाप एक पर्चा। 'पर्चे' की व्याख्या है– 'कोई गुप्त शक्ति।' 'पर्चा' प्रतीक लगने लगता है– सिद्धांतों की क्रियात्मक परिणति के समाचारों का। सिद्धांत अब क्रिया रूप में

परिणत होने लगते हैं तो उन पर उसकी आस्था गहराने लगती है।

अगले बंद में इस तथ्य का विस्तार होता है। उसी के विचार, दबी हुई संवेदनाएं और अनुभव आसमान में वाक्यों की लकीर बनकर आकाश-गंगा के रूप में फैल जाते हैं। इस बंद में कविता का रचना-प्रक्रिया-परक संकेत भी मिलता है कि किस प्रकार संवेदनाएं, विचार और अनुभव फ़ैंटैसीकृत होकर मूर्त होने लगते हैं।

वाचक-नायक पर पूर्वोक्त पर्चे की अद्‌भुत प्रतिक्रिया होती है– "पर्चा पढ़ते हुए उड़ता हूं हवा में। चक्रवात-गतियों में घूमता हूं नभ में / ज़मीन पर एक साथ सर्वत्र-सचेत उपस्थित।" पर्चे को पढ़ने के बाद का वाचक-नायक का यह स्वगत-कथन जनक्रांति एवं मध्यवर्गीय लक्ष्यों की संपूरकता पर ज़ोर देता है। उसका वर्गीय अकेलापन भी अब समाप्तप्राय है। वह कहता है– "प्रत्येक स्थान पर लगा हूं काम में / प्रत्येक चौराहे, दुराहे व राहों के मोड़ पर / सड़क पर खड़ा हूं / मानता हूं, मानता हूं, मनवाता अड़ा हूं!!!"

नवां बंद : वाचक-नायक का वस्तु-यथार्थ के प्रति प्रतिक्रियात्मक वक्तव्य जारी है– उसे 'दिक्काल दूरियां भी अपने देश के नक्शे पर टंगी हुई/ रंगी हुई' लगती हैं। उसमें एक विश्व-दृष्टि सी आ गई लगती है। अपनी देशीय स्थितियों को वह अंतर्राष्ट्रीय संदर्भों में सोचता सा लगता है। यह उसकी वर्ग-मुक्ति का परिणाम है। नायक स्वयं को परिणत महसूस करता है। वह अपने स्वप्नों की किरनों (कविता का फ़ैंटैसीगत वस्तु-यथार्थ) को वास्तविक जगत के संदर्भ में देखता है। वह इस समय स्वप्न में नहीं है, बल्कि स्वप्न पर टिप्पणी कर रहा है। इस उपलब्ध बोध के कारण भविष्यवाणी करता है कि स्वप्न की किरनें ब्रह्माण्ड में नापेंगी सब कुछ। वह निश्चयात्मक होकर कहता है– "सचमुच, मुझको तो ज़िंदगी सरहद पार भी जाती सी दीखती।" कवितागत नायक के स्थान पर यहां अब सीधे कवि द्वारा बाहर से दी गई टिप्पणी दिखाई देती है–

कविता में कहने की आदत नहीं, पर कह दूं
वर्तमान समाज में चल नहीं सकता
पूंजी से जुड़ा हुआ हृदय बदल नहीं सकता
स्वातंत्र्य व्यक्ति का वादी
छल नहीं सकता मुक्ति के मन को,
जन को।

उपरोक्त विचारों की अंतिम व्यावहारिक परिणति क्रांति है। कवि उसकी कल्पना करता है और फ़ैंटैसीकृत कर देता है।

आठवां खंड। नायक का "एकाएक हृदय धड़क कर रुक गया, क्या हुआ !!" फ़ैंटैसी में क्रांति के आख़िरी दौर की शुरुआत "कहीं आग लग गई, कहीं गोली चल गई. . . .साथ-साथ घूमते हैं, साथ-साथ सोते हैं, खाते हैं, पीते हैं– जन-मन उद्देश्य।"

दूसरा बंद : जिन वर्गों की शोभा-यात्रा उसने देखी थी, उनकी भूमिका क्या है? वे सब चुप हैं– "साहित्यिक चुप, और कविजन निर्वाक् / चिंतक, शिल्पकार, नर्तक चुप हैं। उनके ख़्याल से यह सब गप है / मात्र किंवदंती।" कवि इन पर टिप्पणी करता है–"रक्तपायी वर्ग से नाभिनालबद्ध ये सब लोग/ नपुंसक भोग-शिरा-जालों में उलझे।"

इस वर्ग का वर्णन तीसरे बंद में इस प्रकार है– "भव्याकार भवनों के विवरो में छिप गए / समाचारपत्रों के पतियों के मुख-स्थूल।. . .बौद्धिक वर्ग है क्रीत दास / किराए के विचारों का उद्भास। बड़े-बड़े चेहरों पर स्याहियां पुत गईं।"

दूसरी ओर क्रांतिकारी शक्तियों से साक्षात्कार– "एक स्प्लिट सैकेंड में शत साक्षात्कार।" मुक्तिबोध की अतिरंजना में वर्णन करने की यह निजी विशिष्ट शैली है।

पांचवें बंद में क्रांति का सचित्र वर्णन है– "राह के पत्थर ढोकों के अन्दर पहाड़ों के झरने / तड़पने लग गए। मिट्टी के लोंदे के भीतर भक्ति की अग्नि का उद्रेक भड़कने लग गया। धूल के कण में अनहद नाद का कंपन ख़तरनाक।" राह के पत्थर, मिट्टी के लोंदे और धूल के कण निम्न वर्ग की संघर्षशील जनता के प्रतीक बन जाते हैं।

यहां प्रतीकों के साथ वस्तुएं भी एकमेक हो जाती हैं– "मकानों के छत से / गाडर कूद पड़े धम से। घूम उठे खम्भे / भयानक वेग से चल पड़े हवा में।" शायद किसी भवन पर बम गिरा। "दादा का सोंटा भी करता है दाव-पेंच / नाचता है हवा में / गगन में नाच रही कक्का की लाठी। यहां तक कि बच्चे की पेंपें भी उड़ती तेज़ी से लहराती घूमती है हवा में / सलेट-पट्टी।"

कवि रचना-प्रक्रिया के दूसरे क्षण में इस दृश्य को इतने स्पष्ट और बिंबात्मक सघनता में देख रहा है कि तीसरे क्षण में उसे यह भी कहना पड़ता है– "यह कथा नहीं है, यह सब सच है, हां भाई !! कहीं आग लग गई, कहीं गोली चल गई !!"

नायक महसूस करता है कि कोई तम-श्याम लुहार जैसे आत्मा के चक्के पर संकल्प-शक्ति के लोहे का ज्वलंत टायर चढ़ाता है।

सातवां बंद : क्रांति की लहर फैलती ही जाती है– "गेरुआ मौसम उड़ते हैं अंगार / जंगल जल रहे ज़िंदगी के अब / जितने कि ज्वलंत-प्रकाशित भीषण / फूलों से बहती वेदना-नदियां / जिनके कि जल में / सचेत होकर सैकड़ों सदियां ज्वलंत अपने बिम्ब फैंकतीं।" सैकड़ों सदियों के ज्वलंत बिंब, इतिहास के संघर्षों के बिंब हैं। वेदना-नदियों की विवेक-पीड़ा की गहराई में श्रमिकों का संताप डूबा हुआ है। इसी नदी का जल पीकर अर्थात ऐतिहासिक संघर्षों का ज्ञान एवं वर्तमान श्रमिक संताप की वेदना को आभ्यंतरित कर युवकों का व्यक्तित्वांतर अर्थात वर्गापसारण होता जाता है। ये युवक क्रांति में सक्रिय भाग लेते हैं– "विभिन्न क्षेत्रों में कई तरह से करते हैं संगर / मानो कि ज्वाला पंखुरियों से घिरे हुए वे सब / अग्नि के शत-दल कोष में बैठे !! द्रुत वेग बहती हैं शक्तियां निश्चयी।"

आठवें और नवें बंद को अलगाने के लिए मुक्तिबोध ने केवल खाली स्थान छोड़ना ही पर्याप्त नहीं समझा, उनके बीच तीन गुणा के चिह्न (× × ×) भी लगाए। इसको वे नया खंड भी बना सकते थे, किंतु ऐसा नहीं किया गया।

वाचक-नायक के स्वप्न एकाएक फिर भंग हो जाते हैं, वह फिर से अकेला रह जाता है। "मस्तिष्क हृदय में छेद पड़ गए हैं।" क्रांति के उत्साहमय हृदय के बाद ऐसा क्यों हुआ? क्रांति, भले ही सपने में देखी जाय, और बाद में उसके खोने का अहसास हो तो ऐसा होना स्वाभाविक ही है। दूसरे, कवि ने फ़ैंटैसी में वाचक-नायक के माध्यम से स्वयं को व्यक्तित्वातंरित कर लिया था, स्वयं को निज-वर्गीय-मोह-ग्रस्तता से मुक्त कर लिया था, फ़ैंटैसी के छिन्न-भिन्न होने के बाद वह पुनः अपनी पूर्व-स्थिति, मध्यवर्गीय भूमि पर आ जाता है। किंतु इस पूरे स्वप्न-चित्र की एक सजग परिणति यह हुई कि वाचक के मस्तिष्क-रंध्रों में एक प्रदीप्त ज्योति का रस बस गया। नायक सपनों का आशय खोजता है एवं उन अर्थों की वेदना मन में घिरती है। कविता पढ़कर पाठक की भी यही स्थिति होती है, उसका मन भी उन 'अर्थों के आसपास' ही घूमता है।

कर्ता वाचक-नायक के साथ वस्तु-यथार्थ की अब तक की क्रिया-प्रतिक्रियाओं का एक गुणात्मक प्रभाव यह होता है कि उसे लगता है "मानो कि कल रात किसी अनपेक्षित / क्षण में ही सहसा / प्रेम कर लिया हो / जीवन भर के लिए!! मानो कि उस क्षण अतिशय मृदु किन्हीं बाहों ने आकर / कस लिया था इस भांति कि मुझको / उस स्वप्न-स्पर्श की, चुम्बन की याद आ रही है / याद आ रही है!! / अज्ञात प्रणयिनी कौन थी, कौन थी ?" कोई भी

उत्तर देगा वह 'क्रांति' थी।

कवि का अपना स्थित्यात्मक वर्णन है– "कमरे में सुबह की धूप आ गई है / गैलरी में फैला है सुनहरा रवि छोर। क्या कोई प्रेमिका सचमुच मिलेगी?" यह प्रश्न सीधे कवि का, मुक्तिबोध का माना जा सकता है। क्रांति के प्रति यह उनका संवेदनात्मक ज्ञान है। चंचल चौहान लिखते हैं– "उसने क्रांति को स्वप्न में देखा था, जागने पर उस क्रांति रूपी प्रणयिनी की याद आ रही है। योरोप के मध्ययुगीन रोमांस काव्य के नायकों (प्रिंस अर्थर आदि) की तरह उस प्रेमिका को स्वप्न में देखा था, वह उसे प्रकाश में ढूंढ़ेगा।"[1]

वेदना फिर से फ़ैंटैसी को आरंभ कर देती है– "सब ओर विद्युत्तरंगीय हलचल / चुम्बकीय आकर्षण।" लेकिन इस फ़ैंटैसी के साथ-साथ उस पर टिप्पणी भी है– "प्रत्येक वस्तु का निज-निज आलोक / मानो कि अलग-अलग फूलों के रंगीन / अलग-अलग वातावरण हैं बेमाप / प्रत्येक अर्थ की छाया में अन्य अर्थ / झलकता है साफ़-साफ़।"

क्रांति के मानवीकरण के साथ-साथ कवि डेस्क पर रखे हुए महान ग्रंथों के लेखकों का भी मानवीकरण कर देता है– "मेरी इन मानसिक क्रियाओं के बन गए प्रेक्षक। मेरे इस कमरे में आकाश उतरा / मन यह अंतरिक्ष वायु में सिहरा।" महान लेखकों के दर्शन के अनंतर ही वाचक-नायक एकाएक देखता है कि वही व्यक्ति उसकी आंखों के सामने गलियों में, सड़कों पर, लोगों की भीड़ में चला जा रहा है। वही जन जिसे उसने गुहा में देखा था।

> वह दिखा, वह दिखा
> वह फिर खो गया किसी जनयूथ में. . .
> उठी हुई बांह यह उठी रह गई।

वाचक-नायक, वस्तु-यथार्थ के उस जन से अपना रिश्ता उद्‌घाटित करते हुए कहता है–

> अनखोजी निज समृद्धि का वह परम-उत्कर्ष,
> परम अभिव्यक्ति
> मैं उसका शिष्य हूं
> वह मेरी गुरु है,
> गुरु है !!

यह रिश्ता उस जन के रूप को भी उद्‌घाटित करता है– "निज समृद्धि का परम उत्कर्ष", मध्यवर्ग की निज वर्ग-मुक्ति की वह स्थिति ही हो सकती है

1. चंचल चौहान : ओर-9, अप्रैल 1974, पृ. 55

जिसमें परम अभिव्यक्ति के रूप में, सर्वहारा की मुक्ति की अनुभूति भी हो। इस प्रकार यह जनक्रांति का अग्रदूत लगने लगता है।

वाचक-नायक आगे कहता है– "वह मेरे पास कभी बैठा ही नहीं था / वह मेरे पास कभी आया ही नहीं था / तिलिस्मी खोह में देखा था एक बार/ आखिरी बार ही। पर वह जगत की गलियों में घूमता है प्रतिपल / वह फटेहाल रूप।" वस्तुतः उसके पास समय होता तब तो वह आता और बैठता। उसके अनेक कार्य हैं– "तडित्तरंगीय वही गतिमयता / अत्यंत उद्विग्न ज्ञान-तनाव वह। सकर्मक प्रेम की वह अतिशयता / वही फटेहाल रूप !!" क्रांति के लिए बुनियादी एवं सहायक वर्गों को एकजुट करना, जनों में वर्गचेतना उभारना ही उसके कार्य हैं, इसी ज्ञान-तनाव में वह उद्विग्न रहता है। वह कोई कुंठित, समाज से कटा हुआ और असंग जन नहीं है, अन्य जनों को व्यक्तित्वांतरित करने के लिए उसके पास सकर्मक प्रेम की अतिशयता है, कोई भी संवेदना-ज्ञान रखने वाला उससे वाचक-नायक की तरह प्रभावित-आकर्षित हो सकता है।

फटेहाल तो वह तब तक रहेगा जब तक सर्वहारा फटेहाल रहेगा। वाचक-नायक ने उसे पुकारा, उसकी बांह उठी की उठी रह गई किंतु वह परम अभिव्यक्ति पुरुष जनयूथ में खो गया। असल में ऊपर की गैलरी की मध्यवर्गीय ऊंचाई पर खड़े होकर उसे पुकार कर उत्तर पाने की आकांक्षा कोई मायने नहीं रखती। उसे पाने के लिए, उससे मिलने के लिए नीचे उतर कर सर्वहारा जनयूथ में ही जाना होगा, गली-सड़क की गतिविधि में शामिल होना होगा।

वाचक-नायक ऐसा ही करता है। फ़ैंटैसीगत चेतना के धरातल पर यह उसकी वस्तु-यथार्थ के प्रति सक्रिय, प्रतिक्रियात्मक परिणति है। वह परम अभिव्यक्ति की खोज में हर गली हर सड़क पर झांक-झांक कर देखता है– "हर एक चेहरा / प्रत्येक गतिविधि, प्रत्येक चरित्र / व हर आत्मा का इतिहास / हर एक देश व राजनैतिक परिस्थिति / प्रत्येक मानवीय स्वानुभूत आदर्श / विवेक प्रक्रिया, क्रियागत, परिणति।" वह प्रत्येक पहाड़, पठार, समुंदर को देखता है जहां उसकी 'खोई हुई परम अभिव्यक्ति अनिवार आत्म-संभवा' मिल सके। पहाड़, पठार, समुंदर अपनी विस्तार-धर्मिता ही के कारण सर्वहारा जगत के प्रतीक हैं। कविता यहां समाप्त होती है।

कविता की सारी प्रक्रिया द्वंद्व की धुरी पर टिकी हुई है। फ़ैंटैसी से कविता शुरू होती है। फ़ैंटैसी में प्रारंभ में वर्णन के माध्यम से एक वस्तु-पक्ष उभरता है, उसके समानांतर ही एक कर्ता-पक्ष। यानी तिलिस्मी खोह में गिरफ़्तार कोई एक 'वह' और ज़िंदगी के अंधेरे कमरों में पड़ा हुआ 'मैं', वाचक-नायक। कर्ता-पक्ष वस्तु-पक्ष से अपरिचित है। 'कौन?' प्रश्न एवं

जिज्ञासाएं रखकर कर्ता वाचक-नायक, वस्तु 'वह' से परिचय स्थापित करना चाहता है। 'वह'- मनु, कुहरीला बड़ा चेहरा, रक्तालोकस्नात पुरुष के रूप में अपना परिचय देता है। परिचय स्थापित होते ही कि वह अब तक न पाई गई उसकी अभिव्यक्ति है, कर्ता द्वंद्व से भर उठता है, पर उस यथार्थ की उस पर यह प्रतिक्रिया होती है कि वह स्वयं को कमज़ोर पाता है। तॉल्सतॉय जैसे जीवनादर्श उसे तॉल्सतॉयनुमा लगते हैं। यहां तक आकर कविता में कर्ता की मध्यवर्गीय बद्धमूल स्थिति का एक कथ्य स्पष्ट होने लगता है। रात के पक्षी के रूप में एक बाहरी तत्व आकर कथ्य पर टिप्पणी करता है। कविता की एक यूनिट समाप्त होती है।

प्राप्त कथ्य को कवि अपने सचेत वक्तव्य- "चल रहा स्वप्न या जागृति शुरू है" से पुष्ट करता है। यह कथ्य पुनः एक नया वस्तु-यथार्थ खड़ा कर देता है-'मृत्यु-दल का जुलूस'। वाचक-नायक पर उसकी प्रतिक्रिया होती है- "गैलरी से भागा मैं पसीने से सराबोर," परिणामस्वरूप उसे भान होता है और वह वस्तु-यथार्थ को समझने लगता है कि यह "जनक्रांति के दमन-निमित्त मार्शल-ला है।" वस्तु-यथार्थ का ही दूसरा हिस्सा- "बरगद के नीचे रहने वाला एक सिरफिरा जन, आत्मोद्बोधमय कोई गान गाता है।" कर्ता पर उसकी प्रतिक्रिया होती है- "उसने यह क्या गा दिया," "मेरी निष्क्रिय संज्ञा ने ही संकट बुलाया है।" यह क्रिया-प्रतिक्रिया कर्ता को 'रात्रि के गुरु-गम्भीर' के महकने का बोध कराती है।

यह बोध उसकी विचार-प्रक्रिया को तेज़ कर देता है। पुराना वस्तु-यथार्थ ग़ायब हो जाता है, नया वस्तु-यथार्थ- "भूमि की सतहों के नीचे की एक प्राकृत गुहा" के रूप में उभरता है, जिसमें मणितेजस्क्रिय-रत्न चमक रहे हैं, जहां कर्ता के ही अपने अनुभव, वेदना, विवेक-निष्कर्ष दबे हुए हैं। यह प्रेरणा पाकर जूझना ही तय करता है, वस्तु-यथार्थ पर उसकी इस मनःस्थिति का प्रभाव पड़ता है, और सीन बदल जाता है। कर्ता के सामने होता है "चौराहे पर ऊंघता टैंक-दस्ता,"।

कर्ता भागता है, उसे तिलक और गांधी मिलते हैं, पर अब वे उसके आदर्श नहीं हैं। गांधी से शिशु लेकर वह गली में आता है कि शिशु- फूलों में, तदनंतर राइफल में परिणत हो जाता है। निष्क्रिय कलाकार का शव मिलता है, जिसकी प्रतिक्रिया कर्ता पर होती है कि 'मैं क्या करता था अब तक ?' इसके अनंतर कर्ता को भीषण वस्तु-यथार्थ से सामना करना पड़ता है: सैनिक दमन- नायक को यातनाएं दी जाती हैं किंतु उसकी आत्मा कुशल है, यातना सहती है। कर्ता एवं वस्तु-पक्ष के द्वंद्व की यह दूसरी चरम-स्थिति है। इसकी

परिणति कर्ता के आत्म-विस्तार से होती है– वह विवेक-निष्कर्ष पर पहुंचता है कि "सभी जगह हम– निजता हमारी,"। फ़ैंटैसीगत इस लंबी क्रिया-प्रतिक्रिया से पुनः एक कथ्य सामने आता है– मध्यवर्गीय कर्ता कवि में वर्ग-चेतना एवं उसका व्यक्तित्वांतरण। किंतु अभी भी वह अकेला है। कथ्य स्पष्ट होता है, कर्ता अब "मानता है, मानता है, मनवाता अड़ा है।" यह उसकी विवेक-प्रक्रिया की अंतिम निश्चयात्मक परिणति है। इस कथ्य को और भी पुष्ट करने के लिए कविता के बाहर से टिप्पणी करता है– "कविता में कहने की आदत नहीं पर कह दूं, वर्तमान समाज चल नहीं सकता।" कविता का दूसरा दौर, दूसरा कथ्य दूसरी यूनिट समाप्त होती है।

इसी कथ्य से तीसरा वस्तु-यथार्थ जन्म लेता है। कर्ता की मनःपरिणति के अनुकूल वस्तु-यथार्थ में जन-मन भी सोत्साह बढ़ने लगते हैं। कर्ता अब अकेला नहीं है। वस्तु-जगत में उसके विवेक-निष्कर्षों की क्रियागत परिणति होती है– 'गाडरों का कूद पड़ना, आत्मा के चक्के पर संकल्पशक्ति का ज्वलंत टायर चढ़ना, वेदना नदी का जल पीकर युवकों का व्यक्तित्वांतरित होना, उनका संगर,. . .,' "कहीं आग लग गई, कहीं गोली चल गई।" क्रांति का कथ्य स्पष्ट होता है और साथ ही फ़ैंटैसी समाप्त होती है। तीसरे कथ्य पर कवि टिप्पणी करता है। इन तीनों खंडों की पूरी प्रक्रिया की उपलब्धि यह हुई कि कर्ता-कवि ने अज्ञात प्रणयिनी (क्रांति) से प्रेम कर लिया।

इन तीनों खंडों में कर्ता और वस्तु की क्रिया-प्रतिक्रियात्मक द्वंद्वात्मक स्थितियों से निकले कथ्यों को पाकर हम भी मुक्तिबोध के शब्दों में कह सकते हैं–

> घूमता है मन उन अर्थों के आस-पास
> × × × ×
> प्रत्येक वस्तु का निज-निज आलोक
> मानो कि अलग-अलग फूलों के रंगीन
> अलग-अलग वातावरण हैं बेमाप
> प्रत्येक अर्थ की छाया में अन्य अर्थ
> झलकता है साफ़-साफ़।

अब कविता के अंत को देखें– कर्ता की परिणत स्थिति को देखकर हम कह सकते हैं कि कवितागत कर्ता 'मैं' की परिणति 'वह' में हो जाती है, क्योंकि कर्ता 'मैं' भी अब 'वह' की खोज के लिए गलियों, सड़कों पर निकल जाता है। इस खोज में कर्ता प्रत्येक चेहरा, प्रत्येक गतिविधि झांक-झांक कर देखता है। उसका झांकना– "प्रत्येक मानवीय स्वानुभूत आदर्श, विवेक-प्रक्रिया-क्रियागत

परिणति" को देखना है। ध्यान देने की बात है कि इन्हीं तीन पड़ावों की यात्रा करता हुआ वह यहां तक आया है–

स्वानुभूत आदर्श	–	पहला कथ्य
विवेक-प्रक्रिया	–	दूसरा कथ्य
क्रियागत-परिणति	–	तीसरा कथ्य

इस समय कर्ता 'मैं' जिन चेहरों में इन तीन पड़ावों की प्रक्रिया झांक रहा है, इन्हीं को झांकने के लिए कविता का 'वह' 'मैं' के पास आया था। कविता का 'वह', जैसा कि हम कह चुके हैं, वर्ग-मुक्त जनक्रांति का वाहक है और क्रांति के लक्ष्य को पूरा करने के लिए सचेत मध्यवर्गीय मन के पास भी व्यक्तित्वांतरण के उद्देश्य से जाता है। कविता का 'मैं' व्यक्तित्वांतरित हो चुका है, क्रांति से उसने प्रेम कर लिया है, और क्रांति अब उसका उद्देश्य भी है, जैसे कि 'वह' के लिए है। तो क्या अब उसका भी यह कर्तव्य नहीं है कि वह भी 'वह' की भांति लोगों को वर्गापसारित होने में मदद दे, क्रांति के उद्देश्य से परिचित कराए। कविता का अंत यह सूचना देता है कि कर्ता भी चेहरों को झाकंने– उनके स्वानुभूत आदर्श, उनकी विवेक-प्रक्रिया और उनकी क्रियागत परिणति के लिए गली, सड़क, पहाड़, पठार, समुंदर के व्यापक विस्तार में निकल आया है। स्पष्ट है कि कविता का 'मैं' अब उन चेहरों के लिए 'वह' हो गया है। कविता की स्थिति से आगे की कल्पना की जाए तो कवितागत 'मैं' वहां वस्तु-यथार्थ का हिस्सा होगा और कर्ता वे चेहरे स्वयं होंगे। परम अभिव्यक्ति की खोज तब तक जारी रहेगी जब तक कि क्रियागत परिणतियां क्रांति को रूपायित नहीं कर देतीं। सर्वहारा का अधिनायकत्व स्थापित नहीं हो जाता। इस नई प्रक्रिया का संकेत देकर कविता का समाप्त हो जाना, कविता का पूर्ण हो जाना है।

ज़ाहिर है, कर्ता और वस्तु अर्थात अंतर और बाहय की यह द्वंद्वात्मक रचना ही 'अंधेरे में' कविता की रचना-प्रक्रिया का प्राण है। इसके सामाजिक संदर्भों को खोले बिना उसके निश्चित गतार्थों तक नहीं पहुंचा जा सकता।

प्रस्तुत कविता में रचना-प्रक्रिया के तीन-क्षणों की अवस्था भी द्वंद्वात्मक स्थिति के समानांतर रही है। हर नए कथ्य के लिए रचना को पहले क्षण से शुरुआत करनी पड़ी है। कविता के मूल में संवेदनात्मक ज्ञान– मध्यवर्गीय व्यक्ति की वर्ग-बद्ध स्थिति से वर्ग-मुक्त होने की छटपटाहट की संवेदना है एवं ज्ञानात्मक-संवेदन के रूप में, मुक्तिबोध के आभ्यंतर में व्यक्तित्वांतरण की पूरी प्रक्रिया रही है। कविता का संवेदनात्मक उद्देश्य– मध्यवर्गीय मन की वर्ग-मुक्ति का उद्देश्य है, जिसने प्रारंभ के अपने धक्के से ही वस्तु-यथार्थ को फ़ैंटैसीकृत किया

एवं निरंतर उसे अपनी दिशा में बदला। इसी संवेदनात्मक उद्देश्य तक पहुंच जाने पर ही कविता के व्यक्त कथ्य– अर्थात प्रकट बिंबात्मक फ़ैंटैसी का अव्यक्त कथ्य उद्‌घाटित होता है। कविता का ज्ञानात्मक आधार ऐतिहासिक भौतिकवाद है।

'अंधेरे में' मुक्तिबोध की सर्वाधिक चर्चित-चर्वित कविता रही है। कविता को युग की सर्वश्रेष्ठ कविता मानने में तो ख़ैर कलावादी-रूपवादी आलोचकों ने भी कोई हिचक नहीं दिखाई, लेकिन उसकी कोरी कलावादी- रूपवादी व्याख्याएं प्रस्तुत करके उसके मर्म की हत्या करने में भी कोई कोर-कसर नहीं छोड़ी। चर्चा की शुरुआत का श्रेय निश्चित रूप से डा० नामवार सिंह को है। लेकिन कहना न होगा कि उन्होंने जिस तरह 'कविता के नये प्रतिमान' के परिशिष्टांश में कविता की व्याख्या प्रस्तुत की, वह कलावादियों-रूपवादियों को अधिक अनुकूल लगती है। कविता के कथ्य को 'अस्मिता की खोज'[1] बताकर उन्होंने प्रकारांतर से उसे एक 'आत्मपरक' कविता सिद्ध किया। जबकि ऐसा नहीं है।

पुस्तक के प्रकाशन के बाद सुधीश पचौरी ने पहली बार कविता की वस्तुपरक व्याख्या प्रस्तुत की और बताया कि कविता का कथ्य अस्मिता की खोज नहीं है। उन्होंने लिखा– "अस्मिता के संकट के मूल में 'आत्मनिर्वासन' है। यह 'आत्मनिर्वासन' जिस अर्थ में हिन्दी में आयातित किया जा रहा है वह विकसित पूंजीवादी देशों के अतिविकसित औद्योगिक बुर्जुआ व्यवस्था में ही संभव है।. . .अगर हम अपने समाज के वर्गीय सामाजिक संबंधों एवं तद्‌गत सामाजिक यथार्थ को ठोस रूप से विश्लेषित करें तो यह निश्चय के साथ कहा जा सकता है कि 'अंधेरे में' का सामाजिक यथार्थ ऐसा है जिसमें कि 'व्यक्ति' की अस्मिता का तथाकथित संकट पहले तो संभव ही नहीं है, अगर किसी कोने में हो भी तो उस रूप में नहीं जिस रूप में नामवर सिंह महसूस करते हैं।"[2] भगवान सिंह एवं चंचल चौहान की व्याख्या-टिप्पणियों ने भी 'अस्मिता की खोज' पर चर्चा करते हुए डा० नामवर सिंह की मान्यताओं को नकारा। चंचल चौहान ने तो यहां तक लिखा कि "मुक्तिबोध की किसी भी कविता का मूल कथ्य 'अस्मिता की खोज' नहीं है, बल्कि उनके काव्य का संवेदनात्मक उद्देश्य है, अस्मिता का विलय-व्यक्तित्वांतर-सर्वहारा वर्ग में अपनी मध्यवर्गीय अस्मिता का विलय।"[3]

---

1. डा० नामवर सिंह : कविता के नये प्रतिमान, पृ. 235
2. सुधीश पचौरी : सामयिक-3, मई 1972, पृ. 124
3. चंचल चौहान : ओर-9, अप्रैल 1974, पृ. 39

'कविता के नए प्रतिमान' के नए संस्करण (1974) में डा॰ नामवर सिंह ने एक 'पुनश्च' और जोड़कर कविता को पुनर्व्याख्यायित किया है। उन्होंने अपने ऊपर लगाए गए आरोपों के लिए स्वयं को जवाबदेह तो पाया किंतु बड़ी सफ़ाई से अपनी पुरानी स्थापना (अस्मिता की खोज) की छाया में ही नई व्याख्या, 'हां-हां भी हो जाय, ना भी बनी रहे' वाली शैली में, 'अस्मिता की खोज' को मार्क्स के 'लॉस ऑफ़ सेल्फ' के आमने-सामने रखकर प्रस्तुत किया। इस पर पुनः भगवती-अमरनाथ द्वारा लिखित एक टिप्पणी[1] उत्तरार्द्ध में छप चुकी है।

यहां हमारा उद्देश्य 'अस्मिता' परक उस समग्र विवेचन को प्रस्तुत करना नहीं है, कविता की रचना-प्रक्रिया का हमारे द्वारा प्रस्तुत विश्लेषण भी इस बात पर बल देता है कि यह कविता आत्मपरक कविता नहीं है, और साथ ही 'परम अभिव्यक्ति की खोज' के 'आत्मपरक' संदर्भों में 'अस्मिता की खोज' भी नहीं है।

---

1. भगवती अमरनाथ : पुनर्पुनरपि नामवर सिंह (लेख), उत्तरार्द्ध-8, पृ. 75

लकड़ी का बना रावण

'लकड़ी का बना रावण'[1] कविता वर्णन से प्रारंभ होती है।

एक पर्वत-शिखर है। पर्वत-शिखर से दिखाई देने वाले दृश्यों के वर्णन से कविता प्रारंभ होती है– "दीखता त्रिकोण इस पर्वत-शिखर से / अनाम, अरूप और अनाकार / असीम एक कुहरा / भस्मीला अंधकार / फैला है कटे-पिटे पहाड़ी प्रसारों पर / लटकती हैं मटमैली / ऊंची-ऊंची लहरें / मैदानों पर सभी ओर।"

दूसरा बंद : पर्वत के नीचे से ऊपर की ओर देखा गया दृश्य– "लेकिन उस कुहरे से बहुत दूर / ऊपर उठ / पर्वतीय ऊर्ध्वमुखी नोक एक / मुक्त और समुत्तुंग !!"

तीसरा बंद : वर्णन– "उस शैल-शिखर पर / खड़ा हुआ दीखता है एक द्योःपिता भव्य / निःसंग / ध्यान-मग्न ब्रह्म. . .," अब तक पूरे वर्णन में से उभरने वाली यह पहली आकृति है।– 'ध्यान-मग्न ब्रह्म' के बाद डॉट्स के चिह्न– एक अंतराल। और अगली पंक्ति से पता लगता है कि यह आकृति, 'ब्रह्म' ही इस कविता का कर्ता है। अब तक का वर्णन कवि ने किया, आगे का यह कर्ता संभाल लेता है। पहले अपना परिचय देता है–

> मैं ही वह विराट पुरुष हूं
> सर्व-तंत्र, स्वतंत्र, सत्-चित्।
> मेरे इन अनाकार कंधों पर विराजमान
> खड़ा है सुनील
> शून्य
> रवि-चन्द्र-तारा-द्युति-मंडलों के परे तक।

चौथा बंद : 'दोनों हम' से पता लगता है कि कर्ता एक नहीं दो हैं– 'अर्थात मैं व शून्य'। कर्ता-युगल, वस्तु-यथार्थ को देख रहे हैं– "देख रहे. . .दूर . . .दूर. . .दूर तक / फैला हुआ मटमैली जड़ीभूत परतों का / लहरीला कम्बल ओर-छोर हीन / रहा ढांक / कंदरा-गुहाओं को, तालों को/ वृक्षों के मैदानी दृश्यों के प्रसार को।"

---

1. मुक्तिबोध : चांद का मुंह टेढ़ा है, पृ. 18-22

पांचवें बंद में 'अकस्मात' शब्द से फ़ैंटैसी प्रारंभ होती है– "अकस्मात/ दोनों हम / मैं व शून्य / देखते कि कम्बल की कुहरीली लहरें / हिल रहीं, मुड़ रहीं!! क्या यह सच / कम्बल के भीतर है कोई जो / करवट बदलता सा लग रहा? आंदोलन?" यहां ध्यान रखने योग्य है कि 'आंदोलन' शब्द के सामाजिक-राजनैतिक अर्थ होते हैं। कर्ता जब केवल एक रह जाता है, द्विवचन में बात नहीं करता। उस पर वस्तु-यथार्थ की इस 'हलचल' की प्रतिक्रिया होती है। 'आंदोलन' के आगे लगा प्रश्नसूचक चिह्न इसका प्रमाण है। अगले ही क्षण वह सोचता है– "नहीं, नहीं मेरी ही आंखों का भ्रम है / फिर भी उस आर-पार फैले हुए / कुहरे में लहरीला असंयम!!" उसे शायद नागवार गुज़रता है– 'हाय! हाय!!'

छठा बंद : कर्ता द्वंद्व की स्थिति में है, वह स्वयं से ही प्रश्न करता है– "क्या है यह!! मेरी ही गहरी उसांस में / कौन सा है नया भाव?" और इसके पूर्व कि वह उसके विषय में कुछ सोचे, कोई कयास लगाए, फ़ैंटैसीगत वस्तु-यथार्थ गतिमय हो उठता है– "क्रमशः / कुहरे की लहरीली सलवटें / मुड़ रहीं, जुड़ रहीं, / आपस में गुंथ रहीं!!" कर्ता पर पुनः प्रतिक्रिया– "यह क्या मज़ाक है, अरूप अनाम इस / कुहरे की लहरों से अगनित / कई आकृति रूप / बन रहे, बनते से दीखते!! कुहरीले भाप-भरे चेहरे / अशंक, असंख्य व उग्र.../ अजीब है, / अजीबो-ग़रीब है / घटना का मोड़ यह।" यहां तक आकर इतना कथ्य स्पष्ट होता है कि कर्ता को वस्तु-यथार्थ का यह निरंतर परिवर्तन कतई अच्छा नहीं लग रहा।

सातवा बद : वस्तु-यथार्थ की कर्तागत परिणति– "अचानक / भीतर के अपने से गिरा कुछ / खरा कुछ, / नसें ढीली पड़ रहीं / कमज़ोरी बढ़ रही, सहसा आतंकित हम सब।" यहां कर्ता ने 'आंतकित मैं' या 'आंतकित हम दोनों' के स्थान पर 'आंतकित हम सब' कहा, यानी कर्ता अकेला या दुकेला ही नहीं, उसके साथ शिखरस्थ पूरा एक वर्ग है। वह आगे कहता है– "अभी तक / समुत्तुंग शिखरों पर रह कर / सुरक्षित हम थे / जीवन के प्रकाशित कीर्ति के क्रम थे, / अहं-हुंकृति के ही. . .यम-नियम थे, / अब क्या हुआ यह / दुःसह!! सामने हमारे / घनीभूत कुहरे के लक्ष-मुख / लक्ष-वक्ष, शत लक्ष-बाहु ये रूप अरे / लगते हैं घोरतर।"

आठवां बंद : फ़ैंटैसी में वस्तु-यथार्थ लगातार बदल रहा है। कर्ता उसका वर्णन करता है– "जी नहीं, / वे सिर्फ़ कुहरा ही नहीं हैं, / काले-काले पत्थर/ व काले-काले लोहे के लगते हैं वे लोग।" कर्ता अभी भी वस्तु-यथार्थ के प्रति निश्चयात्मक नहीं है, भ्रम में है– "हाय, हाय, कुहरे की घनीभूत प्रतिमा

या / भरमाया मेरा मन / उनके वे स्थूल हाथ / मनमाने बलशाली / लगते हैं ख़तरनाक।" वह वक्तव्य देता है– "जाने पहचाने लगते हैं मुख वे।" अब कर्ता निश्चयात्मक है, उसने वस्तु-यथार्थ को पहचान 'सा' लिया है।

नवां बंद : इस पहचान की कर्ता पर पुनः प्रतिक्रिया होती है– "डरता हूं, / उनमें से कोई, हाय / सहसा न चढ़ जाय / उत्तुंग शिखर की सर्वोच्च स्थिति पर, / पत्थर व लोहे के रंग का यह कुहरा?"

दसवां बंद : कर्ता का डर व्याख्यायित होता है– "बढ़ न जाएं / छा न जाएं / मेरी इस अद्वितीय / सत्ता के शिखरों पर स्वर्णाभ / हमला न कर बैठें ख़तरनाक / कुहरे के जनतंत्री / वानर ये, नर ये!! समुदाय, भीड़, डार्क मासेज़ ये मॉब हैं।" इस अंश में काफ़ी सा अर्थ स्पष्ट होता है। पांचवें बंद में प्रयुक्त शब्द 'आंदोलन' के बाद आए, 'सत्ता' व 'जनतंत्री', दूसरे व तीसरे शब्द हैं जिनका राजनैतिक अर्थ होता है। दूसरी ओर फ़ैंटैसीगत वस्तु-यथार्थ ने जिस प्रकार परिवर्तित होते हुए अंतिम रूप लिया है– कुहरा > कम्बल> लहरीला कम्बल > अगनित आकृति रूप > कुहरीले भाप भरे चेहरे > कुहरे के लक्ष-मुख, लक्ष-वक्ष, शत-लक्ष-बाहु-रूप > काले-काले पत्थर व काले-काले लोहे के लोग > कुहरे के जनतंत्री वानर-नर > समुदाय, भीड़, डार्क मासेज़, मॉब– इसने स्पष्ट कर दिया है कि कुहरा, निम्न वर्ग जनता है। कथ्य की स्पष्टता एक सोपान आगे बढ़ जाती है। उधर कर्ता को भय है– "शिखरस्थ मुझको छू न जाय।"

ग्यारहवां बंद : कर्ता सक्रिय होने लगता है– "आसमानी शमशीरो, बिजलियो / मेरी इन भुजाओं में बन जाओ / ब्रह्म शक्ति! पुच्छल-ताराओ / टूट पड़ो बरसो," क्योंकि– "कुहरे के रंग वाले वानरों के चेहरे / विकृत, असभ्य और भ्रष्ट हैं . . . / प्रहार करो उन पर / कर डालो संहार!!" कविता के दूसरे बंद में कर्ता ने 'रवि-चन्द्र-तारा-द्युति-मंडलों के परे तक' के 'सुनील' को 'शून्य' बताया था, यहां उसने प्रहार करने के लिए शून्य को ही आदेश दिया है। अपनी एक अन्य कविता, 'ओ निराकार शून्य' में मुक्तिबोध ने 'शून्य' के प्रति लिखा है–

आसमानी शशि के पलंग पर सोये हो[1]

× × ×

सारे जगत पर रौब तुम्हारा है!!
तुमसे जो इंकार करेगा
वह मार खाएगा।[2]

---

1. मुक्तिबोध : चांद का मुंह टेढ़ा है, पृ. 121
2. वही, पृ. 122

चुंगी के नोकदार
भ्रष्टाचारी मजिस्ट्रेट, रिश्वतख़ोर थानेदार।
ओ रे निराकार शून्य।[1]

प्रस्तुत कविता का 'शून्य' भी अपने चरित्र में इससे भिन्न नहीं है।

बारहवां बंद : नई स्थिति है, लगता है कर्ता के सारे आदेश व्यर्थ गए, वह कह रहा है– "अरे, अरे! नभ-चुम्बी शिखरों पर हमारे / बढ़ते ही जा रहे / जा रहे चढ़ते / हाय, हाय सब ओर घिरा हूं।"

तेरहवां बंद : कर्ता का आत्म-स्थिति पर वक्तव्य– "सब तरफ़ अकेला / शिखर पर खड़ा हूं / लक्ष-मुख दानव सा, लक्ष-हस्त देव सा।" अपनी स्थिति बताने के लिए कर्ता उपमा का सहारा लेता है, कवि फ़ैंटैसी का– "परन्तु यह क्या / आत्म-प्रतीति भी धोखा ही दे रही!! स्वयं को ही लगता हूं / बांस के व काग़ज़ के पुट्ठे के बने हुए / महाकाय रावण सा हास्यप्रद / भयंकर !!"

चौदहवां बंद : कर्ता के सारे प्रयत्न बेकार। नीचे की जनता ऊपर चढ़ आई है। कर्ता की स्थिति यह है कि वह हिल भी नहीं पाता। भूमि में गड़ा-सा जड़ खड़ा है, "अब गिरा, तब गिरा, इसी पल कि उस पल. . .।" कविता समाप्त।

अब यदि कर्ता 'ब्रह्म' या 'लकड़ी का रावण' का गतार्थ समझ में आ जाए तो कविता भी स्पष्ट हो जाएगी। कविता के अब तक के कथ्य, 'आन्दोलन' 'सत्ता' 'जनतंत्री' आदि शब्दों, कुहरे रूपी जनता और शून्य रूपी दमन-तंत्र (बाह्य ढांचे) की भूमिका, कर्ता के अर्थ को काफ़ी हद तक स्पष्ट कर देती है। उसका लाक्षणिक अर्थ लिया जा सकता है-- 'राज्यसत्ता'। राज्यसत्ता के विषय में मार्क्स, एंगेल्स एवं लेनिन की टिप्पणियां द्रष्टव्य हैं– मार्क्स के अनुसार "'राज्यसत्ता' वहीं होती है जहां वर्ग-विरोध और वर्ग-संघर्ष होते हैं। . . .राज्यसत्ता वर्ग शासन का अस्त्र है, वह एक ऐसी 'व्यवस्था' की स्थापना है जो वर्गों के बीच संघर्ष को मंद करके इस उत्पीड़न को क़ानूनी बना देती है और उसे मज़बूत बनाती है।"[2] एंगेल्स ने इसे और स्पष्ट करते हुए लिखा है कि यह "एक ऐसी ताक़त है जो समाज से पैदा हुई, लेकिन जो अपने को उससे ऊपर कर लेती है और अधिकाधिक अलग करती जाती है। यह ताक़त मुख्यतया किस चीज़ की होती है? वह हथियारबंद लोगों के उन दलों की होती है जिनके मातहत जेल आदि होते हैं।"[3] लेनिन लिखते हैं– "और यदि राज्यसत्ता न मिटने वाले वर्ग-विरोधों का फल है, अगर वह एक ऐसी ताक़त

1. मुक्तिबोध : चांद का मुंह टेढ़ा है, पृ. 123
2. मार्क्स : उद्धृत, राज्यसत्ता और क्रांति (लेनिन), पृ. 11
3. एंगेल्स : उद्धृत, राज्यसत्ता और क्रांति (लेनिन), पृ. 13

है जो समाज से ऊपर है और उससे अपने को अधिकाधिक अलग करती जाती है तो यह बिल्कुल साफ़ है कि उत्पीड़ित वर्ग तब तक आज़ाद न हो सकेगा जब तक कि न केवल एक हिंसापूर्ण क्रांति न हो, बल्कि जब तक कि राज्यसत्ता की उस मशीन को भी ध्वंस न कर दिया जाय जिसे शासक-वर्ग ने तैयार किया था और जो इस अलगाव का मूर्त रूप है।"[1]

इतना तो निश्चित है कि यह कविता सन् 1947 की स्वतंत्रता-प्राप्ति के बाद लिखी गई है। प्रत्यक्ष रूप में 1947 के बाद राष्ट्रीय पूंजीपति वर्ग द्वारा जनतंत्र के तथाकथित आधार पर शासन सत्ता का गठन हुआ। "जनवादी गणतंत्र ही पूंजीवाद के लिए सर्वश्रेष्ठ राजनैतिक खोल होता है, और इसलिए इस सर्वश्रेष्ठ खोल पर एक बार अधिकार कर लेने के बाद पूंजी अपनी ताक़त को इतनी मज़बूती से, इतनी दृढ़ता से जमा लेती है कि फिर उस पूंजीवादी गणतंत्र में, व्यक्तियों, संस्थाओं या पार्टियों की कोई भी अदला-बदली उस ताक़त को नहीं हिला सकती।"[2]

इस पृष्ठभूमि में एक बार फिर से कविता को देख लिया जाय–

जब तक जनता सोयी रहती है, तब तक सत्ता का लकड़ी का बना रावण स्वयं को नीचे के समाज से अलगाता हुआ, जनता को जड़-निष्प्राण कुहरा समझता हुआ, उस कुहरे से बहुत ऊपर उठ, शोषण की पर्वतीय ऊर्ध्वमुखी नोक पर स्वयं को मुक्त और समुत्तुंग समझता है और सोचता है कि मैं ही वह विराट पुरुष हूं– सर्व-तंत्र, स्वतंत्र, सत्-चित्। वहां उसके साथ शून्य भी है, उसकी रक्षा के निमित्त बाह्य ढांचा। आधार पर खड़े हुए सत्ता और बाह्य ढांचा, दोनों के सामने जनता की "मटमैली जड़ीभूत परतों का ओर-छोर हीन लहरीला कम्बल' है। किंतु जैसे ही अकस्मात कम्बल की कुहरीली लहरें हिलने-मुड़ने लगती हैं, सत्ता का लकड़ी का बना रावण और उसके शून्य का 'सर्व-तंत्र' सतर्क हो जाते हैं। उसके मन में 'आंदोलन' की आशंका जाग उठती है। उसकी दृष्टि में यह जनता का असंयम है। उसे यह आंदोलनकारिता अप्रत्याशित 'अजीबोग़रीब' लगती है। अभी तक शिखरस्थ वह और उसका शून्य दोनों ही स्वयं को परमशक्ति मानते हुए निश्चिंत थे, किंतु कुहरे की लहरों से 'अगनित, अशंक, असंख्य, उग्र' आकृति रूपों का बनते हुए दिखाई देना, 'घटना का यह मोड़', सर्वहारा जनता का यह विद्रोह, उसे 'मज़ाक' दिखाई देता है। उसकी कमज़ोरी बढ़ती है, क्योंकि अभी तक 'समुत्तुंग शिखरों' पर रहकर वह स्वयं को 'सुरक्षित' महसूस करता था। वह डरने लगता है कि अनेक आकृति रूप अब 'काले-काले

---

1. लेनिन : राज्यसत्ता और क्रांति, पृ. 12
2. वही, पृ. 18

लोहे के लोग' बनने लगे हैं। वह डरता है कि कहीं वे उसकी सत्ता के स्वर्णाभ शिखरों, उसकी पूंजीवादी व्यवस्था पर हमला न कर दें।

कुहरा अब उसे वानर, नर, समुदाय, भीड़, डार्क मासेज़, मॉब के रूप में दिखाई देने लगता है। उसे ज्ञान है कि कुहरे के ये नर-वानर 'जनतंत्री' हैं। और वह पूंजीवादी सत्ता जो झूठे जनतंत्र के आसरे टिकी थी, अब सही जनतंत्री नर-वानरों को देखकर भयभीत हो जाती है, क्योंकि उसके लिए जनतंत्र तो अभी तक था जब तक यह जनवादी शक्तियां शांत थीं, जब तक यह नर-वानर "नीचे थे, फ़ासलों में खोए थे" पर अब तो स्पष्ट रूप से उग्र जनतंत्री शक्तियों की हलचलें (और उसके शब्दों में 'गड़बड़ें') प्रारंभ हो गईं। ऐसी स्थिति में उसका सही रूप उद्घाटित होता है। तब पता चलता है कि– "बलप्रयोग ही राज्य-शक्ति का सार-तत्व है, और सेना, पुलिस, अदालत एवं कारागार के रूप में राज्य-शक्ति की विशिष्ट अभिव्यक्ति होती है।. . .शोषक-सत्ता वर्ग को जब यह मालूम पड़ता है कि शोषण-तंत्र के उन्मूलन के लिए शोषित उन सुविधाओं का उपयोग कर रहा है, जो उसे जनतांत्रिक व्यवस्था से मिली हैं, तो वह इन्हीं रूपों का सहारा लेता है।"[1] जनतंत्र के ढांचे को तोड़ देता है और तानाशाह हो जाता है।

कविता में भी यही होता है– सत्ता के रावण को आंदोलनकारी मासेज़ 'विकृत, असभ्य और भ्रष्ट' नज़र आने लगते हैं। वह आसमानी शमशीरों, बिजलियों से भरपूर शक्ति से प्रहार करवाता है, किंतु जनवादी ताक़तें बढ़ती जाती हैं। इसके अलावा यह भी तो देखना चाहिए कि शमशीरों, बिजलियों को गिराने वाले लोग कौन हैं? वे भी तो उन्हीं नीचे के वर्गों से आए, भटके हुए असहाय या स्वार्थ-लोलुप जन होते हैं जो निहित-स्वार्थ के कारण सत्ता के जनतंत्री होने के भ्रम में अथवा उदरपोषण के साधन के अभाव में सत्ता के पक्षधर हो जाते हैं, किंतु वे भी देखते हैं कि उन्हीं के बल पर खड़ा यह रावण तभी तक 'लक्ष-मुख-दानव' सा 'लक्ष-हस्त देव' सा लगता है जब तक इस पर प्रहार नहीं होता। पर अब तो वह चारों ओर से घिर गया है। घेरने, प्रहार करने वाली ताकतें भी कम नहीं हैं, उससे बहुत अधिक हैं– "लक्ष-मुख, लक्ष-वक्ष, शत-लक्ष-बाहु रूप" हैं तो वे जन भी जनता का साथ देते हैं। अकेला रावण शक्तिहीन हो जाता है। आदेश व्यर्थ जाते हैं। वास्तविकता का पता चलता है, और अब गिरा, तब गिरा . . . ।

पर्वत – शोषण का प्रतीक है। दो वर्गों के बीच की दूरी एवं परिमाणात्मक और गुणात्मक अंतर को भी स्पष्ट करता है।

---

1. ई॰ एम॰ एस॰ नम्बूदिरीपाद : सामयिक-3, मई 1972, पृ. 39

रावण, नर-वानर-लंगूर – पौराणिक त्रेता युग के पात्र। इनका वर्तमान संदर्भों में प्रयोग, इनमें नए अर्थ-अनुषंग भर देता है, इन्हें प्रतीक बना देता है। पुराण-प्रतीकों का प्रयोग मुक्तिबोध के कवि की निजी-विशेषता है।

'रावण' का सत्ताधारी वर्ग के प्रतीक के रूप में इस्तेमाल, मुक्तिबोध ने अन्यत्र भी किया है–

– "यदि हमारी काव्य-प्रेरणा वस्तुतः जन-जीवन से उद्‌भूत हुई हो तो जन-जीवन की वर्तमान परिस्थितियों और कष्टों का कारण भी हमारी अनुभूति-क्षेत्र का अंग होगा। अर्थात इंसानियत को तबाह करने वाले रावणों, उनके सिपहसालारों और दासों के जन-विरोधी षड्‌यंत्र भी हमारी अनुभूतियों के अंग होंगे।"[1]

– "बड़े-बड़े आदर्शवादी आज रावण के यहां पानी भरते हैं, और हां में हां मिलाते हैं।...जो व्यक्ति रावण के यहां पानी भरने से इंकार करता है, उनके बच्चे मारे-मारे फिरते हैं।"[2]

काले-काले लोहे के लोग – फैक्टरी मज़दूरों को लक्षित करते हैं, और यह एक ऐतिहासिक विश्लेषण है कि क्रांति की शुरुआत करने वाला वर्ग, मजदूर-वर्ग ही होता है।

प्रस्तुत कविता, पूंजीवादी राज्य-सत्ता द्वारा होने वाले जनता के शोषण के ज्ञानात्मक-संवेदन से तरंगायित एवं मानसिक दृष्टि के सम्मुख उद्‌घाटित हुई है। वर्तमान व्यवस्था के संभावित चरित्र को एक्सपोज़ करने और उसकी अंतिम परिणति बताने के संवेदनात्मक उद्देश्य के धक्के ने ज्ञानात्मक संवेदन को और जागृत किया है एवं विविध बिंबों के रूप में प्रवाहित किया है, फ़ैंटैसीकृत किया है। इस व्यक्त कथ्य के प्रकट और अप्रकट राजनैतिक-सामाजिक अर्थों द्वारा एवं लाक्षणिक गतार्थ संदर्भों द्वारा इसका अव्यक्त कथ्य उद्‌घाटित हुआ है। ज्ञानात्मक आधार के रूप में स्पष्टतः ऐतिहासिक भौतिकवाद है जो यह ज्ञान-निष्कर्ष देता है कि पूंजीवादी व्यवस्था का पतन अवश्यंभावी है एवं उसकी तार्किक परिणति साम्यवाद में होती है।

---

1. मुक्तिबोध : नया खून, 26 जनवरी 1951, पृ. 22
2. वही : एक साहित्यिक की डायरी : पृ. 31

दिमाग़ी गुहान्धकार का औरांग-उटांग

'दिमाग़ी गुहान्धकार का औरांग-उटांग'[1] केवल तीन बंद की एक छोटी कविता है। फ़ैंटैसी वातावरण बनाते हुए कविता में एक विलक्षण वस्तु-पक्ष को सामने लाती है– "स्वप्न के भीतर एक स्वप्न / विचारधारा के भीतर और एक अन्य / सघन विचारधारा प्रच्छन्न !! कथ्य के भीतर एक अनुरोधी / विरुद्ध विपरीत नेपथ्य संगीत !! मस्तिष्क के भीतर एक मस्तिष्क / उसके भी अंदर एक और कक्ष / कक्ष के भीतर / एक गुप्त प्रकोष्ठ और / कोठे के सांवले गुहांधकार में / मज़बूत संदूक / दृढ़ भारी भरकम / और उस संदूक के भीतर कोई बंद है।" इस लम्बे वर्णन के बाद पता लगा कि 'कोई' बंद है। प्रस्तुत वर्णन ने जो वस्तु-जगत खड़ा किया, और जिस विधि से केन्द्रीय वस्तु– 'कोई' तक पहुंचाने का प्रयास किया, वह कोई सामान्य विधि नहीं थी। स्वप्न विचारधारा, कथ्य, संगीत आदि मानसिक जगत की क्रियाएं हैं। ये सारी क्रियाएं अपनी सघनता एवं परस्पर द्वंद्व में घटित हो रही हैं। कहा जा सकता है कि इन क्रियाओं का घटना-क्षेत्र जो भी मस्तिष्क है वह विचार सम्पन्न तो है, साथ ही मानसिक ऊहापोह से ग्रस्त है। मस्तिष्क के इस गतिपूर्ण, हलचलपूर्ण क्षेत्र में कई कक्ष हैं, एक के भीतर दूसरे। बाद में एक गुप्त प्रकोष्ठ है और उस प्रकोष्ठ के भीतर भी एक संदूक है। संदूक में जो भी 'कोई' बंद है वह कविता के पाठक में कई प्रश्न और जिज्ञासाएं पैदा करता है। यह 'कोई' कौन है ? यह मस्तिष्क के भीतरीतम हिस्सों में क्यों बंद है ? इसे दृढ़ संदूक में किसने बंद किया ? कहीं अंदर बंद 'कोई' का, मस्तिष्क की बाहरी हलचल से कोई ताल्लुक़ तो नहीं ? कहीं यह इसलिए तो बंद नहीं कि, यदि खुल जाय तो, स्वप्न, विचार संगीत की गतिमय-स्थली पर उत्पात मचा दे ? या मस्तिष्क की सारी हलचल का कारण यही तो नहीं ?

कविता का कर्ता 'मैं' एक करीने से सजे संस्कृत प्रभामय अध्ययन-गृह में उठ खड़ी बहस में हिस्सा ले रहा है। ऊपर का वर्णन उसी के मस्तिष्क का था। कर्ता वाचक-नायक ने अपने ही अंदर इस 'कोई' को पाया– "यक्ष / या कि औरांग-उटांग हाय / अरे! डर यह है. . ./ न औरांग-उटांग कहीं छूट जाय / प्रत्यक्ष न यक्ष हो।" कर्ता के इस भय से एक चीज़ स्पष्ट हुई कि कर्ता और वस्तु में परिचय है। वाचक-नायक जानता है कि उसी के मस्तिष्क प्रकोष्ठों

---

1. मुक्तिबोध : चांद का मुंह टेढ़ा है, पृ. 14-17

के भीतर एक औरांग-उटांग (आदि वनमानुषों का एक रूप) है। दूसरी बात यह है कि इस औरांग-उटांग का संबंध कर्ता की मानसिक हलचलों से ही है, क्योंकि कर्ता नायक जब सुसंस्कृत वातावरण में छिड़ी बहस में हिस्सा ले रहा है तभी उसे उस औरांग-उटांग की हुकृंत ध्वनियां सुनाई देती हैं। किसी भी बहस में स्पष्टत: तर्कों को जुटाना होता है, मस्तिष्क में कई-कई बार दुरूह विश्लेषण भी करने होते हैं, अपना पक्ष मज़बूत करने के लिए तथ्य लाए जाते हैं, किंतु इन सबके बीच औरांग-उटांग की हुकृंत ध्वनियां? 'औरांग-उटांग' निश्चिततः एक प्रतीक है।

हुंकृत ध्वनियों को सुनने पर कर्ता पर जो प्रतिक्रिया होती है वह इस प्रकार है—

एकाएक भयभीत
पाता हूं पसीने से सिंचित
अपना यह नग्न मन।
हाय हाय और न जान लें
कि नग्न और विद्रूप
असत्य शक्ति का प्रतिरूप
प्राकृत औरांग. . .उटांग यह
मुझ में छिपा हुआ है।

यहां तक आकर फ़ैंटैसी गतार्थों को खोजने के लिए कुछ सामग्री देती है। औरांग-उटांग, जंगली बर्बर और आदिम संस्कारों वाला आदिमानव होता है। औरांग-उटांग की वाचक-नायक द्वारा दी गई व्याख्या है कि यह असत्य शक्ति का प्रतिरूप है। कविता के वर्णन ने बताया है क्रि यह औरांग-उटांग, यानी असत्य शक्ति, मानव के (वाचक-नायक के) आभ्यंतर में निवास करती है। यदि लक्षणा से अर्थ लगाया जाय तो मानव के आभ्यंतर की शक्ति, उसकी 'चेतना' निगमित होगी। 'करीने से सजे संस्कृत. . .प्रभामय अध्ययन-गृह' के वर्णन से पता लगता है कि कर्ता एवं बहस में हिस्सा लेने वाले लोग पैटी-बुर्जुआ बद्धिजीवी लोग हैं। इस प्रकार औरांग-उटांग का प्रतीकार्थ होगा— पैटी-बुर्जुआ चेतना।

कर्ता स्वयं एक पैटी-बुर्जुआ बुद्धिजीवी है, किंतु वह अपने अंदर बैठे औरांग-उटांग से सतर्क है, परिचित है। औरांग-उटांग की उपस्थिति का, वस्तु-यथार्थ का भान होते ही कर्ता पर उसकी प्रतिक्रिया होती है— "स्वयं की ग्रीवा पर फेरता हूं हाथ कि / करता हूं महसूस / एकाएक गरदन पर उगी हुई / सघन अयाल और / शब्दों पर उगे हुए बाल तथा / वाक्यों में औरांग-उटांग के /

बढ़े हुए नाखून!!"

कथ्य यहां स्पष्ट होता है कि कर्ता की अभिव्यक्ति को उसके अंदर बैठा औरांग-उटांग लगातार प्रभावित करता है। कर्ता बहस में अपने को उत्तेजित पाता है। उसकी अभिव्यक्ति में जंगली और आदिम संस्कार सक्रिय होने लगते हैं।

फ़ैंटैसी ने जिस ढंग से नए बिंबों को सामने रखा, उनके साथ उनके अर्थ भी दिए– गरदन पर उगी अयाल, शब्द लगते हैं, शब्दों पर भी बाल उग आते हैं, वाक्यों में औरांग-उटांग के नाखून, मूंछ कविता बन जाती है और दांत तर्क।

मुक्तिबोध की यह विशेषता है कि वह फ़ैंटैसी को यथार्थ जगत के साथ-साथ ही चलाते हैं। फ़ैंटैसी में जहां एक ओर काल्पनिक बिंबमाला होती है वहीं जीवन-यथार्थ के शब्द भी, इसीलिए उन्होंने फ़ैंटैसी को जीवन-चित्रशाला कहा है।

कथ्य का विस्तार होता है। कर्ता, वर्ग-चेतस पैटी-बुर्जुआ है इसीलिए औरांग-उटांग को अपने अंदर पाकर ग्लानि से भर जाता है– "दीखता है प्रत्यक्ष/ बौना यह भाल और झुका हुआ माथा / जाता हूं चौंक मैं निज से अपनी ही/ बाल-दार सज से / कपाल की धज से।" उसमें वस्तु-यथार्थ के प्रति तीव्र प्रतिक्रिया होती है, उसको लेकर वह द्वंद्व से भर उठता है– "और मैं विद्रूप वेदना से ग्रस्त हो / करता हूं धड़ से बंद / वह संदूक," किंतु अगले ही क्षण– "करता हूं महसूस / हाथ में पिस्तौल-बंदूक !!" कर्ता उसे मार देना चाहता है, सोचता है– "अगर कहीं पेटी वह खुल जाए / औरांग-उटांग यदि उसमें से उठ पड़े / धांय-धांय गोली दागी जाएगी।" फ़ैंटैसी ही में कर्ता औरांग-उटांग के मरने की कल्पना करता है– "रक्ताल. . .फैला हुआ सब ओर / औरांग-उटांग का लाल-लाल खून. . ." इस विचार को समाप्त होते देर नहीं लगती कि "तत्काल. . .ताला लगा देता हूं पेटी का / बंद है संदूक !!" कर्ता उसे मारने की इच्छा रखता हुआ भी उसे नहीं मार पाता, द्वंद्व में ही रहता है। ऐसा क्यों ? क्योंकि सब कुछ कर्ता– मध्यवर्गीय पैटी-बुर्जुआ पर ही निर्भर नहीं है, उसकी चेतना (औरांग-उटांग) पर भी निर्भर है।

पैटी-बुर्जुआ के विषय में कॉडवैल ने लिखा है– "पूंजीवाद की उत्पादित वस्तुओं में पैटी-बुर्जुआ एक ऐसा अप्रिय वर्ग है जिसका संपूर्ण अस्तित्व झूठ एवं भ्रम पर टिका है।. . .न केवल उच्च वर्ग से ईर्ष्या व निम्न-वर्ग से घृणा बल्कि एक दूसरे के प्रति घृणा-भाव से भी यह वर्ग पीड़ित है।"[1] "आधुनिक

1. क्रिस्टोफ़र कॉडवैल : स्टडीज़ इन ए डाइंग कल्चर (अंग्रेज़ी), पृ. 77

समाज में सम्पूर्ण विश्व बुर्जुआ और सर्वहारा के बीच संघर्ष से परिचालित होता है, किन्तु पैटी-बुर्जुआ इस संघर्ष से उठे गर्द-गुबार को ही देख पाता है, वास्तविक दुनिया से उसका नाता ही टूट जाता है, इसलिए उसे सब कुछ रहस्यात्मक, अजीबोग़रीब, ऊबड़-खाबड़ लगता है, लेकिन क्योंकि यह उच्च वर्ग को अपनी अस्मिता गिरवी रख चुका है और इस संघर्ष में सर्वहारा के विरुद्ध शत्रुदल में सशस्त्र खड़ा है, इसलिए उसका प्रत्येक तर्क और बहस उन्हीं को सिद्ध करने के लिए है।"[1]

पैटी-बुर्जुआ अपनी इसी स्थिति के कारण एक छद्म और असत्य चेतना से ग्रस्त रहता है। प्रश्न उठता है कि कवितागत कर्ता इससे परिचित होते हुए, इससे मुक्ति चाहते हुए भी इसे क्यों समाप्त नहीं कर पाता? इसका उत्तर यह है कि वर्ग-चेतस पैटी-बुर्जुआ तब तक इससे मुक्ति नहीं पा सकता, जब तक वह पूर्णरूपेण सर्वहारा की ओर अपना वर्गापसारण न कर ले। दूसरे, इस चेतना से परिचित हो जाने पर भी उसका समाज तो नहीं बदल पाता, और क्योंकि उसके समाज का हर व्यक्ति अपने अंदर औरांग-उटांग पाले हुए है, ज़ाहिर है कि एक ही समाज में रहकर एक औरांग-उटांग का उत्तर औरांग-उटांग की भाषा में ही दिया जा सकता है। हां, वर्ग-चेतस व्यक्ति, अपनी असत्य चेतना से परिचित हो जाने पर एक द्वंद्व की स्थिति में रहता है– न वर्गापसारण कर पाता है, न अपनी छद्म चेतना को ही मार पाता है। फ़ैंटैसी के कर्ता की भी यही स्थिति है, वह वर्ग-चेतस होते हुए भी, अपने वर्ग की सीमाएं नहीं तोड़ पाता। रहता अपने ही वर्ग में है, किंतु निर्वासित। इसीलिए फ़ैंटैसी का कर्ता 'संस्कृत प्रभामय अध्ययन-गृह' में सशरीर नहीं जाता, 'अदृश्य रूप' में प्रवेश करता है, बहस में भाग लेता है।

वह बहस करते लोगों पर टिप्पणी करता है– "सत्य के बहाने स्वयं को चाहते हैं प्रस्थापित करना। अहं को तथ्य के बहाने।" कॉडवैल ने लिखा है– "अंततः उसकी (पैटी-बुर्जुआ की) कला, उसका विज्ञान एवं कार्य एक ऐसा, प्रोपैगैंडा है जो एक ओर यदि उसके दासत्व को प्रमाणित करता है तो दूसरी ओर उसके क्षुद्र अहं की पूर्ति। उसे लगता है कि विचारों का संघर्ष ही मूल तत्व है। इसी संघर्ष की टकराहट से कुछ होगा और ये विचार झूठी छद्म वास्तविकता पर आधारित होने के कारण, ऊटपटांग, असंबद्ध और वायवी होते हैं।"[2]

वर्ग-चेतस एवं वर्ग-निर्वासित कर्ता पर इस वस्तु-यथार्थ की प्रतिक्रिया

1. क्रिस्टोफ़र कॉडवैल : स्टडीज़ इन ए डाइंग कल्चर (अंग्रेज़ी), पृ. 82
2. वही, पृ. 84

होती है– "मेरी जीभ एकाएक तालू से चिपकती / अकल क्षारयुक्त सी होती है. . . ."

इसके आगे वह वस्तु-यथार्थ का वर्णन करता है– "और मेरी आंखें उन बहस करने वालों के / कपड़ों में छिपी हुई / सघन रहस्यमय लम्बी पूंछ देखतीं !!" अंत में कर्ता प्रश्न वाचक शैली में एक टिप्पणी करता है– "कैसे सत्य हैं– / ढांक रखना चाहते हैं बड़े-बड़े / नाखून!! किसके लिए हैं वे बाघनख, कौन अभागा वह !!" अंतिम पंक्ति के आगे प्रश्नवाचक-चिह्न नहीं लगा, संबोधन के चिह्न लगे हैं, इसका अर्थ यह है कि वह "कौन अभागा" के विषय में पूछना नहीं चाहता, उसे ज्ञात है। व्यंजना के माध्यम से वह बताना चाहता है कि वह अभागा, सर्वहारा वर्ग है। कविता के अंतिम बंद में कर्ता का वक्तव्य स्वयं उसी के अंतर्विरोधों को भी स्पष्ट करता है कि जिस छद्म-चेतना को द्वंद्व की स्थिति में उसने ढांक लिया, उसी को अन्य लोगों में देखकर वह उसकी आलोचना करता है। पैटी-बुर्जुआ बुद्धिजीवी का यह टिपीकल चरित्र है।

मुक्तिबोध के कवि-व्यक्तित्व में उनका आलोचक-व्यक्तित्व भी मुखरित रहता है। कविताओं में उनके छिट-पुट काव्य-सिद्धांत भी मिल जाते हैं। इस कविता में प्रथम बंद की फ़ैंटैसी न केवल फ़ैंटैसी है बल्कि फ़ैंटैसी की प्रक्रिया को भी स्पष्ट करती है।

कविता के मूल में ज्ञानात्मक संवेदन की भूमिका अधिक है। कविता का ज्ञानात्मक संवेदन मध्यवर्गीय बुद्धिजीवियों की स्थिति का ज्ञान है। इसी कथ्य को मुक्तिबोध ने कई जगह, कई तरह से कहा है, गद्य में भी, पद्य में भी। 'नया खून' में वे लिखते हैं– "ऊंचे से ऊंचा साहित्यकार भी जब असलियत को, मनुष्य के यथार्थ को, अपनी संकुचित वेदनाओं, ओछी पीड़ाओं और अहंग्रस्त भावनाओं का आदर्शीकरण करते हुए दुनिया को देखता है, तब लेखक के प्रतिभाशाली होने के कारण, उसका चित्रण-कार्य प्रभावशाली होते हुए भी उस प्रभाव का ऐसा गुण न होगा, जो मनुष्य को पिघला कर उसकी आत्मा को उन्नत बनाए।"[1]

उच्चमध्यवर्गीय साहित्यकारों पर एक तीखी टिप्पणी करते हुए उन्होंने अन्यत्र लिखा है– "आज दिल्ली में बूढ़े-पके-बाल साहित्यिकों का जमघट इकट्ठा हो गया है। उनको स्वर्गवास नहीं, दिल्लीवास हुआ। अब तो प्रतिष्ठा और सम्मान के स्वर्ग में हैं और उस स्वर्ग में वे अधिक से अधिक श्रद्धा और

---

1. मुक्तिबोध : नया खून, 3 फरवरी, 1956, पृ. 2

पद के लिए राजनीति करते हैं, सूत्र हिलाते हैं, किन्तु सूत्र-धार होने के बदले, वस्तुतः विदूषक हो जाते हैं।"[1] कहना न होगा कि प्रस्तुत कविता के बहसकर्ता इन्हीं लोगों में से हैं।

कविता के प्रतीक अपना अर्थ कविता से ही ग्रहण करते हैं। मुक्तिबोध नए अपरंपरित प्रतीकों को गढ़ते हैं एवं उनके गतार्थों तक पहुंचने का कोई न कोई मार्ग भी कविता में बना देते हैं। भाषा के निर्माण का यह उनका अपना तरीका है। इस कविता में प्रतीकात्मकता के अतिरिक्त लाक्षणिकता भी है। कविता का ज्ञानात्मक आधार पूंजीवादी व्यवस्था में वर्ग-समाजों की स्थिति एवं उनकी भूमिका के प्रति मार्क्सवादी दृष्टिकोण है।

---

1. मुक्तिबोध : नया खून, 12 जुलाई, 1955, पृ. 4

ब्रह्मराक्षस

'अंधेरे में' जितनी ही प्रसिद्ध कविता है– "ब्रह्मराक्षस"[1]। ब्रह्मराक्षस बिंब-विधान (चित्र-बिंब और ध्वनि-बिंब, दोनों दृष्टियों से) की नवीनता और सफल रूप संयोजना एवं विचार-विधान की स्वतंत्र सत्ता के हिसाब से मुक्तिबोध की सर्वाधिक समृद्ध रचना है।[2]

यह कविता भी 'अंधेरे में' के समान मुक्तिबोध के आलोचकों की चर्चाओं के केंद्र में रही। उन चर्चाओं का विश्लेषण तो बाद में करेंगे, पहले अपनी समझ से इसकी अर्थ-प्रक्रिया से गुज़रते हैं।

कविता की अन्विति की रक्षा करने का मुक्तिबोध का अपना तरीका है, जिसे हम अन्य कविताओं में भी देख चुके हैं। उनका तरीका कथ्य को एक साथ कह कर छुट्टी पाने का नहीं है बल्कि उसे उसकी सारी जटिलताओं में निबाहने का है। इस जटिलता को रूपायित करने के लिए वे अनेक शिल्प-पैटर्नों का इस्तेमाल करते हैं। शिल्प-बहुलता की जटिलता को उसके विविध स्तरों में समझ कर ही गतार्थों तक पहुंचा जा सकता है। वस्तुतः मुक्तिबोध की कविता के मर्म तक पहुंचने के लिए एक न्यूनतम धैर्य की आवश्यकता होती है। कोई भी कविता एक झटके में, एक पाठ में, समग्र अर्थ नहीं देती, क्योंकि सपाट नहीं होती। किसी भी कविता का अर्थ-विदीरण तभी संभव हो पाता है जब पाठक कविता के विविध बंदों को उनके आपसी संबंधों में और समग्र कविता को उनकी शेष कहानियों, कविताओं के संदर्भ में देखने की कोशिश करता है। उनमें भी मुख्य होता है कविता के भीतरी आपसी संबंधों को खोज पाना, कविता के भीतरी आपसी संबंध विविध पैटर्नों के इस्तेमाल के कारण विविध प्रकार के होते हैं, जो अलग-अलग बंदों में अलग-अलग सूत्र-संबंधों में पहचाने जाते हैं। यही कारण है कि कविता के पहले तीन या चार बंदों को पढ़ने भर से कविता अर्थ नहीं देती बल्कि कविता में आने वाले बंदों में जब पाठक पिछले बंदों की फ़ैंटैसी, वातावरण, बिंब, प्रतीक आदि के मर्म और अर्थ पाता है तब कविता धीरे-धीरे संप्रेषित होने लगती है।

---

1. मुक्तिबोध : चांद का मुंह टेढ़ा है, पृ. 7-13
2. कुबेरनाथ राय : 'ब्रह्मराक्षस : अर्थ बीज और विस्तार' (लेख), मुक्तिबोध (सं॰ विश्वनाथ प्रसाद तिवारी), पृ. 125

'ब्रह्मराक्षस' कविता के प्रथम पाठ के बाद कुबेरनाथ राय के मन में अनेक प्रश्न उठ खड़े हुए– "ब्रह्मराक्षस किस तथ्य का प्रतीक है? यह प्रश्न कविता में अर्द्ध–उत्तरित और अर्द्ध–आच्छादित रह जाता है– जब कविता के अंश–प्रति–अंश पर उस उत्तर को बैठाने लगते हैं तो कहीं न कहीं कठिनाई उपस्थित हो ही जाती है। फलत: केन्द्रीय बिंब, जो देखने में अर्द्ध स्पष्ट सा पहले–पहले लगा था, और अधिक रहस्यमय हो उठता है। क्या ब्रह्मराक्षस अतीत की बौद्धिक चेतना है अथवा ब्रह्मराक्षस मुक्तिबोध का भोक्ता 'स्व' है जो अचेतन के या अवचेतन के 'केऑस' में क़ैद है और उसकी मृत्यु से उसी की बलि–प्रक्रिया के मध्य उसके 'सजल उर'– सर्जक 'स्व' का जन्म होता है? अथवा ब्रह्मराक्षस मध्यवर्गीय चिंतन है, जो अकेले रहने के लिए अभिशप्त है, ब्रह्मराक्षस नए बुद्धिजीवी की स्वानुभूत भूल–ग़लती की या पाप की चेतना है? आदि–आदि अनेक संकेत प्रथम वाचन पर ही उठने लगते हैं।"[1] उपरोक्त प्रश्नों का उठना बहुत सहज है। कविता का पदान्वय करके विभिन्न शिल्प–पैटर्नों की तार्किक संगति बिठाकर यदि गतार्थों को प्राप्त करना चाहेंगे तो यह निश्चित है कि प्रश्न अनुत्तरित या अर्द्ध–उत्तरित नहीं रहेंगे।

इस कविता का रचना–काल रचनावली के संपादक नेमिचंद जैन ने 1956 से 1962 तक माना है। उनके अनुसार मुक्तिबोध ने इसका अंतिम संशोधन नागपुर अथवा राजनांदगांव में 1962 में किया था। यह कविता पहली बार 'कवि' पत्रिका में अप्रैल 1957 में प्रकाशित हुई थी। 'रचनावली' और 'चांद का मुंह टेढ़ा है' में कविता का जो पाठ दिया है वह 'कवि' में प्रकाशित पाठ से भिन्न है।[2]

एक परित्यक्त सूनी बावड़ी के वर्णन से कविता प्रारंभ होती है। यह बावड़ी शहर की हलचलों से दूर खंडहर की तरफ़ है। बावड़ी के भीतरी ठंडे अंधेरे में जल की गहराइयां बसी हैं और उस पुराने घिरे हुए पानी में अनेक सीढ़ियां डूबी हैं। बावड़ी के संक्षिप्त वर्णन के साथ ही इस दृश्य पर एक टिप्पणी है–

समझ में आ न सकता हो
कि जैसे बात का आधार
लेकिन बात गहरी हो।

वस्तु–यथार्थ यानी बावड़ी और उसके आसपास के वातावरण की नि:संगता को

---

1. कुबेरनाथ राय : 'ब्रह्मराक्षस : अर्थ बीज और विस्तार' (लेख), मुक्तिबोध (सं० विश्वनाथ प्रसाद तिवारी), पृ. 127
2. नेमिचंद जैन : (संपादकीय टिप्पणी) मुक्तिबोध रचनावली–2, पृ. 349

उजागर करते हुए, उस पर एक टिप्पणी से उसके गूढ़त्व और गांभीर्य की ओर पाठक को आकृष्ट करते हुए, पहला बंद समाप्त।

दूसरा बंद : "बावड़ी को घेर कर डालें खूब उलझी हैं। किनारे पर खड़े हैं मौन औदुम्बर वृक्ष जिनकी शाखों पर घुघ्घुओं के परित्यक्त भूरे गोल घोंसले लटक रहे हैं।" पहले बंद के अंत का– 'बात गहरी' होने का संकेत यहां 'उलझी डालों,' 'मौन औदुम्बर' और 'घुघ्घुओं' की उपस्थिति से और पुष्ट होता है। वस्तु-यथार्थ का यह वर्णन न केवल वातावरण को उदास और डरावना बना रहा है, बल्कि 'बात' के 'गहरी' होने के साथ-साथ जटिल और उलझी होने का द्योतन भी कर रहा है। इस दूसरे बंद में केवल वर्णन है, टिप्पणी नहीं।

तीसरा बंद : कदाचित, अब तक के वस्तु-यथार्थ के वर्णन पर कर्ता (जो अभी तक अप्रकट है) अपना प्रतिक्रियात्मक कथन कर रहा है। उसे बावड़ी के इर्द-गिर्द के वातावरण का 'उलझाव', 'विगत-शत पुण्य का आभास' देता है और यह आभास बावड़ी के आसपास की 'जंगली हरी कच्ची गंध में बस कर,' 'हवा में तैर' कर एक 'गहन संदेह' बनता है, "किसी अनजानी उस बीती हुई श्रेष्ठता का जो कि दिल में एक खटके सी लगी रहती" है।

चौथा बंद : "बावड़ी की इन मुंडेरों पर टगर अपनी मनोहर हरी कोहनी टेक, अपने पुष्प-तारे लेकर बैठी है।" इस बंद में भी वर्णन है, कोई टिप्पणी या प्रतिक्रिया कथन नहीं है। ध्यान देने की बात यह है कि इस बंद का वर्णन वातावरण को जटिल या भयानक नहीं बना रहा बल्कि एक सुकुमार संभ्रांतता प्रदान करता है।

वर्णन पांचवें बंद में भी जारी है कि बावड़ी के पास 'लाल फूलों का लहकता झौंर' भी है, लेकिन यहां साथ ही कविता का कर्ता भी प्रकट होता है, जो कहता है– "मेरी वह कन्हेर. . ./ वह बुलाती एक ख़तरे की तरफ जिस ओर / अंधियारा खुला मुंह बावड़ी का / शून्य अंबर ताकता है।"

यहां स्पष्ट हुआ कि ख़तरा (ख़तरे का रहस्य) बावड़ी के आसपास के वातावरण में (जैसा कि अब तक लग रहा था) उतना नहीं है, जितना बावड़ी के भीतर है। जिस प्रकार के वातावरण का निर्माण हुआ उसने ख़तरे के लिए एक भूमिका बनाई और इस तरह अब सोचना यह है कि बावड़ी के भीतर कौन सा ख़तरा है? क्या ऐसी उस 'बात' का, जिसका आधार समझ में न आता हो, लेकिन बात 'गहरी' हो ? या 'पुण्य के आभास' के 'गहन' संदेह का या 'बीती हुई श्रेष्ठता के खटके' का ? कविता में अब तक 'ख़तरा' नामक जिस कथ्य की भूमिका बनी है वही इस कविता का केंद्रीय कथ्य होना चाहिए।

अगले यानी छठे बंद में पता चलता है कि यह 'ख़तरा' 'एक ब्रह्मराक्षस' का है, जो बावड़ी की उन घनी गहराइयों के शून्य में पैठा है (बैठा नहीं)।

जिस तरह चलचित्रों का कुशल कैमरा वातावरण (ख़ासकर रहस्यमय वातावरण) बनाने के लिए आसपास के दृश्यों से गुज़रता हुआ, एक अनुकूल अभिवृत्ति (मूड) का निर्माण करता है और अंत में मुख्य वस्तु पर फोकस करता है, उसी तरह मुक्तिबोध की कविता पाठक को 'ब्रह्मराक्षस' तक लाई है।

'ब्रह्मराक्षस' बावड़ी में पैठा 'बड़बड़ा' रहा है। उसकी बड़बड़ाहट के 'पागल से शब्द भीतर से उमड़ती गूंज की भी गूंज' बन कर बाहर आ रहे हैं। 'ब्रह्मराक्षस' की बड़बड़ाहट का कारण आगे दिया है–

गहन अनुमानिता
तक की मलिनता
दूर करने के लिए प्रतिपल
पाप-छाया दूर करने के लिए, दिन-रात
स्वच्छ करने–
ब्रह्मराक्षस
घिस रहा है देह
हाथ के पंजे बराबर,
बांह-छाती-मुंह छपाछप
खूब करते साफ़,
फिर भी मैल
फिर भी मैल!!

संभवतः देह के लगातार साफ़ करने के प्रयत्न में भी मैल का न छूट पाना, बड़बड़ाहट का कारण है। लेकिन यह बात तो सोचने की है ही कि मैल के न छूटने का क्या कारण है? 'मैल' (तन की मलिनता) क्या है? 'पाप-छाया' क्या है, जिसके लिए 'ब्रह्मराक्षस' दिन-रात मेहनत कर रहा है और असफल है। और स्वयं में 'ब्रह्मराक्षस' क्या है, कौन है? संभवतः कविता के कर्ता के पास इन प्रश्नों के उत्तर हैं। वह यह सब जानता है, क्योंकि वही बावड़ी के इन दृश्यों का प्रकट दर्शक है और सब कुछ होते हुए देख रहा है।

सातवां बंद : 'बड़बड़ाहट के पागल शब्द', 'ब्रह्मराक्षस' के होंठों से निकला 'अनोखा स्तोत्र, कोई क्रुद्ध मंत्रोच्चारण अथवा संस्कृत गालियों का ज्वार' हैं। शायद कर्ता को बड़बड़ाहट, जो अब तब अस्पष्ट थी, स्पष्ट सुनाई दे रही है, और वह 'ब्रह्मराक्षस' को और क़रीब से देख रहा है क्योंकि उसे अब यह भी दिखाई दे रहा है कि 'ब्रह्मराक्षस' के 'मस्तक की लकीरें आलोचनाओं के

चमकते तार' बुन रही हैं। हमारे (यानी पाठक के) लिए दर्शनीय यह है कि 'ब्रह्मराक्षस' क्रोध में चालू सामाजिक गालियां देता है, कहने का मतलब यह है कि 'ब्रह्मराक्षस' सामान्य नहीं है बल्कि कोई प्रकांड ज्ञानी व्यक्तित्व है। तीसरे बंद में कर्ता द्वारा उसे 'विगत-शत-पुण्य का आभास' और 'बीती हुई श्रेष्ठता' कहा भी गया है। कहना न होगा कि 'ब्रह्मराक्षस' एक ज्ञानी व्यक्तित्व है लेकिन साथ ही 'पाप-छाया' ग्रस्त भी है। कर्ता उसके 'उस अखंड स्नान के पागल प्रवाह' को देखकर ही उसके विषय में टिप्पणी करता है कि उसके 'प्राण में संवेदना स्याह है।'

अगले आठवें, नवें और दसवें बंद में 'ब्रह्मराक्षस' के चरित्र का एक पहलू और उजागर होता है कि वह घनघोर दंभी भी है। "जब कभी गहरी बावड़ी की भीतरी दीवार पर तिरछी गिरी रवि-रश्मि के परमाणु तल तक पहुंचते हैं, तब 'ब्रह्मराक्षस' समझता है, सूर्य ने झुक-कर नमस्ते कर दिया और जब पथ भूल कर चांदनी की किरण कहीं दीवार पर टकराए तब 'ब्रह्मराक्षस' समझता है कि चांदनी ने वंदना की और उसे ज्ञान-गुरु माना।"

प्रकटतः 'ब्रह्मराक्षस' को अपने ज्ञान का दंभ है। सूर्य और चंद्रमा जो अपने प्राकृतिक स्वाभाविक गतिक्रम में प्रकाश देते हैं (लक्षणा से प्रकाश को समझा जाए कि ज्ञान देते हैं) उन्हें भी 'ब्रह्मराक्षस' स्वयं से हीन मानता है। रवि-रश्मि और चांदनी के बावड़ी में आने को अपनी वंदना मानकर छद्म उत्साह से प्रफुल्लित रहता है। इतना ही नहीं–

अति प्रफुल्लित कंटकित तन-मन वही
करता रहा अनुभव कि नभ ने भी
विनत हो मान ली है श्रेष्ठता उसकी।

कुबेरनाथ राय के अनुसार ब्रह्मराक्षस का लोक विश्वास के आधार पर जो चरित्र-मूल्यांकन किया जाता है वह समग्र मुक्तिबोध के 'ब्रह्मराक्षस' से मेल नहीं खाता। यह सच भी है। मुक्तिबोध ने जिन पौराणिक व्यक्तित्वों को अपनी कविताओं में लिया है उनके अर्थ उन्होंने वर्तमान संदर्भों से दिए हैं। डा॰ राय लिखते हैं– "'ब्रह्मराक्षस' बिंब के सारे अच्छे-बुरे संबंध-सूत्रों को ढककर के, केवल दो-तीन सूत्र ही मुख्य भूमि पर स्वीकृत किए गए हैं। वे सूत्र हैं– (1) अंध लोक में कैद (असूर्यानाम ते लोकाः अंधेन तमसावृता . . .की स्मृति), (2) अभिशाप और अतृप्ति और (3) ज्ञान संबद्धता या ज्ञान-प्रतिबद्धता। क्योंकि 'ब्रह्मराक्षस' ब्राह्मण-वंशीय प्रेत होता है, ब्रह्मराक्षस एक पूजनीय प्रेत है। उसे लोक विश्वास में देव कोटि में (आंशिक रूप में सही) गिना जाता है। अतः साधारण प्रेत अवस्था की वृत्तियां, यथाः क्रूरता, घोरता,

पाप, भूल-ग़लती, प्रतिशोध एवं पिशाचता– पिशुनता जो हर ब्रह्म-प्रेत या ब्रह्मराक्षस के गुण हैं– इस कविता के मुख्य बिंब में नहीं प्रविष्टि करायी गयी है।"[1]

'ब्रह्मराक्षस' ही क्या मुक्तिबोध ने अन्य पौराणिक अथवा ऐतिहासिक चरित्र प्रतीकों को कहीं भी उनके लोकमान्य स्वरूप में प्रस्तुत नहीं किया है। राम, रावण, अर्जुन, अंगद, सीता जैसे पौराणिक पात्र मुक्तिबोध की कविताओं में अनेक प्रतीकार्थ लिए बिखरे पड़े हैं, मुक्तिबोध ने उनका अपनी आवश्यकतानुसार लाक्षणिक प्रयोग किया है। जैसे कबीर के राम ठीक वैसे नहीं थे जैसे कि तुलसी के, उसी प्रकार मुक्तिबोध के राम भी वैसे नहीं हैं, जैसे तुलसी या कबीर के थे। बिंब-चयन, या पात्र-रचना पद्धति मुक्तिबोध की एक जागरूक और सचेत प्रक्रिया है। वे अपने पात्र के चरित्र और उसे दिए जाने वाले लाक्षणिक अर्थों को पूर्व-निश्चित कर लेते हैं, और अपनी धारणा को किसी रहस्यवादी अंधकार में भी नहीं रखते। संवाद, कथोपकथन, वर्णन, वक्तव्य अथवा किसी भी अन्य माध्यम से वे निश्चित अर्थ तक पहुंचने का मार्ग सुगम कर देते हैं।

गतार्थों (प्रतीकार्थों) तक पहुंचने की दृष्टि से ग्यारहवां बंद अधिक महत्वपूर्ण है। अपनी श्रेष्ठता के छद्म उत्साह में तब 'ब्रह्मराक्षस' दोगुने भयानक ओज से– सुमेरी-बेबिलोनी जनकथाओं से लेकर मधुर वैदिक ऋचाओं तक और तब से आज तक के सूत्र, छन्दस्, मंत्र, थियोरम सब प्रमेयों तक, मार्क्स, एंगेल्स, रसेल, टाएन्बी, हीडेग्गर, स्पेंग्लर, सार्त्र, गांधी, सभी के सिद्धांतों का नया व्याख्यान करता है, और इस तरह 'ब्रह्मराक्षस प्राक्तन बावड़ी की उन घनी शून्य गहराइयों में नहाता' है।

इस बंद तक आकर कई चीज़ों को समझा जा सकता है कि मुक्तिबोध ने 'ब्रह्मराक्षस' की अभावात्मक या नकारात्मक वृत्तियों को क्यों दबाया और बह्म-प्रेत का समानांतर व्यक्तित्व उसे क्यों नहीं बनाया। यहां यह भी समझ में आने लगता है कि अंध-बावड़ी में गहन अंधेरा झेलने वाला, बेचैनियों के लिए अभिशप्त 'ब्रह्मराक्षस' कौन है, उसके नहाने का क्या मतलब है, और बावड़ी से क्या आशय है।

'ब्रह्मराक्षस' एक ऐसा मध्यवर्गीय बुद्धिजीवी है जो आत्ममुक्ति के लिए छटपटा रहा है और उसके लिए जीवन भर ज्ञानार्जन करता रहा है। लेकिन ज्ञानोपलब्धन की इस प्रक्रिया में वह ज्ञानकूप से नहीं निकल पाता, अपने ज्ञान को व्यवहार में परिणत नहीं कर पाता। व्यवहार से कटे होने का स्वाभाविक परिणाम होता है कि वह ज्ञान के किसी भी क्षेत्र में निर्णायक नहीं हो पाता,

---

1. कुबेरनाथ राय : 'ब्रह्मराक्षस : अर्थबीज और विस्तार' (लेख), मुक्तिबोध (सं॰ विश्वनाथ प्रसाद तिवारी), पृ. 130

फ्रस्ट्रेटेड रहता है, मानसिक रूप से उद्विग्न रहता है, अनेक प्रकार के अंतर्विरोधों से ग्रस्त रहता है, उलझाव और जटिलताओं को जन्म देता है। मुक्ति प्राप्ति का माध्यम केवल ज्ञान-क्षेत्र के संघर्ष को समझ लेना उसे छदम्-संघर्षों में उलझा देता है और वह लगातार निःसंग होता चला जाता है। ज्ञान-संघर्ष में जब-जब वह सत्य से परिचित होता है, तब-तब सत्य की कटुता (शोषण का यथार्थ) उसे उद्विग्न तो करती है किंतु उसकी वर्गबद्धता उसे कुछ नहीं करने देती और वह शोषक और शोषित के बीच अपनी पक्षधरता को स्पष्ट नहीं कर पाता।

अपने इन्हीं वर्गीय संस्कारों की 'पाप-छाया' को 'स्वच्छ करने, दूर करने के लिए' वह बावड़ी में दिन-रात स्नान करता रहता है, देह घिसता रहता है। इस छद्म संघर्ष में उसकी संवेदना भी स्याह और भोंथरी हो जाती है क्योंकि मूलतः अवैज्ञानिक होती है। हर दर्शन, हर दार्शनिक के मतों के अध्ययन-क्रम में वह एक साथ पुराणों और मिथकों के इतिहास संदर्भों से नए व्याख्या-सूत्र लेता हुआ मार्क्स, एंगेल्स, रसेल, टाएन्बी, हीडेग्गर, स्पेंग्लर सार्त्र और गांधी आदि की परस्पर विरोधी विचारधाराओं की स्वयंदत्त व्याख्या करता है, और उलझा रहता है। दूसरी ओर अपनी वर्गबद्धता के कारण ही उसका अव्यवस्थित ज्ञान उसे घनघोर दंभी बना देता है। सूर्य, चंद्र, नभ जैसी विराट शक्तियों को भी स्वयं से निम्न और हीन मानकर चलता है। प्रकाश का प्रतीकार्थ ज्ञान लगाएं तो कह सकते हैं कि जिन विभूतियों ने उसे ज्ञान प्रदान किया वह उन्हें भी स्वयं से निम्न समझता है। उसका वह व्यक्तिवाद ही उसे छद्म और अस्थायी उत्साह से संचरित करता रहता है। वह लगातार इतिहास की अपनी नई (मौलिक) व्याख्या करने की फ़िराक में रहता है। मार्क्स ने अपने 'फ़ायरबाख़ पर निबंध' में इस प्रकार के बुद्धिजीवियों का फ़ायरबाख़ के बहाने अत्यंत संगत विश्लेषण प्रस्तुत किया है। उन्होंने लिखा है–

– "फ़ायरबाख़ ऐन्द्रीय वस्तुओं को विचार-वस्तुओं से वास्तव में विभेदित रूप में चाहते हैं, पर वह स्वयं मानव-क्रिया को वस्तुनिष्ठ क्रिया के रूप में नहीं देखते।"[1]

– "व्यवहार में मनुष्य को अपने चिंतन की सत्यता, अर्थात यथार्थता और शक्ति, उसकी इह-पक्षता को प्रमाणित करना पड़ता है। व्यवहार से पृथक रूप में चिंतन की यथार्थता या अयथार्थता संबंधी विवाद कोरा वितंडावादी प्रश्न है।"[2]

---

1. कार्ल मार्क्स-फ्रेडरिक एंगेल्स : संकलित रचनाएं, भाग-1, पृ. 31
2. वही, पृ. 34

"परिस्थितियों को मनुष्य ही बदलते हैं और शिक्षक को स्वयं शिक्षा की आवश्यकता होती है।"[1]

– "फ़ायरबाख़ अमूर्त चिंतन से संतोष न प्राप्त कर ऐन्द्रीय मनन की शरण लेते हैं, पर वह ऐन्द्रीयता को व्यावहारिक, मानवीय, ऐन्द्रीय क्रिया के रूप में नहीं विचारते।"[2]

– "सामाजिक जीवन मूलतः व्यावहारिक है। सारे रहस्य जो सिद्धांत को रहस्यवाद के ग़लत रास्ते पर भटका देते हैं, मानव व्यवहार में और इस व्यवहार के संज्ञान में अपना बुद्धिसम्मत समाधान पा जाते हैं।"[3]

'ब्रह्मराक्षस' की स्थिति भी यही है, वह कभी मानवक्रिया को वस्तुनिष्ठ क्रिया के रूप में नहीं समझ पाता, अपने अर्मूत चिंतन से संतुष्ट नहीं हो पाता, यह सही है, पर उसे कभी व्यावहारिक धरातल से स्पर्श नहीं करा पाता। अपने चिंतन के वितंडा से स्वयं उलझा रहता है, दूसरों को उलझाता है। सिद्धांतों को रहस्यवाद के ग़लत रास्ते पर भटका देता है और अपने संज्ञान के बल पर विश्व की अपनी व्याख्याओं को बुद्धिसम्मत समाधान भी देता रहता है। "सामाजिक जीवन मूलतः व्यावहारिक होता है" इसे नहीं अपना पाता। मार्क्स ने अपने उक्त निबंध में ही आगे लिखा है कि "दार्शनिकों ने विभिन्न विधियों से विश्व की व्याख्या ही की है, लेकिन प्रश्न विश्व को बदलने का है"[4] और 'ब्रह्मराक्षस' इस विवेक-निष्कर्ष पर नहीं पहुंच पाता, पहुंच भी जाता है तो वर्गीय संस्कारों के कारण व्यवहार में नहीं ला पाता।

'ब्रह्मराक्षस' के स्नान का आशय प्रकटतः उसके द्वारा प्राचीन इतिहास और सभी दार्शनिकों के सिद्धांतों का नया व्याख्यान करना है। और बावड़ी से आशय उसकी निःसंगता के उस घेरे से है, जिससे वह कभी निकल नहीं पाता। बावड़ी के आसपास का इलाका बुद्धिजीवी का प्रभावी क्षेत्र है, जो निश्चित रूप से खंडहर के सीमा-क्षेत्र में ही है, शहर से बाहर यानी समाज के गतिमय हिस्सों से कटा हुआ।

बावड़ी का इलाका (उसका प्रभावी क्षेत्र) भी उसके उलझावों का शिकार है। 'डालें खूब उलझी' हुई हैं। कुछ लोग 'ब्रह्मराक्षस' रूपी बौद्धिक के तर्कों-मतों को सुनकर कन्फ्यूज़ हो गए हैं, 'औदुम्बर' की तरह मौन खड़े हैं, कुछ 'घुघ्घू'

---

1. कार्ल मार्क्स-फ्रेडरिक एंगेल्स : संकलित रचनाएं, भाग-1, पृ. 34
2. वही, पृ. 35
3. वही, पृ. 35
4. वही, पृ. 36

(समाज-विरोधी अवसरवादी लोग) भी उसके पास आ बसे हैं, वे शायद उसका अपने हित में उपयोग करना चाहते हैं। 'श्वेत पुष्प-तारों वाली टगर' और 'महकते लाल फलों के झौंर' के रूप में कुछ संभ्रांत, निरीह ज्ञान-पिपासु भी उसके प्रभावी जगत में आ गए हैं। कवितागत कर्ता भी उस वातावरण से 'विगत-शत पुण्य का आभास' पाकर और 'अनजानी कोई बीती हुई श्रेष्ठता' समझकर उस प्रभावी क्षेत्र में आ जाता है। लेकिन एक 'गहन संदेह' से ग्रस्त रहता है और बराबर 'खटका' खाए रहता है। बावड़ी के पास की ही एक 'कन्हेर' जो कर्ता की मानसिकता के अधिक निकट है और 'ब्रह्मराक्षस' के पास पहले से होने के कारण जिसने 'ब्रह्मराक्षस' के ज्ञान-संघर्ष को, मुक्ति की छटपटाहट को, अपनी आंखों से देखा है और इस तरह उसके छद्म और वास्तव को जान गई है, कर्ता को बावड़ी की ओर 'ख़तरा' बताकर संकेत करती है। यहां यह मान लिया जाना चाहिए कि 'कन्हेर' ब्रह्मराक्षस के प्रभावी क्षेत्र में होते हुए भी उसके प्रभाव से यत्किंचित मुक्त है, तभी वह कर्ता को आगाह करते हुए उसे जानने को प्रेरित करती है। कविता का कर्ता 'ब्रह्मराक्षस' के आत्म-संघर्ष को देखता है।

बारहवां बंद : कर्ता बावड़ी की 'गरजती गूंजती आंदोलित' गहराइयों से उठ रही ध्वनियां सुन रहा है और पाता है कि– "उद्‌भ्रांत शब्दों के नए आवर्त में / हर शब्द निज प्रतिशब्द को भी काटता / वह रूप अपने बिंब से भी जूझ / विकृताकार कृति / है बन रहा / ध्वनि लड़ रही अपनी प्रतिध्वनि से यहां।" बावड़ी से उठने वाली सारी ध्वनियां, सारे शब्द अर्थात सारे वक्तव्य, सारी समझ, अंतर्विरोधों से ग्रस्त हैं। 'ब्रह्मराक्षस' के मुंह से निकलने वाले शब्द अपनी एकता में निश्चित अर्थ नहीं बना पा रहे बल्कि एक दूसरे के विपरीत जा बैठते हैं। 'ब्रह्मराक्षस' के अंदर अद्‌भुत ढंग के विरुद्धों का सामंजस्य है।

तेरहवां बंद : बावड़ी के आसपास के 'टगर-पुष्प', 'करौंदी के सुकोमल फूल' और 'प्राचीन औदुम्बर' यानी वे सभी नए-पुराने लोग जो 'ब्रह्मराक्षस' के प्रभावी क्षेत्र में हैं, वे अंतर्विरोधी ध्वनियां सुन रहे हैं। कर्ता भी 'पागल प्रतीकों में कही जाती हुई वही ट्रेजिडी सुनता है जो बावड़ी में अड़ गयी' है।

'ब्रह्मराक्षस' की ओर आया हुआ कर्ता अब 'ब्रह्मराक्षस' की सारी स्थितियां समझ गया है। 'कन्हेर' ने कर्ता को एक 'ख़तरे' से परिचित कराने के लिए बुलाया था, इंगित किया था, कर्ता समझ गया है कि वह 'ख़तरा' एक 'ट्रेजिडी' भर है जो बावड़ी में अटक गई है।

कर्ता द्वारा 'ब्रह्मराक्षस' की स्थिति को समझ लिया जाना कर्ता के वर्ग-चेतस होने का परिचय देता है। यदि ऐसा नहीं होता तो वह भी 'ब्रह्मराक्षस' के उलझावों

में उलझ जाता और बावड़ी के भयानक और उदासीन वातावरण का हिस्सा बनकर उसकी भयावहता को और घनीभूत करता। कहना न होगा कि 'ब्रह्मराक्षस' जहां अपने मुक्ति प्रयत्न में केवल चेतस है और संघर्षरत है वहां कर्ता वर्ग-चेतस भी है और इसी कारण 'ब्रह्मराक्षस' की ट्रेजिडी समझ पाता है, उसकी समस्त आत्मगत स्थितियों को अनुभूत कर लेता है।

कवितागत बावड़ी की फ़ैंटैसी काफ़ी हद तक अपने अर्थ दे चुकी है। बावड़ी और उसका पूरा परिकर अपने प्रतीकार्थों को भी स्पष्ट कर चुका है और कर्ता के समान ही पाठक के पास भी अब 'मध्यवर्गीय बुद्धिजीवी का मुक्ति प्रयत्न में आत्मसंघर्ष' का एक कथ्य, अपनी समग्रता में है।

बावड़ी के प्रतीक-रूपक को मुक्तिबोध ने उसकी स्पष्टता की हद तक इस्तेमाल किया और यहां उसे समाप्त कर वे कथ्य को एक नया मोड़ देते हैं। कविता अब इसी कथ्य को लेकर नई फ़ैंटैसी से प्रारंभ होती है। देखा जाय तो अब तक की कविता-स्थिति में इतना विकास हुआ कि कर्ता वस्तुपक्ष (ब्रह्मराक्षस) से एक संबंध स्थापित कर, उसके विषय में अपने निष्कर्षों तक पहुंच चुका है, अतः कविता की अगली भूमि भी अब कर्तागत समझ है, न कि वस्तु-यथार्थ के वे सारे वस्तु-प्रतीक जिन्होंने कर्ता में यह परिचय-समझ विकसित करने में सहायता की थी।

कर्ता वाचक को 'बावड़ी की ट्रेजिडी' और-और सोचने को बाध्य करती है। वह अब एक नई फ़ैंटैसी के माध्यम से उपलब्ध कथ्य पर अपनी समझ रखना चाहता है, अपने तरीके से उसे व्याख्यायित करना चाहता है। कहना चाहिए कि अब वह 'ब्रह्मराक्षस' का सही तरह से मूल्यांकन करना चाहता है। कविता अपनी इस नई अपेक्षा के कारण दूसरा रूप ग्रहण करती है और 'ट्रेजिडी' के अंधकार-पक्ष से सूत्रित होती हुई आगे बढ़ती है।

कविता की नई शुरुआत का पहला बंद : नए वस्तु-यथार्थ का वर्णन– 'एक खूब ऊंचा सांवला ज़ीना' है, उस ज़ीने में 'अंधेरी सीढ़ियां' हैं 'एक आभ्यंतर निराले लोक की'। उन सीढ़ियों पर (कोई) एक चढ़ता और उतरता है, उतरता और चढ़ता है। इस क्रम में उसके 'पैरों में मोच' आती है और 'छाती पर अनेकों घाव' हो जाते हैं। कर्ता इस क्रम पर टिप्पणी करता है– "बुरे अच्छे बीच के संघर्ष / से भी उग्रतर / अच्छे व उससे अधिक अच्छे बीच का संगर / गहन किंचित सफलता / अति भव्य असफलता !!" ज़ाहिरा तौर पर आभ्यंतर लोक में उतरने-चढ़ने वाले प्रयास ब्रह्मराक्षसीय प्रयास हैं। चढ़ना-उतरना, पुनः चढ़ना-लुढ़कना उसकी नियति बन गया है। आभ्यंतर लोक, संभ्रमों (इल्यूज़ंस) का लोक है, जिसमें 'ब्रह्मराक्षस' का उतरना-चढ़ना उसके

व्यर्थत्व की ओर इंगित करता है। किंतु 'ब्रह्मराक्षस' का चढ़ना-उतरना सिसिफ़स के चढ़ने-उतरने के व्यर्थत्व की तरह नहीं है।

सिसिफ़स यूनानी दंतकथाओं का नायक है जिसका उल्लेख आधुनिक यूरोपीय साहित्य में आधुनिक मानव के व्यर्थता-बोध को प्रतीकायित करने के लिए बार-बार किया जाता रहा है। सिसिफ़स की कहानी यह है कि उसने एक बार मृत्यु को बंदी बना लिया और इस अपराध में उसे यह दंड मिला- वह एक चट्टान को ठेलकर पर्वत के शिखर तक ले जाय, वहां पहुंचकर चट्टान अपने आप लुढ़क जाय और वह पुनः चट्टान को शिखर तक ले जाय और अनंत समय तक यही क्रम चलता रहे। 'ब्रह्मराक्षस' के चढ़ने-उतरने का क्रम सिसिफ़स जैसा इसीलिए नहीं है कि वह सदैव असफलताओं का शिकार नहीं रहता, 'किंचित गहन सफलता' भी उसे मिलती है, हालांकि 'असफलता अतिभव्य' होती है।

दूसरे, 'ब्रह्मराक्षस' यदि चढ़ता-उतरता है तो किसी दंड के कारण नहीं बल्कि अपनी चेतना के कारण, अपनी मुक्ति की कामना में संघर्ष करते हुए। इस आत्मसंघर्ष में जो किंचित सफलता उसे मिलती है उसका कारण यही है कि वह अपने किए पर चेतस रहता है, किंतु वर्ग-चेतस न होने के कारण असफलताएं ही अधिक हाथ लगती हैं। इस सबके बावजूद वह पूर्ण मुक्ति की खोज के उस संघर्ष में लगा ही रहता है।

कर्ता 'ब्रह्मराक्षस' के पूर्णताकामी मन के इस आत्मसंघर्ष पर अपनी अगली टिप्पणी करता है- "अतिरेकवादी पूर्णता की ये व्यथाएं बहुत प्यारी हैं"- ये व्यथाएं प्यारी इसीलिए हैं कि उनके पीछे उपलब्धि हेतु प्रयास हैं। कर्ता 'ब्रह्मराक्षस' की इस स्थिति पर पर्याप्त हमदर्दी रखता है।

कर्ता की इन टिप्पणियों में कवि की संवेदनाएं अधिकाधिक मुखरित हो रही हैं।

कर्ता की टिप्पणी जारी है, वह कहता है- "ज्यामितिक संगति गणित / की दृष्टि के कृत / भव्य नैतिक मान. . ./ अतिरेकवादी पूर्णता की तुष्टि करना / कब रहा आसान / मानवी अंतर्कथाएं बहुत प्यारी हैं।" कर्ता जानता है कि वह अतिरेकवादी पूर्णता (आब्सोल्यूट परफ़ेक्टनेस), जिसे ब्रह्मराक्षस प्राप्त करना चाहता है, वस्तुतः एक पैटी-बुर्जुआ भ्रम ही है, उसे उपलब्ध करना असंभवप्राय है, क्योंकि वस्तुतः वैसी कोई पूर्णता होती ही नहीं, भ्रम-मात्र होती है। फिर भी 'ब्रह्मराक्षस' उसके लिए प्रयत्नशील है और कर्ता को यह 'मानवी अंतर्कथा' 'बहुत प्यारी' लगती है। कहना चाहिए कि कर्ता 'ब्रह्मराक्षस' के प्रति अधिकाधिक मानवीय प्रतिक्रियाएं, संवेदनाएं रखता है।

दूसरा बंद : 'ब्रह्मराक्षस' के प्रयत्नों का क्रम जारी है, और रवि-चन्द्र भी उसी तरह निकलते रहते हैं जैसे कि सदा निकलते हैं। लेकिन यह दौर ब्रह्मराक्षस के उत्साह का दौर नहीं है, फ्रस्टेशन का दौर है, तभी तो रवि यदि निकलता है तो दीवारों पर लाल रुधिर-सरिता प्रवाहित कर देता है। पहले सूर्य की एक किरण भी यदि दीवार से टकराती थी तो ब्रह्मराक्षस 'नमस्ते' समझता था। (फ्रस्टेशन के इस दौर में कहीं आशा और जीवन भी बना रहता है, तभी रात को जब 'चन्द्र उदित होता है' है तो 'व्रण पर पट्टियां बांध' देता है। पहले चांदनी यदि आती थी तो 'ब्रह्मराक्षस' समझता था कि चांदनी ने उसे ज्ञान-गुरु मान लिया, अब वही चांदनी श्वेत धौली पट्टियां बनकर उसके फ्रस्टेशन-घावों पर बंधती है।) लेकिन अब कोई भी उपचार क्यों न किया जाय, 'ब्रह्मराक्षस' का फ्रस्टेशन उसका स्थायी भाव बन चुका है, जो रह-रह कर उसे घेरे रहता है। उस नभ के तारे, जिस नभ के बारे में 'ब्रह्मराक्षस' सोचता था कि उसने भी विनत होकर उसकी श्रेष्ठता मान ली है, आज उसके उद्विग्न भालों पर फैले हुए हैं– और कर्ता घोषणा करता है कि– "अनगिन दशमलव से / दशमलव बिंदुओं के सर्वत: / पसरे हुए गणित-मैदान में / मारा गया / वह काम आया / और वह पसरा पड़ा है. . ./ वक्ष-बाहें खुली फैली / एक शोधक की।' मुक्तिकाम आत्मसंघर्ष में 'ब्रह्मराक्षस' की मौत का आशय उसके मुक्ति-प्रयत्नों का समाप्त हो जाना है। एक 'शोधक' मारा गया, एक बुद्धिजीवी मारा गया इसकी "वक्ष बाहें खुली फैली" हैं अर्थात अपनी मौत के समय भी उसकी अदम्य आकांक्षा मुक्ति की ही थी।

तीसरा बंद : किसी भी मौत के बाद, मृतक के गुणों का आकलन किया जाता है, पुनर्मूल्यांकन किया जाता है, कर्ता का कहना है कि वह "व्यक्तित्व कोमल स्फटिक प्रासाद सा" था। प्रकारांतर से यह नई फ़ैंटैसी के पहले बंद की व्याख्या भी है। 'प्रासाद में ज़ीना व ज़ीने में अकेली सीढ़ियां' थीं, वाकई उन पर चढ़ना बहुत मुश्किल था। कहने का आशय यह है कि वह व्यक्ति अपनी वर्गीय सीमाओं में अकेला था और अकेले ही जूझ रहा था। कर्ता प्रासाद की सीढ़ियों की व्याख्या भी प्रस्तुत करता है– वे सीढ़ियां "भाव-संगत, तर्क-संगत और कार्य-सामंजस्य-योजित समीकरणों के गणित की सीढ़ियां" थीं। वह कितना भाव-संगत, तर्क-संगत होकर कार्य-सामंजस्य-योजित हो सका, हम उसी पर छोड़ दें, पर यह सच है कि वह इन तीनों को उपलब्ध करने के लिए "सब पंडितों, सब चिंतकों के पास वह गुरु प्राप्त करने के लिए भटका !!" विडंबना यही रही कि नहीं कर सका। भाव-संगत हुआ तो तर्क-संगत नहीं हुआ, और तर्क-संगत होकर कुछ सफलता प्राप्त भी कर ली तो इन दोनों को कार्य-सामंजस्य से योजित नहीं कर सका।

'अंधेरे में' कविता का वाचक-नायक तीन पड़ावों– स्वानुभूत आदर्श, विवेक-प्रक्रिया और क्रियागत परिणति– को पार करते हुए ही वर्गापसारण कर पाने में, वर्ग-मुक्त होने में समर्थ हो पाता है किंतु 'ब्रह्मराक्षस' के वर्ग-मुक्त न हो पाने का कारण यही है कि वह कभी भी कार्य-सामंजस्य योजित नहीं हो सका, अपने स्वानुभूत आदर्शों और विवेक-प्रक्रिया को कभी क्रियागत परिणति नहीं दे सका, यही उसकी विडंबना रही, यही उसकी ट्रेजिडी रही। लेकिन क्या कारण थे कि वह अपने आपको वर्ग-मुक्त नहीं कर पाया ? उसके आत्मगत कारण तो थे ही, एक प्रमुख कारण यह था कि–

"युग बदला व आया कीर्ति व्यवसायी"

चौथा बंद : कीर्ति व्यवसायी पूंजीवादी व्यवस्था का ही है, जिसके हर कार्य के पीछे लाभ का उद्देश्य है। हो सकता है वह आत्मसंघर्षरत व्यक्तित्व संघर्ष के दौरान ही इस कीर्ति-व्यवसायी के चक्कर में आ गया हो, जिसने 'लाभकारी कार्य में धन व धन में हृदयमन' तक को जोड़ दिया हो और इस तरह 'ब्रह्मराक्षस' का सत्य झाईं मात्र रह कर धन-अभिभूत अंतःकरण में से चिलचिलाता भर रह गया। धन-अभिभूत रहना और सत्य का पक्षधर बने रहना एक साथ संभव नहीं है। 'ब्रह्मराक्षस' काम आया। पूंजीवादी शासन के कुचक्र में उसका संघर्षमय व्यक्तित्व मारा गया। वह उसका शिकार हुआ।

पांचवां बंद : कर्ता उसकी मौत के बाद भी पुनः पुनः उसका मूल्यांकन कर रहा है– "आत्मचेतस किंतु इस / व्यक्तित्व में थी प्राणमय अनबन / विश्व चेतस बेबनाव !!" प्राणमय अनबन थी, मतलब वह जीवनोन्मुख था, एवं विश्व-घटनाओं-संबंधों के प्रति प्रकृतिगत रूप से चेतस था, किंतु आत्म-महत्ता न मिल पाने के कारण, ईगो संतुष्ट न हो पाने के कारण उसका मन विषादाकुल भी था। मध्यवर्गीय बुद्धिजीवी मन अन्य उच्चवर्गीय भौतिक सुविधाओं के अभाव में प्रसिद्धि, यश और महत्ता का घनघोर आकांक्षी होता भी है। कीर्ति-व्यवसायी ने उसकी इसी आकांक्षा का लाभ उठाया, कीर्ति दी, धन दिया, उसके हृदय-मन को धन-अभिभूत कर दिया, उसका सत्य उससे छीना और इस तरह मुक्ति से पहले, सत्य-प्राप्ति से पहले ही वह मारा गया, काम आया, मुक्ति-प्रयत्न छोड़ बैठा। कर्ता उसकी इस परिणति पर भी संवेदनशील है और कहता है कि "मेरा उसी से यदि उन दिनों मिलन होता तो उसकी व्यथा स्वयं जीकर मैं उसे उसका स्वयं का मूल्य, उसकी महत्ता बताता। व उस महत्ता का हम सरीखों के लिए उपयोग 'और उसे' उस आंतरिकता का महत्व बताता !!"

किंतु वह भीतरी आत्मसंघर्ष और बाहरी वस्तु-जगत के दो कठिन पाटों बीच पिस गया, 'ऐसी नीच ट्रेजिडी हुई।' आभ्यंतर और बाह्य के बीच वह तार्किक

सामंजस्य स्थापित नहीं कर पाया, विवेक के रंदे से निजत्व नहीं छील पाया, मध्यवर्गीय भ्रमों में भटकता रहा अत: कभी वर्ग-मुक्ति हासिल नहीं कर सका।

अंतिम सातवां बंद : कर्ता, कविता की पहली फ़ैंटैसी की ओर जाकर ही अपने कथ्य को समाप्त करता है। कर्ता को लगता है कि "बावड़ी में अब वह पागल प्रतीकों (अन्य प्रतीकों) के माध्यम से स्वयं कह रहा" है कि "वह कोठरी में किस तरह अपना गणित करता रहा और मर गया।"

कर्ता, (जैसे लंबी सांस भरता हुआ) बताता है कि "वह सघन झाड़ी के कंटीले तम विवर में / मरे पक्षी सा / विदा ही हो गया / वह ज्योति अनजानी सदा को सो गई।" कर्ता उसकी इस परिणति पर दुखी है और बार-बार सवाल करता है– "यह क्यों हुआ! क्यों यह हुआ !!" ध्यान देने की बात है कि कविता का कर्ता स्वयं मध्यवर्ग का व्यक्ति है, लेकिन वर्गचेतस है, इसीलिए वह उस नि:संग अकेले, निर्वासित एवं पैटी-बुर्जुआ भ्रमों के शिकार मध्यवर्गीय बुद्धिजीवी की परिणति को समझते हुए ज्ञानात्मक संवेदना से भर जाता है और वक्तव्य देता है कि– "मैं ब्रह्मराक्षस का सजल-उर शिष्य होना चाहता" हूं "जिससे कि उसका वह अधूरा कार्य उसकी वेदना का स्रोत, संगत, पूर्ण निष्कर्षों तलक पहुंचा सकूं।"

कर्ता वाचक ब्रह्मराक्षस की तरह ज्ञान-दंभी होकर अपनी संवेदना को स्याह नहीं करना चाहता प्रत्युत उसके श्रम, उसके ज्ञान-निष्कर्षों को मानवीय संवेदना के सहारे व्यवहार की परिणति तक ले जाना चाहता है। मार्क्स के शब्दों में वह "परिस्थितियों के परिवर्तन तथा मानव क्रियाकलाप का संपतन करने के लिए विचार और तर्क-बुद्धि को क्रांतिकारी व्यवहार तक ले जाना"[1] चाहता है।

इसमें शक नहीं कि कर्ता कविता में कवि का प्रतिनिधित्व करता है। मुक्तिबोध ने इसी संवेदनात्मक ज्ञान पर आधारित 'ब्रह्मराक्षस का शिष्य' नामक कहानी लिखी है। कविता के उत्तरार्द्ध को उस कहानी के संदर्भ में और अच्छी तरह समझा जा सकता है।

'ब्रह्मराक्षस' कविता को लेकर मुक्तिबोध के समालोचक एकमत नहीं हैं। प्रस्तुत है इस कविता की समीक्षा की समीक्षा।

डा० जनक शर्मा ने 'ब्रह्मराक्षस' को सीधे कवि से जोड़ दिया है और बहुत सरलीकृत करते हुए कहा है– "वास्तव में 'ब्रह्मराक्षस' स्वयं मुक्तिबोध के व्यक्तित्व का प्रतीक है। उसकी व्यथा मुक्तिबोध के जीवन की व्यथा-कथा

---

1. कार्ल मार्क्स-फ्रेडरिक एंगेल्स : संकलित रचनाएं, भाग-1, पृ. 34

है, जिसमें सफलता के नाम पर एक भव्य असफलता है।"[1]

कविताओं की व्याख्या करने की यह सरलतम पद्धति है, जिसमें कविता के वाचक-नायक को स्वयं कवि मान लिया जाता है। अनेक वर्ष से पाठ्यक्रम पद्धति हमें इसी प्रकार से व्याख्या करना सिखाती रही है, जिसमें हर दूसरे वाक्य के बाद कहा जाता है– 'कवि का कहना है' या 'कवि कहता है'। ऐसी व्याख्याएं करते समय हम भूल जाते हैं कि कवि का वैविध्यमय बाह्य जीवन-जगत से भी कुछ लेना-देना है। वह जिन पात्र-चरित्रों को समाज में देखता है, उन्हें अपनी कविता में उतारने का अधिकारी है या नहीं? हर बार कवि के मन्तव्य को व्यक्तिगत रंग देना समीक्षा का धर्म नहीं है। मुक्तिबोध को जीवन में भव्य असफलता मिली, यह एक सतही और अनुभववादी टिप्पणी है। डा० जनक शर्मा ने कविता को युगीन स्थिति सापेक्षता में नहीं देखा।

कुछ अन्य आलोचकों में एक ऐसा वर्ग है जो इस कविता की मात्र मनोवैज्ञानिक व्याख्या करता है। यह सही है कि मुक्तिबोध ने मनोविश्लेषण को समीक्षा के लिए आवश्यक माना था किंतु एकांगी मनोविश्लेषण को नहीं। उन्होंने मनोविश्लेषण के साथ समाजशास्त्रीय और सौंदर्यशास्त्रीय मूल्य भी आवश्यक माने थे। कुबेरनाथ राय, डा० नरेन्द्र देव वर्मा और डा० सुरेन्द्र प्रताप ने 'ब्रह्मराक्षस' कविता की समीक्षा इसकी मनोवैज्ञानिक व्याख्या करते हुए की है।

कुबेरनाथ राय ने माना है कि 'ब्रह्मराक्षस' मानवीय इतिहास की एक दुर्दमनीय प्रवृत्ति 'अन्वीक्षा' का प्रतीकीकरण है।[2] 'बावड़ी और कुछ नहीं' निरंतर वर्तमान 'समूह मन' या 'इतिहास मन' ही है।[3] अन्वीक्षा की व्याख्या करते हुए उन्होंने लिखा है– "यह 'अन्वीक्षा' अक्सर अकाल मृत्यु या उपेक्षा मृत्यु भोगती है। यह इतिहास का व्यंग्य है और जिस प्रकार दमित वासना दमित होकर भी मृत नहीं होती, बल्कि व्यक्ति के अवचेतन एवं अचेतन की गहराइयों में जाकर स्थित हो जाती है, एक गड्डमड्ड 'केऑस' के अंदर जीती रहती है और मौक़ा पाकर स्वप्न, काव्य, कला या ऐबनॉर्मल आदतें या अति की अवस्था में पागलपन बन कर व्यक्त होती है, वैसे ही यह दमित 'अन्वीक्षा' (या कोई भी दमित समूह-वासना) भी ऊपरी तौर पर मृत होने पर भी संपूर्णतः मृत नहीं

1. डा० जनक शर्मा : गजानन माधव मुक्तिबोध : व्यक्तित्व एवं कृतित्व, पृ. 214
2. कुबेरनाथ राय : 'ब्रह्मराक्षस : अर्थबीज और विस्तार' (लेख), मुक्तिबोध (सं० विश्वनाथ प्रसाद तिवारी), पृ. 131
3. वही, पृ. 132

होती, बल्कि अपने अस्तित्व का प्रेत में रूपान्तर करके इतिहास-मन या जाति के समूह-मन की गहरी अवचेतन स्थिति में बंद हो जाती है। यह बात अन्वीक्षा ही नहीं वरन् प्रत्येक जातीय प्रवृत्ति के लिए सत्य है।"[1]

कार्ल युग के मनोविज्ञान से प्रभावित होकर कुबेरनाथ राय ने 'ब्रह्मराक्षस' को अन्वीक्षा और बावड़ी को समूह-मन मान लिया है। उन्होंने 'ब्रह्मराक्षस' के चरित्र की व्याख्या तो ढंग से की है किंतु उसके कार्य-सामंजस्य योजन न कर पाने वाले वर्तमान द्वंद्व की ओर ध्यान नहीं दिया। समूह-मन के अवचेतन अथवा अचेतन की आदिम संवेदनाओं से जोड़ते हुए उसे एक आधिभौतिक सत्ता माना है।

मुक्तिबोध ने भी मनोविज्ञान को स्वीकार किया है। किंतु फ्रायड, एडलर और युंग के धरातलों पर नहीं, बल्कि मार्क्सवादी विश्लेषण के आधार पर। उनके अनुसार वर्तमान व्यक्ति के मन का स्वरूप समूह के आदिम अचेतन से नहीं बनता, बल्कि वर्ग-विभक्त समाज के अंतर्विरोधों से बनता है। उन्होंने लिखा है– "वर्ग-विभाजित समाज में व्यक्ति का मन भी विभाजित होता है, चाहे वह इसे स्वीकार करे चाहे न करे। मन के इस विभाजन के रूप अनेक होते हैं। वे प्रच्छन्न भी रह सकते हैं, अप्रच्छन भी।"[2]

ज़ाहिर है कुबेरनाथ राय वर्ग-विभक्त समाज के विभाजित मन के स्थान पर मनोविज्ञान की बुर्जुआ व्याख्याओं को मानते हैं। समूह-मन या इतिहास-मन की व्याख्या के लिए जो उदाहरण उन्होंने दिया है वह उनकी विचारधारा और विश्व समझ का परिचायक है। उन्होंने लिखा है– "चीन की वर्तमान महत्वाकांक्षा के पीछे चंगेज़ ख़ां की दुर्दमनीय विश्व-विजय-लालसा है, कुबला खां की साम्राज्य-लिप्सा है। और चीनी इतिहासमन यह चीनी समूहमन बदलने वाली चीज़ नहीं– समाजवाद या साम्यवाद चाहे जो कुछ वहां पर आवे जातीय अवचेतन में गड़ी हुई साम्राज्य-लिप्सा का प्रेत चीन के मन को सदैव अस्वस्थ किए रहेगा। इससे छुटकारा नहीं।"[3]

पूरे चीन की मनोवृत्ति को चंगेज़ ख़ां या कुबला ख़ां की साम्राज्य-लिप्सा से जोड़ देना कौन-सा इतिहासबोध है? चीन के प्रति उनके मन में बैठी हुई घृणा ही उनसे इस कोटि का सरलीकरण करा रही है। कुबेरनाथ राय को इससे

1. कुबेरनाथ राय : 'ब्रह्मराक्षस : अर्थबीज और विस्तार' (लेख), मुक्तिबोध (सं० विश्वनाथ प्रसाद तिवारी), पृ. 131
2. मुक्तिबोध रचनावली-4, पृ. 20
3. कुबेरनाथ राय : 'ब्रह्मराक्षस : अर्थबीज और विस्तार' (लेख), मुक्तिबोध (सं० विश्वनाथ प्रसाद तिवारी), पृ. 131-132

कोई फ़र्क़ नहीं पड़ता कि वहां समाजवाद आए या साम्यवाद, पूंजीवाद हो या सामंतवाद, उनका तो सारा निर्णय चंगेज़ ख़ांओं और कुबला ख़ांओं की व्यक्तिगत लिप्साओं से जुड़ा हुआ है। इस समझ को रखते हुए भला वे मुक्तिबोध की कविता के साथ न्याय कैसे कर सकते हैं? चीन का उदाहरण वे संभवतः नहीं देते यदि उनकी नज़र मुक्तिबोध की इस टिप्पणी पर गई होती– "भारत में रूस तथा चीन के प्रति जो सहानुभूति बढ़ रही है, और ब्रिटेन तथा अमरीका के प्रति जो हमदर्दी घट रही है– उसे देखकर इस कांग्रेस (कल्चरल फ्रीडम कांग्रेस) के छक्के छूट जाते हैं।"[1]

किसी कविता की व्याख्या के लिए कविता की रचना-प्रक्रिया जानना ज़रूरी है, और रचना-प्रक्रिया जानने के लिए कवि की चेतना-प्रक्रिया जानना आवश्यक है– यह बात हम अनेक बार दोहरा चुके हैं। यहां पुनः कहने का औचित्य यही है कि युग, समाज और साहित्य के बारे में मुक्तिबोध के विचारों को जाने बिना उनकी कविता की समीक्षा करना उनके प्रति अन्याय है।

कुबेरनाथ राय ने इतना तो स्वीकार किया है कि "इसकी एक से ज़्यादा व्याख्याएं निकाली जा सकती हैं।[2] निश्चय ही दूसरी व्याख्याएं अधिक संगत और तर्कसम्मत हैं।

डा॰ नरेन्द्र देव वर्मा समूह-मन या इतिहास-मन की बात तो नहीं करते किंतु इस कविता का कथ्य-क्षेत्र कवि का मन घोषित करते हैं– "इस सुदीर्घ रचना में वे स्वयं अपने मन की गहराइयों में गोता लगाते हैं। 'शहर का खण्डहर' नागरी सभ्यता के आघातों से त्रस्त-ग्रस्त कवि की देह है और 'परित्यक्त सूनी बावड़ी' उसकी चेतना है।"[3] खण्डहर को कवि की देह और बावड़ी को उसकी चेतना मानना रीतिकालीन समीक्षा-पद्धति का परिचायक है। वहां रीतिबद्ध और रीतिसिद्ध कवि शरीर और आत्मा के रूपक से काव्यशास्त्रीय लक्षण गिनाते रहे हैं। डा॰ वर्मा की आलोचना में इतनी प्रगति अवश्य हुई कि उन्होंने आत्मा के स्थान पर चेतना शब्द का प्रयोग किया।

डा॰ सुरेन्द्र प्रताप ने 'ब्रह्मराक्षस' कविता की समीक्षा 'मन की मनोवैज्ञानिक व्याख्या' शीर्षक के अंतर्गत की है। वे भी अन्य समीक्षकों की भांति ब्रह्मराक्षस के सामाजिक पक्ष को अनदेखा कर गए। उनका यह कथन तो काफ़ी हद तक सही है कि "ब्रह्मराक्षस को कवि ने अपना वैयक्तिक विज़न देकर उसे व्यक्ति

---

1. मुक्तिबोध रचनावली-4, पृ. 28
2. कुबेरनाथ राय : 'ब्रह्मराक्षस : अर्थबीज और विस्तार' (लेख), मुक्तिबोध (सं॰ विश्वनाथ प्रसाद तिवारी), पृ. 136
3. डा॰ नरेन्द्र देव वर्मा : मुक्तिबोध का काव्य, पृ. 32

और समष्टि दोनों की ट्रेजिडी का प्रतीक बना दिया है।"[1] किंतु आगे चलकर वे भी उसी प्रकार का अनुभववादी निष्कर्षण करने लगते हैं, कहते हैं– "कवि की आस्था है कि अधूरा कार्य अंतत: बुद्धिजीवी ही कर सकता है। 'ब्रह्मराक्षस' मनुष्य का आदर्श रूप है। कवि विज़न करता है। उसका विश्वास है। इसलिए वह ब्रह्मराक्षस को चुनता है, अपना अधूरा कार्य करने, उसे एक परिणति तक ले जाने, पहुंचाने के लिए।"[2] कविता में कवि (या वाचक-नायक) ब्रह्मराक्षस को इसलिए नहीं चुनता कि उसे अपने अधूरे कार्य पूरे करने हैं बल्कि उसके छोड़े गए अधूरे कार्यों को पूरा करना है। पूरा करने का तात्पर्य यह कि उसके बिखरे हुए अतार्किक असंगत कार्य को 'तर्क-संगत पूर्ण-निष्कर्षों' तक पहुंचाना है। 'ब्रह्मराक्षस' मनुष्य का आदर्श उसकी पूर्णता में नहीं है। 'ब्रह्मराक्षस' यदि आदर्श हो सकता है तो मात्र उस श्रम के लिए जो उसने ज्ञानार्जन हेतु किया। उसके अर्जित ज्ञान की 'सजल उर व्यावहारिक परिणति' करना कवि का उद्देश्य है। कार्य अधूरा उसका नहीं है, कार्य अधूरा है उन मध्यवर्गीय बुद्धिजीवियों का जो जीवन भर लगे रहते हैं किंतु मुक्ति का मार्ग नहीं खोज पाते। निष्कर्षण की यह चूक प्रायः समालोचकों से हुई है।

अंत में चंचल चौहान का समर्थन करते हुए हम उन्हीं के शब्दों में कहना चाहेंगे कि 'ब्रह्मराक्षस' कलाकार, विचारक, कवि या बुद्धिजीवी का वह पक्ष है जो निःसंग निष्क्रिय रहकर सिर्फ समाज के रोगों की छानबीन तो करता रहा, आक्रोश दिखाता रहा, किंतु क्रिया (एक्शन) में 'पश्चातपद' रहा है।[3] कहना न होगा कि 'ब्रह्मराक्षस' मध्यवर्गीय बुद्धिजीवी की सीमाओं और शक्तियों की प्रतीक-गाथा है।

---

1. डा० सुरेन्द्र प्रताप : मुक्तिबोध : विचारक, कवि और कथाकार, पृ. 73
2. वही, पृ. 77
3. चंचल चौहान : मुक्तिबोध : प्रतिबद्ध कला के प्रतीक, पृ.69

अन्तःकरण का आयतन

'अन्तःकरण का आयतन'[1] कविता में मुक्तिबोध की मार्क्सवादी समझ और आस्था की एक स्पष्ट पहचान है। यह कविता मुक्तिबोध के उन आलोचकों के लिए एक ज़रूरी कविता है, जो उनके काव्य में रहस्यवाद, उलझाव, अनेकार्थकता, व्यक्ति के अंतर्मुखी तनाव, अस्तित्ववाद या अतियथार्थवाद ढूंढ़ते रहे हैं।

कविता फ़ैंटैसीगत है और जैसा कि अब तक हमने मुक्तिबोध की फ़ैंटैसी में पाया, वह अनेकार्थक नहीं होती। संवेदनात्मक उद्देश्यों और भावधारा, ज्ञानधारा और संवेदना के द्वंद्वात्मक संबंधों से निकली हुई उनकी फ़ैंटैसी भाववादी शिल्प होते हुए यथार्थवादी कथ्य की वाहिका रही है।

इस कविता में जाने से पहले संयोग से हमारे पास मुक्तिबोध-लिखित ऐसा निबंध है, जो हमारी उपरोक्त धारणा को अक्षरशः सत्य सिद्ध करता है। फ़ैंटैसी की अर्थ-प्रक्रिया में इस निबंध के कारण भ्रम की संभावनाएं नहीं हैं। यह निबंध 'रचनावली-5' में 'अन्तरात्मा और पक्षधरता' शीर्षक से संकलित है। यों यह 'नयी कविता का आत्मसंघर्ष तथा अन्य निबंध' पुस्तक में पहले ही प्रकाशित हो चुका है।

'अन्तःकरण का आयतन' कविता उपरोक्त निबंध का पद्यानुवाद है। दोनों साहित्य-रूपों में उन्होंने आत्मा की पक्षधरता का सवाल उठाया है। निबंध में वे कहते हैं– "हम सब एक प्रवृत्ति हैं, धारा हैं– भावधारा, विचारधारा, जीवनधारा और हम सब उसी धारा के अंग हैं। और हम इस धारा के पक्षधर हैं। और हम बिना इस पक्षधरता के अपने आपको अपूर्ण, मूल्यहीन और निरर्थक पाते हैं। क्या हमारी यह पक्षधरता ग़लत है ? पक्षधर होने की हमारी यह खुली प्रवृत्ति ग़लत है ? अपनी अंतरात्मा का, और अपनी जैसी अनगिनत अन्तरात्माओं का, पक्षधर होना ग़लत है ? जवाब साफ़ है। नहीं, बिलकुल नहीं। हम अपनी अन्तरात्मा की और अपनी जैसी अन्य अन्तरात्माओं की पक्षधरता और मज़बूत बनाएंगे। इस धारा को दृढ़ करेंगे, विस्तृत करेंगे। और अगर विपक्षी हमारी इस धारा पर हंसते हैं, धिक्कारते हैं, चिड़चिड़ाते हैं तो उन्हें हंसने दो या खीझने दो, क्योंकि वे वे हैं, हम हम हैं।"[2]

---

1. मुक्तिबोध : चांद का मुंह टेढ़ा है, पृ. 173-184
2. मुक्तिबोध रचनावली-5, पृ. 251

पक्षधरता के कारण ही 'अन्तःकरण का आयतन' विस्तृत और विराट है, किंतु यह विस्तार और विराटत्व उन विपक्षियों के लिए नहीं है जो इस धारा पर हंसते हैं, धिक्कारते हैं, चिड़चिड़ाते हैं या खीझते हैं। इसी संदर्भ में कविता का प्रारंभ एक निषेधात्मक आत्मस्वीकारोक्ति के साथ होता है–

अन्तःकरण का आयतन संक्षिप्त है,
आत्मीयता के योग्य
मैं सचमुच नहीं।

इस आत्मस्वीकार के अतिरिक्त पूरी कविता अंतःकरण के आयतन के बहुत विस्तृत होने की सूचना देने वाली कविता है।

इन प्रथम पंक्तियों के ज़रिए मुक्तिबोध ने मानो उन सभी विपक्षियों से व्यंग्य में क्षमा मांगी है, जो उनकी भावधारा और उनकी विश्व-दृष्टि के पक्षधर नहीं हैं।

अगली पंक्तियां 'अंतःकरण के आयतन' के विस्तार की सीमाएं बताती हैं।

पर क्या करूं,
यह छांह मेरी सर्वगामी है।
हवाओं में अकेली सांवली बेचैन उड़ती है
कि श्यामल-अंचला के हाथ में
तब लाल कोमल फूल होता है,
चमकता है अंधेरे में
प्रदीपित द्वन्द्वचेतस एक
सत्-चित्-वेदना का फूल

उपरोक्त कुल मिलाकर ग्यारह पंक्तियां, कविता का पहला बंद हैं। इन पंक्तियों में स्पष्ट है कि कविता का कर्ता वाचक-नायक 'मैं' है और वस्तुपक्ष में उसकी छांह है जो न केवल सर्वगामी है, बल्कि इस 'मैं' से निरपेक्ष रहकर हवाओं में अकेली सांवली बेचैन होकर उड़ती है। इस श्यामल-अंचला के हाथ में लाल सुकोमल फूल, सत्-चित्-वेदना का यह फूल द्वंद्वचेतना से प्रदीपित होने के कारण अंधेरे में चमकता है।

कविता की फ़ैंटैसी पहले बंद में ही स्पष्ट है। इसमें आए हुए प्रतीक मुक्तिबोध की अन्य कविताओं में प्रयुक्त होने के कारण हमारे चिरपरिचित हैं। द्वंद्वचेतना और सत्-चित्-वेदना का 'लाल फूल' द्वंद्वात्मक भौतिकवाद और ऐतिहासिक भौतिकवाद की मार्क्सवादी अवधारणाओं का प्रतीक है। कर्ता की सर्वगामी 'छांह' यह विचारधारा ही है। यह 'छांह' विचारधारा के प्रति उसकी पक्षधरता को भी प्रतीकायित करती है। इस संदर्भ में मुक्तिबोध का निम्नलिखित

कथन उल्लेखनीय है– "मेरी जैसी अन्तरात्मा वालों की, मेरी जैसी प्रवृत्ति वालों की एक परम्परा है। वह परम्परा-प्रक्रिया मेरे प्यारे देश में ही नहीं, अनगिनत देशों में है। मैं उस परम्परा-क्रिया का अंग हूं, और अपनी परम्परा को ढूंढ़ता भी फिरता हूं। किन्तु हर समस्या का एक न एक समाधान है– चाहे अधूरा ही क्यों न सही। इसलिए, मैं अपने आस-पास के लोगों, अपने मित्रों, आत्मसंबंधियों और अपने सहयोगियों तथा परिचितों में उसे ढूंढ़ने लगता हूं। और उनसे बहस छिड़ जाती है, या चर्चा हो जाती है, और बहुत बार धरित्री अपने रत्न उगल देती है। और मैं अपने प्रभाव में भी अत्यन्त सम्पन्न अनुभव करने लगता हूं। किन्तु देश-विदेश में हो रहे प्रयत्नों की संभावना की उपेक्षा मैं नहीं कर पाता। 'अंतःकरण का आयतन संक्षिप्त है' नामक मेरी एक कविता में मेरी इसी प्रवृत्ति का चित्रण है। मेरे अपने लेखे, उसमें एक लिरिसिज़्म है, एक यथार्थ-प्रवण रूमानी किस्म की कल्पनाशीलता है, एक आवेश है, और अंत में आत्मालोचन है।"[1]

मुक्तिबोध का उपरोक्त कथन इस कविता को समझने की मूल कुंजी है। अपनी परंपरा प्रक्रिया (मार्क्सवाद) द्वारा अपने देश में ही नहीं, दूसरे देशों में भी समस्याओं का समाधान हो रहा है। उन प्रयत्नों की अपेक्षित संभावनाओं की जांच-परख के लिए मुक्तिबोध की छाया यत्र-तत्र जाती है। उन संभावनाओं को तीव्रतर करने की प्रक्रिया सत्-चित्-वेदना उत्पन्न करती है और द्वंद्वचेतना विकास का मर्म बताती है।

आज समूचा विश्व दो विरोधी ख़ेमों में बंटा हुआ है। वे हैं– पूंजीवाद और समाजवाद, बुर्जुआ विचारधारा और जनवादी विचारधारा, शोषक और शोषित वर्ग का द्वंद्व सत्-चित्-वेदना का मूल है। विश्व स्तर पर चलने वाले इस द्वंद्व की समझ मुक्तिबोध की काव्य-चेतना की एक निजी पहचान है।

कविता का अगला बंद मुक्तिबोध की 'अंधेरे में' कविता के प्रथम खंडों का सार है। वाचक की 'छांह' 'अंधेरे में' के, रक्तालोकस्नात पुरुष के समान न जाने कहां-कहां जाकर न जाने किन द्वारों को खटखटाती है। किन्तु 'ज़ंग खाई जमी हुई जबरन सिटकनियों के कारण'[2] इंकार वाले द्वार नहीं खुलते। यहां भी रक्तालोकस्नात पुरुष के समान 'छांह' का द्वार खटखटाना अकारथ नहीं जाता। दरवाज़ा न खोलने वाले सोते हुए लोगों के गूढ़ सपनों में परस्पर विरोधों का उरविदारक शोर होने लगता है। जो परेशानी 'अंधेरे में' का वाचक-नायक आरम्भ में भोग रहा था यहां इस कविता में वह 'उरविदारक' परेशानी

1. मुक्तिबोध रचनावली-5, पृ. 253-254
2. मुक्तिबोध : चांद का मुंह टेढ़ा है, पृ. 223

इस कविता के वाचक-नायक की 'छांह' के कारण पैदा हो रही है। सोते हुए लोगों के साथ सिर्फ़ इतना ही नहीं होता, बल्कि उरविदारक शोर में अनिवार्य से भवितव्य के विचित्र प्रतीक गुंथने लगते हैं। नीलाकाश नीचे, और नीचे उतरता आता है और इतना नीचे उतर आता है कि सोते हुए लोगों का शीश नीलाभ छत से टकरा जाता है। सिर से खून निकलने लगता है और चेहरा भीषण रक्तधाराओं से भर जाता है। दूसरा बंद समाप्त।

'छांह' का दरवाज़ा मात्र खटखटा देना, सोते हुए लोगों को इतना भारी पड़ेगा, यह अनुमान तो उन्हें स्वयं नहीं रहा होगा। 'छांह' का मात्र खटखटाना, खटखटाना मात्र नहीं है। उसके पीछे वृहत्तर प्रयोजन हैं। वे प्रयोजन ही 'छांह' की सर्वगामी यात्राओं का कारण हैं। 'अन्तरात्मा और पक्षधरता' लेख में मुक्तिबोध ने स्पष्ट किया है– "मेरे जीवन ने इस जगत में अब तक जो यात्रा की है वह प्रयोजनहीन नहीं की है।. . .वे प्रयोजन क्या हैं? घर में, परिवार में, समाज में, मनुष्य को मानवोचित जीवन प्राप्त हो। आर्थिक तुला के आधार पर, घर में, परिवार में, समाज में, मनुष्य के मूल्य को न आंका जाये। मनुष्य अपनी और अपने परिवार की अस्तित्व-रक्षा के आर्थिक-भौतिक संघर्ष और तत्संबंधी चिन्ताओं से छूटकर, निर्माण और सृजन के कार्य में लगकर समाज की उन्नति और प्रगति में योग दे, तथा उसको अपने निजत्व के विकास के अवसर प्राप्त हों– सबको समान रूप से। आर्थिक उत्पीड़न ओर शोषणमूलक यह जो भयानक पूंजीवादी समाज-व्यवस्था है, वह हमेशा के लिए समाप्त हो। और उत्पादन तथा श्रम के समस्त माध्यमों तथा साधनों पर पूरे समाज का अधिकार हो, किसी को भी किसी का व्यक्ति-स्वातंत्र्य ख़रीदने का अधिकार नहीं हो, न बेचने का। व्यक्ति-स्वातंत्र्य समाजवाद और जनतंत्र के समन्वय में बाधक हो, या इन दोनों में से किसी एक का भी उत्सर्ग करने के लिए उत्सुक हो, उस व्यक्ति-स्वातंत्र्य को पूरा समाज सार्वजनिक रूप से निन्दित और तिरस्कृत करे।"[1]

कर्ता की 'छांह' ने दरवाज़ा खटखटाने के ज़रिए ये प्रयोजन बताए भर थे, कि तीसरे बंद में सोते हुए लोग जाग गए।

डा० लल्लन राय ने इस कविता की फ़ैंटैसी की विशद व्याख्या की है। सोते हुए लोगों के विषय में उन्होंने लिखा है– "दरवाज़ा बंद कर सोने वाले, वर्गीय विषमता से ग्रस्त समाज के प्रतीक हैं। उनके गूढ़ स्वप्न परस्पर विरोधी आशा-आकांक्षाओं के प्रतीकाभास हैं, जिन्हें कवि की वाचक छाया 'परस्पर विरोधों के उरविदारक शोर' के रूप में सुनती है तथा कुछ 'अनिवार्य भवितव्य' का अनुभव करती है। यह अनिवार्य भवितत्व वस्तुत: वर्ग-संघर्ष की अनिवार्यता

---

1. मुक्तिबोध रचनावली-5, पृ. 255

है, जिसका दबाव एक दायित्व के रूप में कवि को आक्रान्त करता है।"[1] चंचल चौहान इस छाया को सर्वहारा वर्ग की छाया मानते हैं।[2] वस्तुतः यह छाया सर्वहारा वर्ग की प्रतीक नहीं है बल्कि सर्वहारा वर्ग की समर्थक विचारधारा की प्रतीक है। सर्वहारा के समर्थन की बात सुनकर सोते हुए लोगों का गूढ़ सपनों से जाग जाना स्वाभाविक है। वे गहन चिंताक्रांत होकर सोचने लगते हैं–

कि बेबीलोन सचमुच नष्ट होगा क्या?
प्रतिष्ठित राज्य संस्कृति के प्रभावी दृश्य
सुन्दर सभ्यता के तुंग स्वर्ण कलश
सब आदर्श
उनके भाष्यकर्ता ज्ञानवान् महर्षि
ज्योतिविद्, गणितशास्त्री, विचारक, कवि
सभी वे याद आते हैं।

बेबीलोन यहां प्रतीक है– आर्थिक उत्पीड़न और शोषणमूलक पूंजीवादी समाज–व्यवस्था का। बेबीलोन यद्यपि प्राचीन मध्यकालीन राज्य–दरबारों की सामंती संस्कृति और राभ्यता का बिंब हमारे सामने रखता है किंतु उसका प्रतीकार्थ सामंतवादी व्यवस्था न होकर वर्तमान पूंजीवादी व्यवस्था है।

'भूल–ग़लती' शीर्षक कविता का पूरा परिवेश सामंती था लेकिन वहां भी वह रूपक के रूप में प्रयुक्त हुआ था। बेबीलोन के माध्यम से रूपक आगे बढ़ता है। बेबीलोन की राज्य–संस्कृति, उसके तुंग स्वर्ण–कलश, उनके आदर्शों के भाष्यकर्ता महर्षि, ज्योतिर्विद, गणितशास्त्री, विचारक और कवि सभी उन सद्यः जागे हुए लोगों को याद आते हैं। फ़ैंटैसी के माध्यम से मुक्तिबोध ने वर्तमान जीवन–तथ्यों और उसके प्रश्नों को सुदूर अतीत में प्रक्षेपित कर वर्तमान से एक आकर्षक दूरी पैदा की है।[3] यह आकर्षक दूरी इसीलिए है कि फ़ैंटैसी यहां रूपक–धर्म का निर्वाह कर रही है। आदर्शों के भाष्यकर्ता बाह्य ढांचे के जगमगाते दार्शनिक, चिंतक और विचारक हैं। प्रतापी सूर्य के समान वे सब प्रखर जाज्वल्यमान लगते थे किंतु यह क्या हुआ कि उनमें (फ़ैंटैसी की सहायता से) विकराल स्याह धब्बे नज़र आने लगे। सद्यः जागे हुए लोग देखने लगे हैं कि सूर्य के उन धब्बों के अंधेरे विवरतल में गिद्धों के दल के दल उभर कर पृथ्वी पर झपट रहे हैं। सद्यः जागे हुए लोगों को भय है कि यह गिद्ध अपनी नुकीली चोंच से उनकी आंखें और दृष्टियां खाएंगे। इस आशंका से उनके मन में ग्लानि,

1. डा॰ लल्लन राय : मुक्तिबोध का साहित्य–विवेक और उनकी कविता, पृ. 258
2. चंचल चौहान : मुक्तिबोध : प्रतिबद्ध कला के प्रतीक, पृ. 60
3. डा॰ लल्लन राय : मुक्तिबोध का साहित्य–विवेक और उनकी कविता, पृ. 259

गहन विरक्ति और मितली के बुरे चक्कर आने लगते हैं। उन्हें भयानक क्षोभ होता है और लगता है जैसे पीली धूल का गुबार या म्युनिसिपल काग़ज़ों का गंदा कचरा उनके सामने फैल गया हो। कहां बेबीलोन के चमकते हुए विचारक-गण, कहां म्युनिसिपल काग़ज़ों का गंदा कचरा। यह फ़ैंटैसी शिल्प का ही कमाल है कि उसने आठ-दस पंक्तियों में ही ये दिक्काल दूरियां नाप लीं।

हमारे देश में पूंजीवाद का आगमन यूरोप और अमेरिका के समान नहीं हुआ। वहां पूंजीवाद सामंती मूल्य-व्यवस्थाओं को समाप्त करके प्रकट हुआ था। हमारे यहां ब्रिटिश साम्राज्यवाद की कृपा से पूंजीवाद सामंतवादी तत्वों-मूल्यों से हाथ मिला कर आगे बढ़ा।

सामंतवाद-पूंजीवाद ने आदर्श रूप में जो विचारक, दार्शनिक, चिंतक और कवि स्थापित किए, वे वर्तमान वर्ग-विभक्त समाज के सामान्य जन को सूर्य जैसे प्रदीप्त नज़र आते रहे, किंतु कोई 'छांह' जब आकर मिली और उसने अपने प्रयोजनों की सांकल खटखटाई तो इन स्थापित सूर्यों की पतनशीलता के रूप में काले-काले धब्बे दिखाई देने लगे। दर्शन, कला और संस्कृति गिद्धवत् नज़र आने लगे और लगने लगा कि उनके स्वार्थों की नुकीली चोंच जनतांत्रिक मूल्य-दृष्टि की आंखें ही खाना चाहती है। सामान्य सद्यः जागृत जन को ये पूंजीवाद के प्रति घृणा की 'मितली' आने का संदर्भ मुक्तिबोध की एक अन्य कविता में भी है, जिसका शीर्षक ही 'पूंजीवादी समाज के प्रति' है–

> तेरी रेशमी वह शब्द-संस्कृति अन्ध
> देती क्रोध मुझको खूब जलता क्रोध
> तेरे रक्त में भी सत्य का अवरोध
> तेरे रक्त से भी घृणा आती तीव्र
> तुझको देख मितली उमड़ आती शीघ्र
> तेरे हास में भी रोग-कृमि हैं उग्र
> तेरा नाश तुझ पर क्रुद्ध, तुझ पर व्यग्र
> . . .तू है मरण, तू है रिक्त, तू है व्यर्थ
> तेरा ध्वंस केवल एक तेरा अर्थ।[1]

कर्ता की 'छांह' का धर्म किसी एक जगह रुकना नहीं है। वर्तमान सभ्यता, व्यवस्था, संस्कृति के बुनियादी प्रश्न उठाकर वह आगे बढ़ जाती है। अब वह उन लोगों को पार कर भूरे पहाड़ों पर पहुंच गई है तथा अचानक स्तब्ध खड़ी है। पहाड़ों की ऊंचाई से वह अपने गहन चिंतनशील नेत्रों से मैदानी प्रसारों

---

1. मुक्तिबोध रचनावली-1, पृ. 90

पर क्रमागत तिर रहे, विदारक क्षोभमय संतप्त जीवन-दृश्य देख रही है। जिधर भी वह दृष्टि डालती है संवेदन-रुधिर-रेखा-रंगी तस्वीरें तिर आती हैं। गगन में, भूमि पर, सर्वत्र यदि तड़प कर मरते हुए बिंब दिखाई देते हैं तो दूसरी ओर जग उठते हुए द्युति-बिंब भी दिखते हैं। मरते हुए प्रतिबिंबों और जग उठते हुए द्युतिबिंबों के परस्पर द्वंद्व संबंधों में जगत का बदलता हुआ चेहरा दिखाई देता है।

मार्क्सवादी अवधारणाओं के अनुसार द्वंद्व अनिवार्य हैं। उनका क्षेत्र और धरातल भिन्न होता है। परिस्थितियों की द्वंद्व-प्रक्रिया के अंतर्गत जगत का चेहरा बदलता है। निषेध का निषेध यदि न हो तो विकास रुक जाए। मुक्तिबोध लिखते हैं– "द्वंद्व एक वास्तविकता है।. . .कोई द्वंद्व हो– परिस्थिति से ही द्वंद्व क्यों न हो– उसमें पड़ने से (उसमें पड़ना ही पड़ता है) मनुष्य की यथार्थ चेतना बढ़ती ही हैं, यथार्थ का अधिकाधिक ज्ञान उसे होता जाता है।"[1]

भूरे पहाड़ों पर बैठी हुई कर्ता की छांह मैदानी और पठारी दृश्यों के परिस्थितिजन्य दृश्य देख रही है और इस माध्यम से मनुष्य की बढ़ती हुई यथार्थ चेतना से साक्षात्कार करती है। स्वयं को भी वह यथार्थ के अधिकाधिक ज्ञान से संपन्न कर रही है।

चौथा बंद : सर्वगामी क्षमता संपन्न विश्व भ्रमण के उद्देश्य से निकली हुई छांह सागर-तरंगों पर भागती हुई, दिशाओं को पार करती हुई, कभी तेज़ कभी हल्के पांव नाना देश-दृश्यों में अनजाने प्रियतरों का मौन चरण-स्पर्श और वक्ष-स्पर्श करते हुए, मुग्ध है। प्रियतरों के घरों में घूमती है, लैंप लगाती है और उनकी लौ बड़ी करती है। इतना ही नहीं, लैंप की रोशनी में अपने प्रियतरों के उजलते मुख निहारती है और मधुर एकांत पाकर किन्हीं संवेदनात्मक ज्ञान अनुभव के अपने ताज़े फूल– पारिजात प्रदान करती है। अचानक मुग्ध आलिंगनबद्ध हो जाती है। मनोहर बातें छिड़ती हैं, चर्चाएं छिड़ती हैं, वाद-विवाद होते हैं। अपने संवेदनात्मक ज्ञान अनुभव देने के बाद वह उनके अनुभवात्मक ज्ञान संवेदन की समूची चेतना की आग पीती है। संभाव्य मित्रों की खोज में कर्ता की छांह जो जीवन-यात्रा कर रही है, वह निरर्थक नहीं जाती। पृथ्वी के हर छोर, हर नगर, हर घर में उसे प्रियतर चेहरे मिलते हैं। अपनी विचार-ज्योति से वह प्रियतरों का विचार लैंप जलाती है, अपना मन बताती है और उनका मन टटोलती है।

'पता नहीं' शीर्षक कविता में यही कथ्य मुख्य है–

तब बैठ एक
गम्भीर वृक्ष के तले

---

1. मुक्तिबोध रचनावली-5, पृ. 252-253

टटोलो मन जिससे जिस छोर मिले,
कर अपने-अपने तप्त अनुभवों की तुलना
घुलना-मिलना !![1]

उजलते हुए चेहरे और आलिंगनबद्ध करने का प्रसंग 'पता नहीं' कविता में भी है–

मुख है कि मात्र आंखें है वे आलोक भरी,
जो सतत तुम्हारी थाह लिये होतीं गहरी,
इतनी गहरी
कि तुम्हारी थाहों में अजीब हलचल,
मानो अनजाने रत्नों की
अनपहचानी सी चोरी में
धर लिए गये,
निज में बसने, कस लिए गये।[2]

प्रियतरों को पाकर कर्ता की छांह अपने संवेदनात्मक ज्ञान-अनुभव देती है और उनके अनुभवात्मक ज्ञान-संवेदन लेती है। आदान-प्रदान का यह क्रम महत्वपूर्ण है। बातें सदैव संवेदनाओं से शुरू होती हैं और तब ज्ञान पर आती हैं। कर्ता की छांह 'सजल-उर' है। वह चरण-स्पर्श करने में नहीं चूकती, वक्ष-स्पर्श पाकर मुग्ध होती है। वह अपनी ज्ञान-प्रक्रिया के लिए सजग है, सचेत है। इस प्रवृत्ति के वस्तुगत कारण बताते हुए मुक्तिबोध लिखते हैं– "मनुष्य की बुद्धि इतनी कम है, यथार्थ का प्रसार इतना विस्तृत और उलझाव भरा है, कि केवल मेरी ज्ञान-प्रक्रिया में सीमित रहने से– मैं उसका सर्वाश्लेषी आकलन नहीं कर सकता। इसीलिए मैं चाहता हूं ज्ञान-परम्परा, भाव-परम्परा और उसको धारण करने वाला यह जो जगत है, वह। मैं उसे चाहने लगता हूं।"[3]

समाज में प्रिय और प्रियतम शब्द तो प्रचलित हैं किंतु प्रियतर का प्रयोग 'जगत को चाहने लगने' की प्रक्रिया में जन्मा है। अनजाने कामरेड्स को 'प्रियतम' तो नहीं कहा जा सकता, और हृदय के स्नेहावेग के कारण 'प्रिय' शब्द कम लगता है। इसीलिए 'प्रियतर' संबोधन उक्त मानसिकता के लिए अत्यंत उपयुक्त है।

चर्चा– वाद और विवाद (मनोहर बात) के विषय क्या रहते हैं? कहने की आवश्यकता नहीं, कि वे विषय मानव सभ्यता की समस्या से जुड़े हैं।

---

1. मुक्तिबोध : चांद का मुंह टेढ़ा है, पृ. 4
2. वही, पृ. 5
3. मुक्तिबोध रचनावली-5, पृ. 253

मानव जगत की स्थितियों के आकलन से जुड़े हैं। द्वंद्व स्थितियों में जगत के बदलते चेहरे से जुड़े हैं। संक्षेप में कहें तो ऐतिहासिक भौतिकवाद और द्वंद्वात्मक भौतिकवाद की व्यावहारिक व्याख्याओं से जुड़े हैं। जगत के बदलते चेहरे और उसकी द्वंद्व स्थिति पर मुक्तिबोध की टिप्पणी द्रष्टव्य है– "इस द्वंद्व स्थिति से छुटकारा नहीं। अंतर केवल यह है कि मनुष्य ने मानव-परिस्थिति पर अब तक जो-जो और जितनी-जितनी विजय पायी है, उसके उच्चतम स्तर पर चल रही वह द्वंद्व स्थिति है। आदिम कबीलों वाली सभ्यता के द्वंद्व से, दास-सभ्यता वाले द्वंद्व से, सामन्ती सभ्यता में चल रहे द्वंद्व से, पूंजीवादी औद्योगिक स्थिति में चल रहा द्वंद्व जिस सभ्यता-स्तर का द्वंद्व है, वह सभ्यता-स्तर पूर्वतर सभ्यता स्तरों से अधिक विकसित इस अर्थ में है कि मनुष्य ने अपनी परिस्थितियों पर पूर्वतर सभ्यता वाले स्तर के मनुष्य की अपेक्षा अधिक विजय पायी है।"[1]

'धरती के विकासी द्वंद्व क्रम' पर चर्चा हो रही है, उसका मनोहर दृश्य 'पता नहीं' कविता के समान यहां भी उपस्थित है– "गहन आत्मीय सघनच्छाय भव्याशय अंधेरे वृक्ष के नीचे सुगन्धित अकेलेपन में नीलतम दो चन्द्र रेखाएं स्वयं की चेतनाओं को मिला रही हैं।" अपने निष्कर्षों का ऐक्य देखकर तथा अनुभूत सत्यों की तुलना करके चमत्कृत हैं, क्योंकि अंधेरे और उजाले के भयानक द्वंद्व के विषय में उनके निष्कर्ष एक जैसे हैं। भयानक द्वंद्वों से गहन उलझाव भरे नक्शे बनते हैं और विश्व सभ्यता की समस्याओं की भयंकर बातें मुंह से निकलने लगती हैं। इस वार्तालाप के दौरान मानो तिमिर में समय झर रहा है और समय के गिर रहे एक-एक कण में समस्या की चिनगियों का दल निकलने लगता है।

इस कविता के विषय में मुक्तिबोध ने स्वयं लिखा है कि "उसमें एक लिरिसिज़्म है, एक यथार्थ-प्रवण रूमानी किस्म की कल्पनाशीलता है, एक आवेग है।"[2] कविता में आगे यथार्थ-प्रवण रूमानी किस्म की कल्पनाशीलता का आवेग शब्दांतरित हो रहा है–

कि मेरी छांह
अपनी बांह फैलाती
व अपने प्रियतरों के ऊष्मश्वस् व्यक्तित्व
की दुर्दान्त
उन्मद, बिजलियों में वह
अनेकों बिजलियों से खेल जाती है,

---

1. मुक्तिबोध रचनावली-5, पृ. 256
2. वही, पृ. 254

व उनके नेत्रों को दीखते परिदृश्य में
वह मुग्ध होकर फैल जाती है,
जगत सन्दर्भ, अपने स्वयं के सर्वत्र फैलाती।
अपने प्रियतरों के स्वप्न, उनके विचारों की वेदना जी कर,
व्यथित अंगार बनती है,
हिलग कर, सौ लगावों से भरी,
मृदु झांइयों की थरथरी
वह और अगले स्वप्न का विस्तार बनती है।

द्वंद्व चेतना संपन्न कर्ता की छांह अब स्वप्नों का विस्तार करती है। खदानों-खेत की मेड़ों, शहरों के कल-कारखानों, घरों की दीवारों और आंगनों तक उसके स्वप्नों का विस्तार है। इन सब जगह जाकर वह सीखती-सिखाती है, जांचती-परखती है, बहस करती है। किसी हृदय में सुलगती है, तो कहीं बोझ ढोती है, ज़मीनें साफ़ करती है, कहीं फटे कपड़े सीती है तो कहीं दिल रफ़ू करती है। किन्हीं प्राणों के आंचलों पर वह स्वयं की आत्मा की फूल-पत्ती के नमूनों का कसीदा काढ़ती है।

उपरोक्त फ़ैंटैसी में मुक्तिबोध ने अपने संवेदनात्मक ज्ञान का कल्पनागत आदर्शीकरण किया है। विभिन्न बिंबों और जीवन-दृश्यों में आत्मा के आयतन का विस्तार झलकता है। मुक्तिबोध संवेदना के आदर्शीकरण को अनुचित नहीं मानते, उसके साथ यह आवश्यक मानते हैं कि आदर्शीकरण के समय लेखक, कवि वस्तुस्थिति से अपने जुड़ाव को धुंधला न कर दे।[1]

कविता की उपरोक्त फ़ैंटैसी की कल्पनाशीलता छायावादी कल्पनावृत्ति से नितांत भिन्न है। दिल रफ़ू करने वाला बिंब मन में कहीं गहरे तक छू जाता है। "जिसे छायावाद करुणा और आंसू कहता है, वह मन को गीला नहीं करता।"[2] उसके विपरीत इस कविता की उपरोक्त फ़ैंटैसी में 'मन की गीली हलचल' है। मुक्तिबोध ने लिखा है- "अपने युग की विवेक-चेतना को मूर्तिमान करने का यह कार्य जितना गम्भीर और कठिन है, उतना ही प्रेरणाप्रद है, क्योंकि उससे तो हम अपने ही जीवन के मूल उत्सों के अमृतरस का पान करेंगे और अपनी सृजनशील अनुभूति और कल्पना द्वारा उस जीवन की साहित्यिक कलात्मक पुनर्रचना करेंगे, जो जीवन अपने सारे आलोक में हमें इतना प्रिय है।"[3]

मुक्तिबोध की फ़ैंटैसी जीवन की साहित्यिक कलात्मक पुनर्रचना है,

---

1. मुक्तिबोध रचनावली-4, पृ. 36
2. वही, पृ. 26
3. मुक्तिबोध : नयी कविता का आत्मसंघर्ष तथा अन्य निबंध, पृ. 21

इसी कारण काव्य-प्रक्रिया को वे एक सांस्कृतिक प्रक्रिया मानते हैं।

पांचवां बंद : इस प्रकार कर्ता की छांह अजाने रास्तों पर यूं ही रोज़ भटकती रहती है। कभी किसी श्यामल उदासी के कपोलों पर अटक जाती है। कभी अंधेरे में, कभी उजाले में, कभी नीले कुहरे में, कभी शीत-पाले में वह खड्डों-खाइयों, घाटियों-पहाड़ों पर किसी को बाहों में भरती है, किसी को चूमती है, किसी को लिपटाती है और इस तरह हृदय में विश्वचेतस अग्नि देती है। इस विश्वचेतस अग्नि से प्रियतरों की समूची आत्मासंविद्, ऊष्म-श्वस गहराइयों से आग उठने लगती है। कर्ता की छांह हर जगह क्रांति का संदेश लेकर जाती है और प्रत्युत्तर में वहां भी क्रांति की आग पाती है। देखते-देखते हर जगह उसे अपने कामरेड्स की एक पूरी जमात दिखती है।

छठा बंद : कामरेड्स के अस्तित्व परिचय से प्रारंभ होता है–

मैं देखता क्या हूं कि–
पृथ्वी के प्रसारों पर
जहां भी स्नेह या संगर,
वहां पर एक मेरी छटपटाहट है,
वहां है ज़ोर गहरा एक मेरा भी,
सतत मेरी उपस्थिति, नित्य सन्निधि है।
एक मेरा भी वहां प्राण-प्रतिनिधि है
अनुज, अग्रज, मित्र
कोई आत्म छाया चित्र!!

कर्ता की छाया की भ्रमण-यात्राओं से कर्ता को भान होता है कि उसका आत्म-विस्तार कहां तक फैला हुआ है। उसे महसूस होता है कि धरती के विकासी द्वंद्व-क्रम में उसके छटपटाते वक्ष की भी एक निश्चित भूमिका है। जहां भी स्नेहाश्लेष या संगर है, वहां उसका भी एक पक्ष है और निःसंदेह है।

पूर्वकथित लेख में मुक्तिबोध का इतना ही स्पष्ट कथन गद्य में भी है– "मैं अपनी अन्तरात्मा का पक्षधर हूं और अपने जैसे अन्यों की अन्तरात्माओं का भी पक्षधर हूं। इसलिए, आप-ही-आप, मेरे अनजाने मेरा अपना एक शिविर बन जाता है, चाहे मैं उसे शिविर कहूं या न कहूं, भले ही मैं उस शिविर के सदस्यों के भौतिक अस्तित्व से अपरिचित रहूं। इसलिए मैं यह लेकर चलता हूं कि मेरे जैसे न मालूम कितने ही लोग हैं, जो मित्र हैं, सम्भाव्य मित्र हैं। मैं उन्हें नहीं जानता, शायद उन सबको जानना सम्भव नहीं है।"[1]

1. मुक्तिबोध रचनावली-5, पृ. 252

सबको न जानने के बावजूद जो स्नेह उनके प्रति है, वह विचारधारा साम्य का स्नेह है। यही कारण है कि दूरस्थ रहने वाले वे अनुज-अग्रज-मित्र आत्म-छाया-चित्र जैसे लगते हैं। उनमें भी हमारे कर्ता के समान धरती के विकासी द्वंद्व-क्रम का मर्म छटपटा रहा है।

सातवें बंद में आकर कर्ता की छांह वाला कथ्य तिरोहित हो जाता है और फ़ैंटैसी नए सिरे से प्रारंभ होती है। कर्ता की छांह शायद सब जगह घूमघाम कर कर्ता के पास लौट आई है और उसके अनुभव संवेदनों को प्राप्त करके कर्ता अपनी नज़र से वस्तु-यथार्थ का अवलोकन कर रहा है। हम मान सकते हैं कि छांह द्वारा अर्जित-संचित अनुभवों के प्रति यह कर्ता की प्रतिक्रियाओं का दौर है। इस समय वह जनपथ पर है और वहां से गुज़रते फूल से चेहरों की आंखों का आलोक देख रहा है। सुबह से लेकर रात तक और पुनः रात से सुबह तक वह जनपथ पर ही है, तभी तो जहां उसे अंधेरी रातें लिए हुए गुज़रती हुई टिमटिम ढिबरियां दिखाई देती हैं, वहीं आईने-सी साफ़ दुपहरी लिए हुए सुबह की गोरी जाती दिखाई देती है। हंसी-किलकारियां दिखाई देती हैं तो परेशानियों की काली परछाइयां और गंभीर श्यामल खाइयां भी दिखाई देती हैं।

> मुझ को तो समूचा दृश्य धरती की सतह से उठ,
> अनावृत अन्तरिक्षाकाश-स्थित दिखता
> नवल आकाश के प्रत्यक्ष मार्गों सेतुओं
> पर चल रहा दिखता
> व उस आकाश में से बरसते मुझ पर
> सुगन्धित रंग-निर्झर और
> छाती भींग जाती है, व आंखों में
> उसी की रंग-लौ कोमल चमकती सी।

सुगंधि और रंग-लौ की कोमल चमक के दृश्यों पर फ़ैंटैसी अचानक वज्रपात करती है और एक भयानक दुर्घटना से दृश्य बदरंग और कठोर हो जाता है। यह भयानक दुर्घटना जनपथ पर नहीं होती, बल्कि कर्ता के हृदय में होती है। हृदय में अचानक विकट हंसता हुआ एक काला स्याह चेहरा प्रकट होता है। वाचक-कर्ता इस भयानक व्यक्तित्व से परिचित है और जानता है कि वह व्यक्ति उसके मन की अंधेरी खाइयों में कार्यरत कमज़ोरियों के छल-भरे षड्यंत्र का अध्यक्ष है, केंद्रीय संचालक है। अजंता की गुफाओं जैसे किसी अज्ञात गोपन कक्ष में वह हमारे कर्ता को हमेशा कैद रखता है। आत्मालोचना के स्वरों में हमारा कर्ता कह उठता है– "क्या इसीलिए ही कर्म तक मैं लड़खड़ाता हुआ पहुंच पाता हूं ?"

डा० लल्लन राय लिखते हैं– "अन्तर्जगत की घोर दुर्घटना के रूप में प्रकट होने वाला अट्टहास करता हुआ, स्याह चेहरा अन्त:करण का अन्तर्विरोध है, जो वस्तु-जगत के बाह्य समाज के अन्तर्विरोधों का ही प्रतिबिंब है।"[1] जीवन और परिवेश की विषमताओं के कारण मध्यवर्गीय सचेतन, बुद्धिजीवी को बारंबार वर्गीय कमज़ोरियों से लड़ना पड़ता है। अपने आर्थिक आधार को मज़बूत करने के लिए व्यवसायीकरण के दबावों और प्रलोभनों से दो-चार होना पड़ता है। 'तार-सप्तक' के अपने वक्तव्य (पुनश्च) में मुक्तिबोध लिखते हैं– "अपने जीवन के आर्थिक आधार को दृढ़ और सुपुष्ट करने के लिए व्यक्ति के व्यवसायीकरण का मार्ग भी सामने आता है। मेरे लेखे यह अत्यन्त अनुचित मार्ग है और कम से कम मैं उसे कभी स्वीकार नहीं कर पाया, लेकिन वह मार्ग तो सामने आता ही है और व्यवसायीकरण-व्यापारीकरण का दबाव तो तीव्रतर होता जाता है। सच तो यह है कि व्यक्ति की सच्ची आत्मपरीक्षा, उसकी आध्यात्मिक शक्ति की परीक्षा, सबसे प्रधान समय, उस इम्तिहान का सबसे नाज़ुक दौर, यही आज का युग है। जीवन और परिवेश की विषमता की यह स्थिति आभ्यन्तर लोक में भी दु:स्थिति उत्पन्न करती है, यह एक दारुण सत्य है। मैं कहूं कि यह मेरा अपना भी सत्य है। परिणामत: स्वाधीनता के इस युग में मेरी कविता सघन बिंब-मालिकाओं में अधिकाधिक प्रकट होने लगी।"[2]

आठवें बंद की फ़ैंटैसी में आभ्यन्तर लोक की दु:स्थिति के बिंब हैं। कमज़ोरियों का अध्यक्ष काला स्याह चेहरा कविता में आत्मालोचना की प्रवृत्ति पैदा कर गया। निपीड़क आत्मचिंता से सामना करने के उद्देश्य से कर्ता अकेले में मन में गया और उसने पाया कि वह स्वयं के अंदर का एक-एक कमरा खोलकर भीतर घुस रहा है और उसे हर बार लगता है कि ये कमरे ठीक नहीं हैं। इनकी सुनसान भीतों पर जो आईने लगे हैं, उनमें स्वयं का मुख और जगत के बिंब दिखाई नहीं देते। जो दिखाई देता है वह विकृत प्रतिबिंब है, उद्भ्रांत है। कर्ता स्वयं से प्रश्न करता है– ऐसा क्यों? इन्हें साफ़ क्यों नहीं किया गया? ये कमरे खोले क्यों नहीं गए? उसे आश्चर्य है कि बेकार से इन आईनों की, जिनमें अंधेरा डूबता है, पुनर्रचना क्यों नहीं की गई।

आत्मालोचना को मुक्तिबोध आवश्यक मानते हैं– "आत्मालोचन नि:संदेह आवश्यक है। जब तक हमारे कार्य तथा अनुभव प्राप्त ज्ञान से सम्पादित आत्म-संशोधन अन्तरात्मा के प्रयोजनों को ही दृढ़ और बलवान करते हैं, तभी तक उनकी सार्थकता है। जब तक वे प्रयोजनों से प्रसूत हमारी भाव परम्परा को विकसित

1. डा० लल्लन राय : मुक्तिबोध का साहित्य-विवेक और उनकी कविता, पृ. 266
2. मुक्तिबोध : पुनश्च (वक्तव्य), तारसप्तक, पृ. 75

और सम्पन्न करते हैं, तभी तक उनका उपयोग है। यह कहना महत्वपूर्ण इसलिए है कि मनुष्य कभी-कभी अपने ही बनाए जाल में फंस जाता है, और अपनी अन्तरात्मा के प्रयोजनों के मार्ग से वह हट जाता है। ऐसे व्यक्ति का सारा अनुभवात्मक ज्ञान और दृष्टि, प्रयोजनहीन होने के कारण, केवल व्यर्थ का भार ही नहीं बन जाते, वरन उसे तरह-तरह के समझौतों के मार्ग पर आगे बढ़ाते हैं। और वे समझौते, क्रमशः उसके व्यक्तित्व को नपुंसक, और गुप्त तथा प्रकट रूप से निराशावादी या भाग्यवादी, बना देते हैं। वह अपने खुद के रास्ते से हट जाता है।"[1]

कविता का कर्ता जानता है कि समझौतों के धुंधलके के कारण ही आभ्यंतर के आईनों में जगत के बिंब दिखाई देने बंद हो जाते हैं। लेकिन उसका अंतःकरण अंतरात्मा के प्रयोजनों से हटा नहीं है। इसीलिए वह आईनों को साफ़ करने और कमरों को शुद्ध हवा के लिए खोलने को लालायित है। 'मध्य-वित्त' शीर्षक कविता में आभ्यंतर के घर, वहां के अंधकार पर जो तीन पंक्तियां हैं, वे हमें फ़ैंटैसी के इस अंश को समझने में सहायक होंगी-

> गहन आपदाओं की छायाओं का यह घर
> मानव-मुक्ति-व्यथा के आलोकों से धो लो
> किरणें आयीं, दीवालों की छाती खोलो।[2]

ज्यों ही उसकी ललक सकर्मक होकर निश्चयात्मक होती है वैसे ही (फ़ैंटैसी की मदद से) दृश्य रमणीयता की दिशा में बदलने लगता है। कर्ता को लगता है जैसे कहीं से कोई जादुई संगीत स्वर-आलाप पास आ रहा है और प्रकाश में रूपांतरित हो रहा है (फ़ैंटैसी के माध्यम से मुक्तिबोध ने अन्यत्र भी ध्वनि-बिंबों को प्रकाश-बिंबों में रूपांतरित किया है)। स्वर रश्मियों में परिणत हुआ, और रश्मियों से बन गईं किरण-वाक्यावलियां। किरण-वाक्यावलियों में सहस्रों पीढ़ियों द्वारा देखे गए विश्व के रमणीयतम स्वप्न का लेखा-जोखा है। उनमें 'मानव-मुक्ति-व्यथा का आलोक' है।

अब आईनों में अंधेरा नहीं है। विश्व के रमणीयतम स्वप्न का बिंब है। सहस्रों वर्षों की ज्ञानात्मक संवेदनात्मक उपलब्धियों के रूप में ऐतिहासिक भौतिकवाद ने साम्यवादी समाज के जो चित्र दिए हैं, उन्हीं चित्रों से यह रमणीयतम स्वप्न बना है। इस स्वप्न के साक्षात प्रकट होते ही 'यथार्थ-प्रवण रूमानी किस्म की कल्पनाशीलता' आगे बढ़ने लगती है। अब आईने में कर्ता को प्रतेजस-आनना प्रतिभामयी मुखलालिमा लिए हुए तेजस्विनी लावण्य से भरपूर कोई व्यक्तित्व

---

1. मुक्तिबोध रचनावली-5, पृ. 255
2. मुक्तिबोध रचनावली-1, पृ. 174

दिखाई देता है।

आईने में वही दिखता है जो उसके सामने होता है। जिस समय कर्ता का मन कमज़ोरियों के अध्यक्ष के दबावों के कारण अंधकारमय था, उस समय उसे आईनों में अंधेरा दिखा, और अब जबकि उसके मन में विश्व के रमणीयतम स्वप्न प्रकाशवान हैं तो आईने में तेजस्विनी प्रतिभा का दिखना स्वाभाविक है। उसके मन में कोई शमा अचानक मुसकराई, और सामने आईने में रंग-बिरंगी गहन संवेदनाओं के कई फ़ानूस झिलमिला उठे।

निराशा और आशा के इस आते-जाते क्रम में फ़ैंटैसी-दृश्य में पुन: परिवर्तन हुआ। अचानक कर्ता ने कंधे पर एक ठंडा स्पर्श महसूस किया और उसका हृदय थरथरा उठा। अब उसके सामने भयानक काला लबादा ओढ़े स्याह पर्दे से ढका चेहरा प्रत्यक्ष खड़ा है। वह सुरीले किंतु चीखते शब्दों में कहता है– मुझसे भागते क्यों हो? सुकोमल काल्पनिक तलों पर द्वंद्व का उत्तर नहीं मिलेगा। तुम्हारी स्वप्न-वीथी कुछ नहीं कर सकेगी। स्वप्नों का सत्य कैसे प्राप्त किया जाए, इस विषय में वह नवागंतुक काला लबादाधारी वक्तव्य देता है–

> बिना संहार के सर्जन असंभव है,
> समन्वय झूठ है,
> सब सूर्य फूटेंगे
> व उनके केन्द्र टूटेंगे
> उड़ेंगे खण्ड
> बिखरेंगे गहन ब्रह्माण्ड में सर्वत्र
> उनके नाश में तुम योग दो!!

काला लबादाधारी का चेहरा ढका है। अभी थोड़ी देर पहले कर्ता को स्याह चेहरे वाला कमज़ोरियों का अध्यक्ष मिला था जो अट्टहास कर रहा था। लेकिन इस व्यक्ति की आवाज़ सुरीली है, यद्यपि चीखते से शब्द हैं, लेकिन बातें इसकी सत्य हैं।

नवें बंद में कर्ता इस नवागंतुक का चेहरा देखने की अपनी उत्सुकता नहीं रोक पाता। उसके कथन सुनकर उसका हृदय स्तब्ध है, और वह जानना चाहता है कि यह कौन है जो इतना क्षुब्ध है। सहसा किसी उद्वेग के वशीभूत होकर वाचक-कर्ता उस घोर आकृति पर टूट पड़ता है। उसका आवरण उठाकर फेंक देता है, और उसको देखते ही उसका जी धक से रह जाता है, स्वयं को वह जड़ और निर्वाक पाता है।

दसवें बंद में स्पष्ट हुआ कि यह तो वही व्यक्ति है– प्रतेजस आनना, लावण्य-श्री, मित्र-स्मिता– यही तो था जिसने अंधेरे आईने में सर उठाया था

और हल्के से मुसकराकर उसका जी बहलाया था। सहस्रों पीढ़ियों ने विश्व का जो रमणीयतम स्वप्न देखा था, ये तो वही है, बिलकुल वही।

आठवें बंद की फ़ैंटैसी में यह सामने आईने में दिखा और उसी दौरान इसी व्यक्ति ने पीछे से कंधे पर हाथ रखा। यह हैरानी की बात है। जब कोई विचार मन पर प्रभाव डालता है तो वह आगे-पीछे, दाएं-बाएं किसी भी ओर से किसी भी रूप में प्रकट हो सकता है। काला लबादाधारी ने कर्ता की 'रूमानी क़िस्म की कल्पनाशीलता' तोड़ कर अधिक यथार्थ-प्रवण बनने का संकेत किया। विवेक-निष्कर्ष के बाद क्रियागत परिणतियां होनी चाहिए। पूंजीवादी सूर्य के काले धब्बों भरे केंद्र टूटेंगे। बुर्जुआ आदर्शवाद और उसके समन्वय के झूठे सिद्धांत समाप्त होंगे। लेकिन उसके नाश में कर्ता को अपना योग देना होगा। तभी तो सहस्रों पीढ़ियों द्वारा देखा गया विश्व का रमणीयतम स्वप्न–समाजवाद साकार होगा। मुक्तिबोध का यही पथ है।

समाजवादी स्वप्न के विषय में मुक्तिबोध की यह टिप्पणी महत्वपूर्ण है– "समाजवाद जनता की, जनसाधारण की मुक्ति का राजपथ है। और इसीलिए उसकी मूल आत्मा जनतांत्रिक है। कैसे जनसाधारण, वे कि जिन्होंने शोषण और उत्पीड़न की जंज़ीरों को अपने संगठित कार्यों द्वारा तोड़ दिया है। समाज उनकी आर्थिक और पारिवारिक स्थिति की सुरक्षा की गारंटी लेता है, उनके बाल-बच्चों की शिक्षा तथा चिकित्सा और जीवन-कार्य की गारंटी लेकर, उनके शारीरिक, मानसिक और चारित्रिक गुणों के उत्कर्ष के कार्य को सिद्ध करता है। और बढ़ते हुए सामूहिक उत्पादन की प्रणाली के आधार पर उनके जीवन-स्तर को क्रमशः विकसित करता जाता है। मेरे जैसे कोटिशः अकिंचनों और अरक्षित जीवन वालों की मुक्ति का रास्ता है।"[1]

काला लबादाधारी व्यक्तित्व कविता के वाचक-कर्ता को इस समाजवादी स्वप्न को लाने की प्रेरणा देता है। कर्ता समाजवादी स्वप्न में खो जाता है और उसे क्षितिज पर फसलों के महकते सुनहले फैलाव दिखने लगते हैं। आंखों में चांद की लपटें चमकने लगती हैं और हृदय से 'आम्र-तरु-मधु-मंजरी की गंध' निकलने लगती है। मंजरी का एक 'गौर झौंर' वह तोड़ लेता है। झौंर की हर बाली में से सुकोमल फूल विकसित होने लगते हैं और वे फूल तेजस्-स्मित धरती के मानवों के प्रभामय मुखों में रूपांतरित होने लगते हैं, उसी प्रकार जैसे 'अंधेरे में' कविता में फूलों का गुच्छा अचानक शिशु में रूपांतरित हो गया था। इतने सारे मुस्कुराते हुए अपने प्रियजनों और सहचरों के मानव-मुख अपने हाथ में पाकर कर्ता हैरान है। और यह कहता हुआ कि मुझे तोड़ने की बुरी

1. मुक्तिबोध रचनावली-5, पृ. 256

आदत है, वह उन मुख-पुष्पों को वापस डाल पर प्रत्यारोपित कर देता है। वे वहां पुनः मुस्कुराने लगते हैं। फ़ैंटैसी के इस कल्पना-तंत्र से निकलकर कर्ता एक स्पष्ट प्रश्नमय टिप्पणी करता है– "क्या उत्पीड़कों के वर्ग से होगी न मेरी मुक्ति?"

ग्यारहवां बंद : कर्ता की इस प्रश्नवाचक टिप्पणी से वह रमणीयतम मृदु मूर्ति व्यंग में धीमे मुस्कराती है। कर्ता स्वयं को लज्जित अनुभव करता है और आत्मालोचना में भयानक रूप से विद्रूप में घिर जाता है।

बारहवां बंद उसकी विरोधात्मक चेतना के समाहार का लेखा-जोखा है। समाजवादी स्वप्न पुनः रमणीय होकर फ़ैंटैसी में अनेक रूपों में व्यक्त होता है। उसके कान में अचानक 'नभोमय, भूमिमय, गंधमय संगीत' लहराने लगता है। मानो आकाश के नीचे खुले बेछोर क्षिप्राकूल पर कोई पुरुष उन्मुक्त गा रहा हो। कर्ता की विरोधात्मक चेतना को लेकिन उस समय 'भयानक श्वान-दल का ऊर्ध्व क्रंदन' सुनाई दे रहा है। पुरुष का उन्मुक्त गाना और श्वान-दल का क्रंदन कर्ता की अंतर्विरोधी चेतना को एक साथ सुनाई देते हैं। कर्ता आश्चर्यचकित है कि वह जिस सौंदर्य को दिन-रात खोजता फिर रहा था, वह सौंदर्य काला लबादा ओढ़कर स्वयं उसको ढूंढ़ रहा है। यानि जब दोनों एक दूसरे को ढूंढ़ रहे हैं तो विरोधात्मक चेतना अधिक देर कैसे टिक सकती है? जीवन के सारे प्रश्न कर्ता के समक्ष उद्‌घाटित हो गए हैं। उसे लगने लगा–

कि मानो रक्ततारा चमचमाता हो
कि मंगल-लोक
हमको बुलाता हो
साहसिक यात्रा-पथों पर

रक्ततारा और मंगल लोक की पुकार क्रांति के लिए सक्रिय होने का आह्वान है। कर्ता का हृदय अब संदेहग्रस्त नहीं है, बल्कि 'दृढ़ होकर धड़कता है।' वह स्वयं को व्यक्तित्वांतरित अनुभव करता है और उसे लगता है कि वह 'एक आयुध' है। रण में कूदने को तत्पर एक अस्त्रसज्जित रथ है, जिसके दोनों चक्र अग्रगति के लिए व्याकुल हैं। अपने आत्मीय व्यक्तित्व लबादाधारी से कर्ता कहता है–

यहां बैठो, विराजो,
आत्मा के मृदुल आसन पर
हृदय के, बुद्धि के ये अश्व
तुमको ले उड़ेंगे और
शैल-शिखरों की चट्‌टानों पर

बसी ठंडी हवाओं में
उसके पार
गुरु-गंभीर मेघों की चमकती लहर-पीठों पर
व उसके भी परे, आगे व ऊंचे
स्वर्ण-उल्का-क्षेत्रों में रथ
तुम्हें ले जाएगा !!

कर्ता को स्वयं पर, अपने रथ पर और रथ के सब यंत्रों पर विश्वास है कि वे सब मज़बूत हैं। वह जानता है कि लबादाधारी प्रतेजस-आनना प्रतिभामयी तेजस्वी व्यक्तित्व की विश्व भर में ज़रूरत है। शंकाओं का समाधान चाहने वाले अनेक प्रश्न-लोक हैं जिनकी बोलियां निरंतर बुला रही हैं। अपने आत्मीय व्यक्तित्व से कर्ता का आग्रह है कि वह उन बोलियों को ध्यान से सुने।

क्रांतिकारी विचार का वाहन बनना बुद्धिजीवी वर्ग की सकर्मक भूमिका है। बुद्धिजीवी वर्ग ही क्रांतिकारी शक्तियों को सही दिशा-निर्देश देता है। कविता का कर्ता जो कवि का प्रतिनिधि है, इसी वर्ग में आता है। मुक्तिबोध ने इस कविता में बुद्धिजीवी की क्रांतिकारी भूमिका को अत्यंत कलात्मक ढंग से अभिव्यक्त किया है।

एक भूतपूर्व विद्रोही का आत्मकथन

'एक भूतपूर्व विद्रोही का आत्मकथन"[1] शीर्षक कविता 'आधुनिक कविताएं' नामक संकलन में पहली बार 1956 में प्रकाशित हुई थी। इसका संभावित रचनाकाल भी यही वर्ष है।[2]

दुःख तुम्हें भी है
दुःख मुझे भी है।

कविता संबोधन से प्रारंभ होती है।

अगली पंक्ति– "हम एक ढहे हुए मकान के नीचे दबे पड़े हैं।"

प्रारंभिक दो पंक्तियां पढ़कर लगा था कि कर्ता संबोधन-कर्ता है और वस्तु-पक्ष 'तुम', जिसे संबोधन किया गया, किंतु अगली पंक्ति के 'हम' शब्द ने स्पष्ट किया कि यह 'तुम' (तुम्हें) भी कर्ता-पक्ष में ही है।

आगे वस्तु-पक्ष का वर्णन होता है, जिसका संबंध उस मकान से है जिसके नीचे ये दबे हैं। कर्ता वर्णन कर रहा है– "यहां हिलना भी असंभव है। बड़े-बड़े ढेरों और पहाड़ियों के नीचे दबे रहना भयानक है। पसली की टूटी हुई हड्डी महसूस करते जाना भयंकर है। छाती पर टीलों का वज़न रखे हुए, ऊपर के जड़ीभूत दबाव से दबा हुआ अपना स्पन्द अनुभूत करते जाना, दौड़ती रुकती हुई धुकधुकी महसूस करते जाना, भीषण है। वाह! क्या तजुर्बा है! छाती में गड्ढा है।" पहला बंद समाप्त। इस बंद में कर्ता-पक्ष और वस्तु-पक्ष की स्थिति एवं उनका व्यक्त संबंध यहां संकेतित हुआ है।

दूसरा बंद : कर्ता की वस्तु-यथार्थ के प्रति टिप्पणी– "पुराना मकान था, ढहना था, ढह गया, बुरा क्या हुआ ? वे बड़े-बड़े दृढ़ाकार दम्भवान खम्भे ढह पड़े।" अब कर्ता की स्वयं के प्रति टिप्पणी– "जड़ीभूत परतों में अवश्य दब गए। हम उनमें रह गए, बुरा हुआ, बहुत बुरा हुआ।" पुराने मकान के ढहने का कर्ता को कोई मलाल नहीं है। मलाल है तो इस बात का कि वे दब गए। बावजूद इसके कर्ता भविष्य के प्रति आशान्वित है– "पृथ्वी के हृदय की गर्मी, पृथ्वी के पेट में घुसकर जब सक्रिय होगी तो मिट्टी के ये ढेर चट्टान बन जाएंगे। उन चट्टानों की आंतरिक परतों की सतहों में हमारे चेहरे के, तनबदन

---

1. मुक्तिबोध : चांद का मुंह टेढ़ा है, पृ. 51-58
2. नेमिचंद जैन : (संपादकीय टिप्पणी), मुक्तिबोध रचनावली-2, पृ. 153

के, शरीर के चित्र उभर आएंगे। अंतर की तस्वीरें उभर आएंगी। संभवतः यही एक आशा है कि मिट्टी के उन अंधेरे इतिहास स्तरों में हमारा भी चिह्न रह जाएगा। नाम नहीं, पृथ्वी के खुदे हुए गड्ढों में केवल अवशेष मिलेंगे। रहस्यमय पुरुषों के पंजर और जंग खाई नोकों के अस्त्र।"

कर्ता यह वक्तव्य देते हुए कि– "स्वयं की ज़िन्दगी फ़सिल कभी नहीं रही", स्वयं से ही प्रश्न करता है– "क्यों हम बागी थे, उस वक्त जब रास्ता कहां था ? कोई पथ नहीं दीखता था।" कर्ता पुनः एक वक्तव्य देता है– "अब तो रस्ते ही रस्ते हैं। मुक्ति के राजदूत सस्ते हैं।" स्वयं को सांत्वना देता है– "क्योंकि हम बागी थे, आख़िर बुरा क्या हुआ ?" वर्णन जारी रखता है– "पुराना मकान था, ढहना था ढह गया। वह चिड़िया, उसका वह घोंसला. . . जाने कहां दब गया। अंधेरे छेदों में चूहे भी मर गए। हमने तो भविष्य पहले ही कह रखा था कि केंचुली उतारता सांप अकस्मात दब जाएगा लेकिन लोगों ने अनुसनी की।" इस वक्तव्य के बाद कर्ता अपने पक्ष के अन्य साथियों को पुनः संबोधित करता है– "वैसे चूंकि हम दब गए, इसलिए दुख तुम्हें भी है, दुःख मुझे भी।"

इस दूसरे बंद में हमें मुक्तिबोध के शिल्प के अधिकांश पैटर्न दिखाई दे जाते हैं– टिप्पणी, फ़ैंटैसी, वक्तव्य, वर्णन, प्रश्नवाचकता, सूत्र-संबंध एवं संबोधन आदि। प्रस्तुत बंद की कर्तागत क्रिया– विद्रोही और उसके साथियों ने महल-रूपी एक व्यवस्था को ढहाने के लिए संघर्ष किया। व्यवस्था के ढह जाने की उन्होंने पूर्व-घोषणा की थी, इसलिए उसके ढह जाने पर उन्हें दुःख नहीं है। लेकिन उन्होंने यह तथ्य भी प्रस्तुत किया कि उनकी पूर्व-घोषणा को लोगों ने नहीं सुना। उन्हें इस बात का दुःख है कि समकालीनों की अनसुनी के कारण और अपने एकमात्र बागी होने के कारण, व्यवस्था के महल के गिराने की उनकी आकांक्षाएं पूरी नहीं हुई। दूसरी ओर, जिन्होंने अनसुनी की, जिन्होंने व्यवस्था को गिराने में उनके जैसा सक्रिय प्रयास नहीं किया, वे आज मुक्ति के सस्ते राजदूत बन गए हैं।

तीसरा बंद : कर्ता महल के अन्य हिस्सों का वर्णन करते हुए अतीत गाथा सुनाता है– "वे नक्षीदार कलात्मक कमरे भी ढह पड़े, जहां एक ज़माने में होंठ चूमे गए और छाती आवेशालिंगन में जकड़ी गईं। पुरानी भीतों की बास मिली हुई तुम्हारे चुम्बन की एक महक और उस कहानी का अंगारी अंग-स्पर्श सब कुछ गया, मृत हुआ।"

इस अंश में 'तुम्हारे' शब्द से जिसे संबोधित किया गया है, वह निश्चित रूप से कर्ता के साथियों में से नहीं है, वस्तु-पक्ष का कोई व्यक्ति है, जो महलों

में रहता था। इस 'तुम्हारे' के साथ वर्णन की जो भूमिका है उससे स्पष्ट है कि यह एक प्रतीकार्थ रखता है।

"हमने तो पहले ही कह रखा था महल गिर जाएगा" से कर्ता पुनः वर्णन प्रारंभ करता है– "ख़ूबसूरत कमरों में हमारी आंखों के सामने, हमारे विद्रोह के बावजूद कई बार बलात्कार किए गए। उन नक्षीदार कक्षों में भोले निर्व्याज नयन, हिरनी से मासूम चेहरे, निर्दोष तन-बदन, दैत्यों की बाहों से शिकंजों में इतने अधिक, इतने अधिक जकड़े गए कि जकड़े ही जाने के सिकुड़ते हुए घेरे में वे तन-मन दबते पिघलते हुए एक भाफ़ बन गए।"

कविता का यह अंश बताता है कि कर्ता ने वस्तु-पक्ष के जिस व्यक्ति को 'तुम्हारे' संबोधन किया था, वह दैत्यों में से ही एक है। मासूम चेहरों के निर्दोष तन-बदन दबने पर भाफ़ बन जाने से वर्णन में फ़ैंटैसी प्रारंभ हो चुकी है– "एक कुहरे की मेंह, एक घूमैला-भूत, एक देहहीन पुकार, कमरे के भीतर और इर्द-गिर्द चक्कर लगाने लगी। उन नक्षीदार कलात्मक कमरों में घनघोर शोषण हुआ।" लेकिन साथ ही 'आत्म चैतन्य के प्रकाश भूत बन गए।' कर्ता ने यह सब अपनी आंखों से देखा था, वह कहता है– "भूत-बाधा-ग्रस्त कमरों को अंध श्याम सायं-सायं हमने बताई तो दण्ड हमीं को मिला। बाग़ी क़रार दिए गए, चांटा हमीं को पड़ा और हमीं लोग बंद तहखानों में, कुओं में फेंके गए।" वह वक्तव्य देता है– 'क्योंकि हमें ज्ञान था, ज्ञान अपराध बना।' दूसरी ओर जिन रहस्य पुरुष छायाओं ने कालातंर में एक महल का इतिहास लिखा, उन्होंने इन्हें केवल रहस्यमय बताकर, इनका व्यक्तिचरित्र सीमित कर दिया। इतिहास कुछ इस तरह लिखा गया–

महल के दूसरे
और-और कमरों में कई रहस्य
तक़िये के नीचे पिस्तौल,
गुप्त ड्रॉअर
गद्दियों के अंदर छिपाये- सिये गये
खून-रंगे पत्र, महत्वपूर्ण!!
अजीब कुछ फ़ोटो॥

चौथा बंद : कर्ता महल के अन्य स्मृति-चित्रों का वर्णन कर रहा है– "अजीब संयुक्त परिवार है, औरतें व नौकर और मेहनतकश अपने ही वक्ष को खुरदरा वृक्षधड़ मान कर घिसती हैं, घिसते हैं। अपनी ही छाती पर ज़बरदस्ती विषदन्ती भावों का सर्प-मुख घिसते हैं। विद्रोही भावों का नागमुख रक्त-प्लुत होता है।" यहां से वर्णन पर फ़ैंटैसी हावी होने लगती है– "नाग बांहों को जकड़ लेता

है, किंतु वे रेखाएं स्वयं मस्तक पर नाग होती हैं। चेहरे के भाव स्वयं सरीसृप होते हैं। आंखों में ज़हर का नशा रंग लाता है।" अगली दो पंक्तियों में फ़ैंटैसी-विहीन वर्णन है-

> बहुएं मुंडेरों से कूद अरे!
> आत्म-हत्या करती हैं !!

इस वस्तु-यथार्थ पर कर्ता टिप्पणी करता है- "ऐसा मकान यदि ढह पड़ा, हवेली गिर पड़ी, तो बुरा क्या हुआ? ठीक है, हम जो विरोधी थे, कुओं, तहख़ानों में क़ैद-बंद, हम भी तो दब गए।" साथ ही वह आत्म-स्वीकार भी करता है- "लेकिन हम इसलिए मरे कि ज़रूरत से ज़्यादा नहीं, बहुत-बहुत कम हम बाग़ी थे।"

कर्ता का आत्म-स्वीकार कविता के एक खण्ड-कथ्य को पूरा करता-सा लगता है। यहां तक लाकर कविता गतार्थों की ओर जाने को प्रेरित करती है। इसका एक कारण यह भी है कि आगे की कविता कर्ता-पक्ष की वर्तमान वस्तु-पक्ष से आकांक्षाओं का लेखा-जोखा है।

अब तक की राम-कहानी सुनाने वाला यह विद्रोही कौन है, यह स्पष्ट होना बहुत आवश्यक है। कर्ता मध्यवर्गीय लड़ाइयों (आत्मपरक) का प्रतिनिधि तो नहीं ही है। वह विद्रोही है। कविता के शीर्षक में आया 'भूतपूर्व' शब्द उसके बारे में निर्णय लेने में थोड़ी सहायता देता है। इतना तो स्पष्ट करता ही है कि यह विद्रोही आज के संघर्षों में हिस्सा लेने वाला नहीं है, बल्कि वह है जिसने पुराने संघर्षों में हिस्सा लिया था। यदि और स्पष्ट शब्दों में कहें तो यह विद्रोही वह है जिसने स्वाधीनता प्राप्ति से पहले देश को स्वतंत्र कराने के लिए संघर्ष किया था।

अब दूसरा प्रश्न, स्वाधीनता-संग्राम कई स्तरों पर कई प्रकार के विद्रोहियों द्वारा लड़ा गया था। राष्ट्रीय बुर्जुआ नेता भी स्वाधीनता संग्राम के सेनानी कहलाते हैं। स्वयं कांग्रेस में उस समय दो दल थे- नरम दल, गरम दल। सुभाषचन्द्र बोस के विद्रोह की अपनी एक अलग दिशा थी। वे फ़ासिस्ट शक्तियों की सहायता से देश के ब्रिटिश साम्राज्यवादी शासकों को बाहर खदेड़ना चाहते थे। चौथी कोटि उन विद्रोहियों की थी जिन्हें उग्रदल के नाम से पुकारा जाता था, जो नए साम्यवादी विचारों से प्रेरित होकर क्रांति में विश्वास रखते थे। और ये थे- चंद्रशेखर आज़ाद, सरदार भगतसिंह, सुखदेव, राजगुरु, शिव वर्मा आदि। इन सारे प्रकार के विद्रोहियों में से कवितागत विद्रोही निश्चित रूप से चौथी कोटि के उग्रदल का कोई क्रांतिकारी सदस्य है, जो प्रस्तुत कविता में अपनी भूमिका और उसकी सीमा को स्वीकार करता हुआ, इतिहास-स्तरों से वर्तमान

को देख रहा है और अपनी आकांक्षाएं भी व्यक्त कर रहा है।

स्वाधीनता के लिए लड़ने वाले उग्रदल के क्रांतिकारी सदस्य तत्कालीन कांग्रेसी नेतृत्व से रुष्ट थे, उसके लड़ने के तरीकों के प्रति असंतुष्ट थे, क्योंकि यह नेतृत्व भारतीय जनता और ब्रिटिश साम्राज्यवादियों के बीच में दोहरी भूमिका निभा रहा था। ये क्रांतिकारी रूस की क्रांति और उसके सुखद परिणामों को देख-सुन चुके थे और उसी की प्रेरणा से स्पंदित होकर अपने देश के विषय में भी वैसी ही कल्पनाएं कर रहे थे। उनके सामने ब्रिटिश साम्राज्यवाद ही एकमात्र शत्रु नहीं था, बल्कि देसी सामंती वर्ग और पूंजीवादी वर्ग भी थे। ये नौजवान क्रांतिकारी मार्क्सवादी-लेनिनवादी विचारधारा से न केवल प्रभावित थे, बल्कि उसका अनुसरण कर अपने देश में भी समाजवादी सामज की स्थापना करने के लिए कृतसंकल्प थे। क्रांति के स्वरूप और उसके चरित्र के विषय में उनकी समझ इस हद तक साफ़ थी कि वे इस बात को समझते थे कि कांग्रेसी राष्ट्रीय बुर्जुआ नेताओं के नेतृत्व में देश ब्रिटिश साम्राज्य से पूर्णतः आज़ाद नहीं हो सकता। उन्होंने अपने दल (हिन्दुस्तान समाजवादी प्रजातंत्र सेना) के उद्देश्यों को स्पष्ट कर बार-बार राष्ट्रीय बुर्जुआ नेतृत्व को परिस्थितियों से अवगत कराने के प्रयास किए, किंतु गांधी और उनके अनुयायियों का मार्ग भिन्न था। उन्होंने न केवल इनकी बातें अनसुनी कीं वरन् इनका विरोध भी किया। इस विडंबनापूर्ण स्थिति में ये क्रांतिकारी अकेले ही साम्राज्यवादी शासन से टक्कर लेने लगे। इनकी क्रांतिकारी गतिविधियों से ब्रिटिश सत्ता आतंकित रहने लगी। अंततः ये क्रांतिकारी एक-एक कर पकड़े गए, कइयों ने आजन्म कारावास भुगता और कई शहीद हो गए।

ये क्रांतिकारी-विद्रोही अंध-विद्रोही नहीं थे। वे जनता से जुड़कर क्रांति करना चाहते थे। जनता से जुड़ने, जनता तक अपनी बात पहुंचाने के लिए ही कई क्रांतिकारियों ने परचे बांटते हुए ब्रिटिश शासन के समक्ष आत्मसमर्पण किया, अदालत को अपने क्रांतिकारी विचारों के प्रसार का माध्यम बनाया और सज़ा पाकर शहीद हुए। स्वतंत्रता से पहले इन्हें ब्रिटिश साम्राज्यवादियों द्वारा दबाया गया था और स्वतंत्रता प्राप्ति के बाद शासक वर्ग द्वारा इन्हें कोरा शहीद बनाकर छोड़ दिया गया, इनके आदर्शों से देश की जनता को अपरिचित रखा गया।

प्रस्तुत कविता क्रांतिकारी-विद्रोहियों की इसी परिणति को रेखांकित करती है। यदि हम सरदार भगतसिंह को इस कविता के कर्ता-विद्रोही के समानांतर रखकर चलते हैं तो कविता का कथ्य और स्पष्ट होता है, प्रतीक अर्थायित होने लगते हैं। हो सकता है मुक्तिबोध के मन में विद्रोही-कर्ता के पीछे सरदार भगतसिंह का बिंब रहा हो।

सरदार भगतसिंह ने लाला रामसरन दास की पुस्तक 'ड्रीमलैण्ड' की भूमिका लिखते हुए उन्हीं का एक कवितांश उद्धृत किया है–

निगाह से ओझल छिपे हुए बुनियाद के पत्थर बनो
और अपने सीने पर सहर्ष स्वीकार करो
विशाल और भारी इमारत का बोझ
कष्ट सहन में अनुभव करो सच्ची सरण (संतोष)
करो न ईर्षा द्वार पर जड़े पत्थर से
जिस पर उंडेलता है जग सारी प्रशंसा।[1]

विवेच्य कविता उपरोक्त उदाहरण की स्थिति से आगे की कल्पना-कथा है। अस्तु,

उपलब्ध लाक्षणिक अर्थ ने अन्य गतार्थों तक भी पहुंचाया, यानी उसके सहारे यह अव्यक्त कथ्य भी स्पष्ट हुआ कि– "ढहने वाला पुराना मकान, ब्रिटिश साम्राज्यवादी व्यवस्था है, जो बडे-बड़े दृढ़ाकार खम्भों के रूप में देशी सामंती अवलंब पर टिकी हुई थी।" 'दम्भवान' शब्द से सामंती शक्ति और वैभव लक्षित होते भी हैं। और यह एक ऐतिहासिक सत्य है कि स्वतंत्रता प्राप्ति से पहले देशी ज़मींदारों की स्थिति अत्यंत मज़बूत थी। ब्रिटिश साम्राज्यवादी शासन के लिए देश की ग़रीब किसान जनता का शोषण करने का माध्यम यही सामंत वर्ग था।

नक्षीदार कलात्मक कमरे यही देशी रियासतें हैं। 'नक्षीदार' शब्द सामंती वास्तुकला-रूप का परिचय देता है, किंतु फ़ैंटैसी में प्रयुक्त होकर यह शब्द किसी स्वरूप-सौंदर्य का बोध न कराकर विडंबनापूर्ण स्थिति एवं वातावरण को बनाता है और शोषण की पृष्ठभूमि बनता है। चौथे बंद का 'अजीब संयुक्त परिवार' शोषणग्रस्त समाज है। शोषण की स्वाभाविक परिणति आक्रोश में होती है। यह आक्रोश यदि दिशा पा जाए तो जुझारू होकर परिस्थितियों से संघर्ष करता है किंतु यदि ऐसा नहीं हो पाए तो अंशतः आत्महंता हो जाता है। इस मकान के शोषित जन अपने ही वक्ष को खुरदुरा वृक्ष-धड़ मानकर घिसते हैं। विद्रोही भावों का आक्रोश क्रांति रूप से परिणत न हो पाने के कारण नागमुखी आक्रोश बन कर रह जाता है। जिस प्रकार सरीसृप आते हैं, चले जाते हैं, आक्रोश भी आता है, चला जाता है।

'हमने तो भविष्य पहले कह रखा था'– पंक्ति, इस कविता की ध्रुव-पंक्ति लगती है। विद्रोही ने कई-कई बार इसे दुहराया है, इस पर बल

---

1. लाला रामसरन दास : उद्धृत , संस्मृतियां (शिव वर्मा), पृ. 168

दिया है। वस्तुतः यह उसकी ऐतिहासिक भौतिकवाद की समझ पर आधारित भविष्य-दृष्टि है, उसका ज्ञानात्मक आधार है। वह जानता है कि सामंतवाद पर टिके साम्राज्यवाद और पूंजीवाद का पतन अवश्यंभावी है। सरदार भगतसिंह द्वारा 6 जून, 1929 को दिल्ली के सेशन जज लियोनार्ड मिडिल्टन की अदालत में दिए गए बयान का निम्नोक्त हिस्सा, "हमने तो भविष्य पहले ही कह रखा था" की घोषणा करता है–

"सभ्यता का यह प्रासाद यदि समय रहते न संभाला गया तो शीघ्र ही चरमरा कर बैठ जाएगा। देश को एक आमूल परिवर्तन की आवश्यकता है। और जो लोग इसे महसूस करते हैं, उनका कर्तव्य है कि साम्यवादी सिद्धांतों पर समाज का पुनर्निर्माण करें।"[1]

लेकिन अनसुनी की लोगों ने। अपने पूर्वोक्त ऐतिहासिक बयान में सरदार ने कहा था– "इधर देश में जो नया आंदोलन तेज़ी के साथ उठ रहा है और जिसकी पूर्व-सूचना हम दे चुके हैं. . .भारत की विदेशी सरकार तथा हमारे राष्ट्रीय नेतागण दोनों ही इस आंदोलन की ओर उदासीन लगते हैं और जानबूझकर उसकी पुकार की ओर से अपने कान बंद करने का प्रयत्न कर रहे हैं, अतः हमने अपना कर्तव्य समझा कि हम एक ऐसी चेतावनी दें जिसकी अवहेलना न की जा सके।"[2]

"ज्ञान अपराध बना।" विद्रोही का यह ज्ञान समकालीन अंतर्विरोधग्रस्त सामाजिक यथार्थ का है, जिसके मूल में मार्क्सवाद और ऐतिहासिक भौतिकवाद हैं। सरदार भगतसिंह को भी बागी और आतंकवादी करार दिया गया था। कौम के नाम अपने संदेश में 2 फरवरी, 1931 को सरदार ने लिखा था– "यह बात प्रसिद्ध रही है कि मैं आतंककारी हूं, परन्तु दरअसल मैं आतंककारी नहीं हूं। मैं एक क्रांतिकारी हूं, जिसके कुछ निश्चित विचार और निश्चित आदर्श हैं– जिनके सामने एक लम्बा प्रोग्राम है।"[3]

सरदार ने अन्यत्र कहा है–

"क्रांति से हमारा मतलब अंततोगत्वा एक ऐसी समाज व्यवस्था से है जो इस प्रकार के संकटों से बरी होगी और जिसमें सर्वहारा वर्ग का आधिपत्य सर्वसामान्य होगा।. . .श्रमिक वर्ग ही समाज का वास्तविक पोषक है, जनता की सर्वोपरि सत्ता की स्थापना श्रमिक वर्ग का अंतिम लक्ष्य है। इन आदर्शों के लिए और इस विश्वास के लिए हमें जो भी दण्ड दिया जाएगा हम

1. सरदार भगतसिंह : उद्धृत, संस्मृतियां (शिव वर्मा), पृ. 147
2. वही, पृ. 144
3. वही, पृ. 160

उसका सहर्ष स्वागत करेंगे।"[1]

ढहे हुए साम्राज्यवादी महल का इतिहास बाद में रहस्य-पुरुष-छायाओं द्वारा लिखा जाता है। ये रहस्य-पुरुष-छायाएं, पूंजीवादी क्रीत-इतिहासकार हैं। उनके द्वारा विद्रोहियों के बारे में– "तकिए के नीचे छिपाए गए खून-रंगे पत्र महत्त्वपूर्ण"– जैसे मिथ गढ़ दिए जाते हैं, मनगढ़न्त बातें लिख दी जाती हैं। सरदार भगतसिंह की मुख्य पीड़ा भी यही थी, वे कहते हैं– "हमें जो दण्ड दिया गया है उसके प्रति हमें कोई ऐतराज़ नहीं है। हमें ऐतराज़ है केवल क़ातिल कहे जाने पर और हमारा उद्देश्य ग़लत समझे जाने पर।...हमारे इरादे की परख हमारे काम के परिणाम के आधार पर होनी चाहिए न कि अटकल एवं मनगढ़न्त परिस्थितियों के आधार पर।"[2]

"जरूरत से बहुत बहुत कम हम बाग़ी थे।" सरदार भगतसिंह ने अंतिम दिनों में अपनी गतिविधियों का पुनर्मूल्यांकन किया था, आतंकवाद की व्यर्थता को देखकर उन्होंने अपने विचारों में परिवर्तन किया। जेल से लिखी गई उनकी ये पंक्तियां इसका प्रमाण हैं– "मेरा दृढ़ विश्वास है कि हम बम से कोई लाभ प्राप्त नहीं कर सकते। यह बात हिन्दुस्तान सोशलिस्ट रिपब्लिकन पार्टी के इतिहास से आसानी से मालूम हो जाती है। केवल बम फेंकना न सिर्फ़ व्यर्थ है बल्कि बहुत बार हानिकारक भी है। उसकी आवश्यकता किन्हीं ख़ास अवस्थाओं में ही पड़ा करती है। हमारा मुख्य लक्ष्य मज़दूरों और किसानों का संगठन होना चाहिए।"[3]

ऊपर हमने सरदार भगतसिंह के वक्तव्यों के जो अंश दिए हैं उन्हें उद्धृत करने का हमारा आशय यह बताना नहीं है कि मुक्तिबोध ने इन्हें पढ़कर ही यह कविता लिखी थी, बल्कि यह बताना है कि मुक्तिबोध भूतपूर्व विद्रोहियों की मुख्य पीड़ा (कि उनका पुनर्मूल्यांकन हो) समझते थे एवं उनकी आकांक्षाओं से परिचित थे। कविता के पांचवें बंद से उन्होंने विद्रोहियों की आकांक्षाओं को वर्तमान संदर्भों में उनका उत्तरदायित्व-भार मानकर, फ़ैंटैसीकृत किया है।

पांचवां बंद : कर्ता-विद्रोही संबोधन कर रहा है– "मेरे साथ खण्डहर में दबी हुई अन्य धुकधुकियो, सोचो तो– कि स्पंद अब ... पीड़ा भरा उत्तरदायित्व-भार हो चला है। कोशिश करो, कोशिश करो, जीने की ज़मीन में गड़कर भी।"

छठे बंद के वर्णन में क्रांतिकारियों की पुनरुज्जीवित होने की लालसा है– "आक्सीजन नाक से, पी लें खूब, खूब पी लें।"

---

1. सरदार भगतसिंह : उद्धृत, संस्मृतियां (शिव वर्मा), पृ. 147
2. वही, पृ. 145
3. वही, सरदार भगतसिंह और उनका युग (मन्मथनाथ गुप्त), पृ. 118

सातवां बंद : कर्ता फ़ैंटैसी में बदलते हुए वस्तु-यथार्थ का वर्णन करता है– "आवाज़ आती है, सातवें आसमान में कहीं दूर, इन्द्र के ढह पड़े महल के खण्डहर को बिजली की गेतियां व फावड़े खोद-खोद ढेर बिलकुल साफ़ हो चुके।" ढहने वाला महल इन्द्र का था। इन्द्र का प्रतीकार्थ लगाने में कोई कठिनाई नहीं है क्योंकि उसकी चरित्र भूमिका कविता पहले ही दे चुकी है। इन्द्र धरती से ऊपर स्वर्ग का नृप माना जाता है, वह एक बाहरी शक्ति है। इन्द्र, ब्रिटिश साम्राज्यवादियों के लिए एक प्रतीक है जो अपने गत-संदर्भों से ही उद्घाटित हो पाता है। दूसरी ओर खण्डहर के ऊपर निर्माण कार्य की शुरुआत करने वाले, जिस समय बताते हैं कि कई ढेर साफ़ हो गए हैं, वे वहां से विद्रोहियों के अवशेष मिलने का कोई उल्लेख नहीं करते। यह राष्ट्रीय बुर्जुआ वर्ग है, जो स्वाधीनता प्राप्ति के बाद अपने वर्गीय तरीकों से नव-निर्माण की भूमिका बना रहा है। कर्ता-विद्रोही आगे कहता है– "और तभी . . . किसी अन्य गम्भीर-उदात्त आवाज़ ने चिल्लाकर घोषित किया कि वहां बच्चों के लिए एक प्राथमिक शाला बनेगी।" यहां ध्यान देने योग्य है कि यह आवाज़ वह नहीं है जिसने ढेरों के साफ़ होने की सूचना दी थी बल्कि कोई "अन्य गम्भीर-उदात्त" आवाज़ है।

स्वाधीनता प्राप्ति पर भारतीय क्रांति की एक मंजिल पूरी हुई थी! उस समय के कम्युनिस्ट नेतृत्व में भी यह धारणा थी कि राष्ट्रीय बुर्जुआ वर्ग शायद क्रांति की दूसरी मंज़िल अर्थात जनतांत्रिक क्रांति को पूरा करेगा, किंतु प्रारंभ से ही राष्ट्रीय बुर्जुआ वर्ग का चरित्र अजनतांत्रिक होने लगा। कम्युनिस्ट नेतृत्व उसके इस चरित्र के बारे में कोई अंतिम निर्णय तो नहीं कर सका था किंतु सरकार को समाजवादी निर्माण की दिशा में ही कार्य करने के लिए प्रेरित करता रहा।

आठवां बंद : कर्ता-विद्रोही हालांकि नीचे ही दबा हुआ है, पर प्रसन्न है। अन्य साथियों को संबोधित करता हुआ कहता है– "गड़ी हुई अन्य धुकधुकियो, खुश रहो इसी में कि वक्षों पर तुम्हारे अब बच्चे ये खेलेंगे। छाती की मटमैली ज़मीनी, सतहों पर मैदान, धूप व खुली हवा हंसेगी व खेलेगी। किलकारी भरेंगे ये बालगण।"

नवां बंद : इन नई स्थितियों में कर्ता आत्मस्थितियों का बयान भी करता है– "लेकिन दबी हुई धुकधुकियो, सोचो तो कि अपनी ही आंखों के सामने खूब हम खेत रहे। खूब काम आए हम !! फैल गए हम लोग !!" कर्ता की यह आत्म-पीड़ा बहुत देर तक नहीं रहती, वह आगे कहता है– "आत्म-विस्तार यह बेकार नहीं जाएगा। ज़मीन में गड़े हुए देहों की ख़ाक से शरीर की मिट्टी से धूल से खिलेंगे गुलाबी फूल।" 'आत्म-विस्तार यह बेकार नहीं जाएगा'

कहकर कर्ता मानो अपनी नई क्रांति के लिए अपने द्वारा बनाई गई भूमिका का मूल्यांकन कर रहा है। बच्चे और फूल (वे भी लाल रंग के) मुक्तिबोध के लिए भविष्य के, क्रांति के प्रतीक हैं। स्वयं कर्ता अब इस उद्देश्य के लिए नए सिरे से जीना चाहता है। संवेदनात्मक ज्ञान के धरातल पर वह भी यही आकांक्षा रखता है कि–"हृदयानुभव राग अरुण, गुलाबी फूल, प्रकृति के गंध-कोष / काश हम बन सकें।" लगभग इसी संवेदनात्मक ज्ञान की पीठिका पर 'अंधेरे में' के कर्ता ने क्रांतिरूपी प्रेमिका से संबंध स्थापित किया था।

प्रस्तुत कविता शिल्प के धरातल पर स्तर-बहुल रचना है। केंद्रीय पैटर्न यद्यपि फ़ैंटैसी ही है तथापि लक्षणा इस कविता की कुंजी है।

कविता की जड़ में संवेदनात्मक ज्ञान और ज्ञानात्मक संवेदन दोनों का ही समान सिंचन है। जहां एक ओर कविता में उग्रदल के क्रांतिकारियों की आत्मपरक स्थिति की कविगत परिकल्पना है, वहां दूसरी ओर उनकी ऐतिहासिक महत्ता और उनके पुनर्मूल्यांकन की समस्या पर विचार है। बुर्जुआ वर्ग द्वारा प्रस्तुत किए एकांगी इतिहास के स्थान पर सही एवं वस्तुपरक इतिहास, क्रांतिकारियों के संदर्भ में प्रस्तुत करना, कवि का संवेदनात्मक उद्देश्य रहा है। वस्तुवादी इतिहास-दृष्टि ज्ञानात्मक आधार के रूप में मौजूद है।

मेरे सहचर मित्र

एक ही कथ्य को विभिन्न प्रकार से कहकर कैसे उसमें नवीनता बनाए रखी जा सकती है, मुक्तिबोध की कविताएं इस बात का उदाहरण हैं। 'मेरे सहचर मित्र'[1] शीर्षक कविता में अन्य अनेक कविताओं का कथ्य समाया हुआ है। यह एक सशक्त और परिपूर्ण कविता है। पता नहीं आलोचकों का ध्यान इस कविता की ओर क्यों नहीं गया, जबकि इस कविता में मुक्तिबोध की रचनाधर्मिता के सभी श्रेष्ठ और प्रतिनिधि तत्व मौजूद हैं।

कविता संबोधन से प्रारंभ होती है और पहली ही पंक्ति में कर्ता-पक्ष और वस्तु-पक्ष दोनों स्पष्ट हो जाते हैं– "मेरे सहचर मित्र / ज़िंदगी के फूटे घुटनों से बहती / रक्तधारा का जिक्र न कर।" कविता में एक 'मैं' है और एक उसका 'सहचर मित्र'। कर्ता शिकायत के स्वर में आगे कहता है– "क्यों चढ़ा स्वयं के कंधों पर / यों खड़ा किया / नभ को छूने, मुझको तुमने / अपने से दुगना बड़ा किया / मुझको क्यों कर ?" इस प्रश्न के बाद वह अपनी अभिलाषा रखता है– "गम्भीर तुम्हारे वक्षस्थल में / अनुभव-हिम-कन्या / गंगा-जमुना के जल की / पावन शक्तिमान लहरें पी लेने दो / ओ मित्र, तुम्हारे वक्षस्थल के भीतर के / अंतस्तल का पूरा विप्लव जी लेने दो / उस विप्लव के निष्कर्षों के / धागों से अब / अपनी विदीर्ण जीवन-चादर सी लेने दो" पहला बंद समाप्त।

प्रस्तुत कविता में वस्तु-पक्ष का वर्णन उस प्रकार नहीं हुआ जैसा कि पिछली कविताओं में देखा, उसके स्थान पर संबोधन के माध्यम से कर्ता ने न केवल वस्तु-यथार्थ की विशेषताएं बताईं अपितु उसके समक्ष अपनी अभिलाषाएं भी रख दीं और वस्तु-यथार्थ की वह भूमिका भी स्पष्ट की जिसने कर्ता को प्रभावित किया था। सहचर मित्र ने कर्ता को अपने से दोगुना बड़ा किया था, किंतु कर्ता की सौहार्दपूर्ण शिकायत है कि अपने से दोगुना बड़ा करने के बाद भी वह उसके फूटे घुटनों का ज़िक्र कर रहा है। उसके अनुसार सहचर मित्र के अंदर अनुभव की पावन लहरें प्रवाहित हैं। वे अनुभव सहचर मित्र के अंतस्तल के विप्लव के हैं, कर्ता विप्लव-निष्कर्षों से अपने जीवन की विदीर्ण चादर सीना चाहता है।

यदि इस बंद में प्रयुक्त रूपकों को लक्षणा से व्याख्यायित किया जाय

---

1. मुक्तिबोध : चांद का मुंह टेढ़ा है, पृ. 82-92

तो 'कथ्य' प्रकट होता है। कर्ता के घुटने फूटे हुए हैं। 'अंधेरे में' कविता के कर्ता के घुटने भी फूटे हुए थे। 'अंधेरे में' का कर्ता जिन सहचरों के मध्य पहुंचा था वे बरगद के नीचे रहने वाले लोग थे। इस बाह्य सहायता से, लक्षणा स्पष्ट होती है– इस कविता का कर्ता-वाचक-नायक मध्यवर्ग का वर्ग-चेतस व्यक्ति है एवं सहचर मित्र सर्वहारा वर्ग है। संघर्ष और विप्लवों का जीवंत-शक्तिमान अनुभव सर्वहारा जनता के पास ही होता है एवं उसी के विप्लवों के निष्कर्ष एक विचारधारा बनकर भविष्य की रूपरेखा बनाते हैं। वर्ग-चेतस मध्यवर्गीय व्यक्ति जब तक शोषित सर्वहारा के विप्लवों को नहीं जीता, उसके निष्कर्षों से अपना वर्गापसारण नहीं करता, उसके जीवन की चादर विदीर्ण ही रहती है।

दूसरा बंद : विप्लव की तडिल्लता यों कर्ता के पास भी है, उसका भी शोषण हुआ है, किंतु वह तडिल्लता 'चल' है, इसी कारण कर्ता की आंखों में बेचैनी है। यह बेचैनी कर्ता के लिए एक प्रश्न के रूप में है। प्रश्नों के उत्तर भी उसके पास है, लेकिन 'दबे-घुटे'। प्रश्नों की दानव कांखों में ये उत्तर दबे-घुटे कैदी जैसे हैं। कविता का वस्तु-पक्ष अब 'सहचर' न रह कर ये 'उत्तर' हो जाते हैं। 'उत्तरों' का मानवीकरण हो जाता है। कर्ता द्वारा उत्तरों को उद्विग्न दृष्टि से देखने पर वे उत्तर उसका पीला चेहरा निहार कर कहते हैं– "हमको यों ग़लत न दो उपमा / तुम अपनी सड़ी-गली महिमाओं की / निर्माल्य मालिकाएं / हमको मत पहनाओ!" सर्वहारा किसी की शाब्दिक लिजलिजी सहानुभूति नहीं चाहता, इसीलिए कर्ता द्वारा उत्तरों को दबा-घुटा कहा जाना उसे प्रिय नहीं है, उसे ऐसी निर्माल्य मालिकाएं नहीं चाहिए। कर्ता को वह इंगित कर एक ओर का दृश्य दिखाता है और कर्ता "आंखें फाड़े देख रहा. . ."

इस आत्म-संवाद के बाद फ़ैंटैसी में वर्णन प्रारंभ होता है– "उस नीले-नीले आसमान की सरहद पर / परिचिता एक कोमल चिड़िया / जो नित्य तुम्हारे घर आंगन / रोशनदानों में उड़ती थी / घर की आत्मा /. . .वन-पक्षिराज बन / पंख पसारे उड़ती है" जिस फ़ैंटैसी को कर्ता बाहर से देख रहा था, अब वह उसी का एक अंग बन जाता है। फ़ैंटैसी में चिड़िया से परिणत हुआ वन-पक्षिराज कर्ता को संबोधित करता है–

> ओ मित्र, तुम्हारे घर-आंगन को
> शैलांचल-गिरिराज-शिखर
> तो होने दो
> वह आसमान तो झुकने दो
> उसके मुख पर
> इस समय बात के पूरे नहीं अधूरे तुम,

कमज़ोर-प्रखर होना बाकी,
अब बूटों-दबा दीन ढेला
कैलास-शिखर होना बाकी,
कैलास शिखर पर बैठेंगे!!

'घर की चिड़िया' और 'वन-पक्षिराज' क्रमशः प्रतीक हैं, असंगठित सर्वहारा और संगठित सर्वहारा के। पिछले बंद के 'उत्तर' ने तीसरे बंद में यह दिखाकर कि चिड़िया अब वन-पक्षिराज बन गई है, अपना दबा-घुटा न होना सिद्ध किया है। फ़ैंटैसी में आकर वन-पक्षिराज भी कर्ता को संबोधित करता है। ज़ाहिर है यहां फ़ैंटैसी ने पिछले बंद के वस्तु-यथार्थ– 'उत्तरों' को 'पक्षिराज' में परिणत कर दिया है। यह 'पक्षिराज' भी कर्ता के कमज़ोर होने पर टिप्पणी करता है कि अभी वह बात का पूरा नहीं है। वर्ग-चेतस अवर्गापसारित मध्यवर्ग के व्यक्ति का चरित्र ढुलमुल होता भी है, क्योंकि एक ओर उसके पास सर्वहारा के लिए सहानुभूतियां होती हैं तो दूसरी ओर अपनी वर्गीय सुविधाओं से मोह। कथ्य में यहां आकर एक विशेष बात यह जुड़ी कि पक्षिराज ने भी कर्ता को 'ओ मित्र' कहकर संबोधित किया कि 'आसमान' (प्रतीक) यानी पूंजीवादी व्यवस्था को झुकने दो एवं 'बूटों दबे दीन ढेले' (प्रतीक) को 'कैलाश शिखर' (प्रतीक) हो जाने दो, अर्थात राज्य-सत्ता पर सर्वहारा वर्ग का अधिनायकत्व स्थापित हो जाने दो, वहीं बैठेंगे।

तीसरे बंद की फ़ैंटैसी से निकलकर कर्ता दूसरे बंद वाली फ़ैंटैसी में लौट आता है। उत्तर ने उसे यह दृश्य दिखाया था। कर्ता अभी भी 'उत्तर' को उद्विग्न दृष्टि से देख रहा है। 'उत्तर' का काम है उसे अपना सही स्वरूप बताना। एक नई फ़ैंटैसी प्रारंभ होती है, रूपांतरित वस्तु-यथार्थ सामने आता है– "उत्तर का मुंह / पहले बादल / फिर बादल में से मानव-मुख-रेखा-ऊर्जस्वल / भव्याकृति, स्वेदायित / रक्तांकित मुखमंडल / धीरे-धीरे आ मेरे इतने निकट कि वह / आंखों पर झुकता आता है /. . . वह घाव भरे चेहरे का कोई सैनिक है।"

यदि हम इस फ़ैंटैसी की प्रक्रिया को देखें तो पाते हैं कि मुक्तिबोध का फ़ैंटैसी में किसी वस्तु को मूर्त करने का यह विशेष ढंग है। पहले वह उसे व्यापक प्रसार का रूप देते हैं, यह व्यापक प्रसार रेखाओं में सिमटने लगता है और ये रेखाएं, तुड़-मुड़ कर आकृति-रूप को स्पष्ट करती हैं। यहां 'उत्तर' का मुख पहले बादल बना, बादल से मुख-रेखाएं स्पष्ट हुईं, तदनंतर एक भव्याकृति, घाव-भरे चेहरे के सैनिक के रूप में परिणत हो गई। 'अंधेरे में' कविता में भी ऐसा ही हुआ है। दीवार से मनु की आकृति उभरी, तालाब से श्वेत आकृति और अंत में रक्तालोकस्नात पुरुष। 'लकड़ी का बना रावण' में

कुहरा कंबल में एवं कंबल अनेक मानवाकृतियों में परिणत हुआ था।

घाव भरे चेहरे का व्यक्ति एक सैनिक है। उसके चेहरे के घाव उसके संघर्ष का परिचय कराते हैं। कर्ता पुनः इस फ़ैंटैसी का अंग बन जाता है। फ़ैंटैसी में वस्तु-यथार्थ का नया परिचय देने के बाद दूसरे बिंबों के माध्यम से फ़ैंटैसी के क्रिया-जगत का वर्णन होता है—

रण मैदानों की संध्या में
जब लाल विभा बैंगनी हुई
संवलायी लाली में डूबी सरिताओं की
थर्रायी लहरों के भीतर से उझक-उचक
झल्लाहट-भरी
दिली तकलीफ़ों की बिजली
या पीड़ा भरे विचारों की
जल-मुर्ग-मछलियों की उछाल
बेचैन कोण जब बना रही,
पीड़ा के उस सरिता तट पर
शत-हताहतों के बिखरे दल
में देख मुझे मूर्छित आहत
अपना गहरा साथी सैनिक पहचान मुझे
यह जान कि मेरी अभी
धुकधुकी बाकी है
मेरे टटोलने प्राण झुक रहा आंखों में
वह उत्तर-सहचर सैनिक है।

पीड़ा के रण-मैदान का मुक्तिबोध ने पुरातन रणस्थल जैसा ही वर्णन किया है। हताहत इधर-उधर बिखरे पड़े हैं, कुछ जाते रहे, कुछ जीवित हैं। फ़ैंटैसी का यह पूरा दृश्य एक रूपक है, सैनिक, संघर्षशील संगठित सर्वहारा है। रणक्षेत्र, पूंजीवादी व्यवस्था का वर्ग-संघर्ष का क्षेत्र है। सर्वहारा घायल होने के बावजूद हतोत्साहित या कुंठित या मनोबल-क्षीण नहीं होता क्योंकि उसे जितने भी कष्ट हैं, भौतिक कष्ट हैं। मानसिक ऊहापोह उसके अंदर नहीं है। इस जीवन-संघर्ष में पैटी बुर्जुआ (मध्यवर्गीय व्यक्ति) भी यत्र-तत्र 'पीड़ा की सरिता के किनारे' हिस्सा लेता है, लड़ता है, किंतु पीड़ा भरे विचारों की जल-मुर्ग-मछलियों की उछाल से ही मूर्छित हो लेता है। कहने का आशय यह है कि सक्रिय संघर्ष को अंतिम संघर्ष तक ले जाने से पूर्व ही मध्यवर्गीय व्यक्ति मानसिक द्वंद्वों का शिकार होकर निष्क्रिय हो जाता है, हथियार डाल देता है। किंतु व्यवस्था के

प्रति आक्रोश उसमें बराबर बना रहता है। इसी 'धुकधुकी' को 'चलता' पाकर सर्वहारा सैनिक उसे अपने साथ ले जाता है और वही उसमें नया उत्साह भी भरता है। कर्ता टिप्पणी करता है– "उसके मुख का / उद्वेग भरा, आनन्द भरा / वह रंग / आंख पी लेती है / मुंद जाती है / उत्तर के मात्र स्पर्श से ही / निर्णायक ठंडी-गरम झनझनाहट गहरी / तन-मन में फैल कि प्राणों में / फन फैलाकर अड़ जाती है / रुंध जाती है।"

अब तक के तीन फ़ैंटैसी खंडों और उनके तीन उप-कथ्यों द्वारा एक बड़े कथ्य का निर्माण हो लेता है। फ़ैंटैसीगत कर्ता पर गुज़रे वस्तु-यथार्थ की प्रतिक्रिया यह हुई कि वह ऊहापोह की स्थिति से निकल आया और उसमें एक 'निर्णायक झनझनाहट' फैल गई। किंतु ध्यान देने योग्य है कि यह झनझनाहट केवल ठंडी या केवल गरम नहीं बल्कि 'ठंडी-गरम' है– अर्थात् द्वंद्व की स्थिति अभी भी विद्यमान है। दूसरी उल्लेखनीय बात यह कि यह झनझनाहट प्राणों में रुंधती है, उसे सक्रिय नहीं करती। द्वंद्व फ़ैंटैसी को आगे बढ़ाता है।

इस तरह फ़ैंटैसी एक नया परिदृश्य खोलती है– "अकस्मात, जबरन, धक्के से / शिला द्वार / वह गुहाद्वार आत्मा का धड़ से / खुलता है।" चलचित्र के कैमरे की तरह फ़ैंटैसी पाठक को अंदर ले जाती है। अंदर पत्थर के टेबल पर एक दीप रखा है। दीप की अंगार ज्योति के नीचे 'पीड़ा की पुस्तक' रखी है। शिलाद्वार के खुलने से 'पीड़ा की पुस्तक के पन्ने' स्वयं पलट जाते हैं। ये 'देश-देशान्तर के अनुभव ग्रंथ' हैं जिन्हें पत्थर-कुर्सी पर बैठा हुआ कोई 'क्रांतिदर्शी' पढ़ रहा है। इस गुहाद्वार में 'उत्तर' के प्रविष्ट हो जाने पर वह क्रांतिदर्शी अभिवादन के लिए खड़ा होता है, 'उत्तर' का आलिंगन करता है एवं बहस छेड़ देता है।

इस पूरे दृश्य को अर्थायित करें। यह गुहाद्वार कर्ता की आत्मा का ही है। उसी के अंदर बैठा हुआ वह एक क्रांतिदर्शी– पीड़ा की पुस्तक, देश-देशातंर के अनुभव-ग्रंथों को पढ़ रहा है। इनके प्रतीकार्थ लगाए जाएं तो क्रांतिदर्शी व्यक्ति को मार्क्स माना जा सकता है। देश-देशांतर के अनुभव-ग्रंथ मार्क्सवादी साहित्य हैं। ज़ाहिर है, वे पीड़ा के पन्ने सर्वहारा की शोषण-कथा से भरे पड़े हैं। 'उत्तर' के प्रविष्ट हो जाने पर मार्क्स का खड़े होकर अभिवादन करना, उनकी सर्वहारा के प्रति आस्था है। दूसरी ओर मार्क्स का पूरा साहित्य सर्वहारा के बारे में बहस का ही परिणाम है। बहस का एजेंडा एकदम स्पष्ट है, उसमें कहीं भी फ़ैंटैसी नहीं है। जिन विषयों पर बहस होती है वे ये हैं– "मानव समाज-रूपांतर विधि / की धाराओं में मग्न / मानवी प्राणों के / मर्मों की

व्यथा-कथा-अंगार तपस्या पर / मानव-स्वभाव के प्रश्नों पर / मानव सभ्यता समस्या पर।" लगता है यह अंत कवि के सचेत मन द्वारा कविता में बाहर से लाया गया है। फ़ैंटैसी की स्वाभाविक प्रक्रिया में सचेत यथार्थ भी सम्मिलित है।

फ़ैंटैसी आगे बढ़ती है, पांचवां बंद। हालांकि यह सब कर्ता के आभ्यंतर में ही घट रहा था, पर वह अपने आभ्यंतर से बाहर, आभ्यंतर में चल रही बहस को सुन रहा है। इस बहस को सुनकर कर्ता की समझ में आ जाता है कि सहचर मित्र ने क्यों उसे अपने कंधे पर खड़ा किया था, अपने से दोगुना बड़ा किया था। ऐसा करने का आशय यह रहा था कि कर्ता उसके कंधे पर पंजों के बल तनकर खड़ा हो और ऊंची गरदन करते हुए दोनों हाथों से 'स्याह चंद्र का फ्यूज़ बल्ब' जल्दी से निकाल सके और 'पावन प्रकाश का प्राण-बल्ब' उसके स्थान पर लगा सके। वह बल्ब जो कि सहचर मित्र ने स्वयं श्रमपूर्वक तैयार किया है, अपनी 'विक्षुब्ध ज़िंदगी की वैज्ञानिक प्रयोगशाला में'।

इसके पहले बंद में वस्तु-यथार्थ के ही दो पक्षों में बहस हुई थी। 'समाज रूपान्तर विधि' के लिए विचारधारा, रणनीति और कार्यनीति पर विचार हुआ था। रणनीति के तहत यह भी था कि वर्गचेतस, व्यक्तित्वांतरित मध्यवर्ग की यह भूमिका होती है कि वह सर्वहारा की शक्ति को विचारधारा देता है, उस दिशा को पाकर ही सर्वहारा का नेतृत्व समाज को रूपांतरित करता है। सर्वहारा ने उसे अपने कंधे पर इसलिए बिठाया था कि वह स्याह चंद्र के फ्यूज़ बल्ब (प्रतीक) अर्थात पूंजीवादी विचारों को निकालकर, पावन-प्रकाश का प्राण-बल्ब (प्रतीक) अर्थात नई क्रांतिकारी विचारधारा से सर्वहारा को संपन्न कर सके। यद्यपि यह विचारधारा सर्वहारा के संघर्षों से ही निगमित हुई है, उसी की प्रयोगशाला में वैज्ञानिक ढंग से बनी है, तथापि सर्वहारा को पुनः उसकी विचारधारा देकर उसके संघर्षों को दिशा दी जा सकती है।

वस्तु-यथार्थ से हुई क्रिया-प्रतिक्रिया ने चिंतन के स्तर पर उसका द्वंद्व समाप्त किया और कर्ता ने आत्म-स्वीकार करते हुए वक्तव्य दिया- "उस शाला का मैं एक अल्पमति / विद्यार्थी / जड़ लेखक हूं मैं अननुभवी / आयु में यद्यपि मैं प्रौढ़, बुद्धि से बालक हूं।" कर्ता वास्तव में अननुभवी है, मध्यवर्गीय व्यक्ति के पास वे अनुभव नहीं होते जो सर्वहारा के पास होते हैं। 'आयु में यद्यपि मैं प्रौढ़, बुद्धि से बालक' कहने का अभिप्राय है कि जिस व्यवस्था-प्रदत्त ज्ञान से वह प्रौढ़ हुआ है उसने उसे तत्काल निष्कर्षों तक नहीं पहुंचाया जबकि सर्वहारा के निष्कर्ष खरे एवं निश्चयात्मक होते हैं, अतः कर्ता के पास वह बुद्धि नहीं है।

इससे आगे कर्ता विविध प्रतीकों एवं रूपकों के माध्यम से आत्म-स्वीकार की स्थिति को विस्तृत करता है- "मैं एकलव्य जिसने निरखा. . ./ ज्ञान के बंद दरवाज़े की दरार से ही / भीतर का महा मनोमंथन-शाली मनोज्ञ / प्राणाकर्षण प्रकाश देखा। पथ पर मंडराते विद्यालय के शब्दों से / विद्या के कोलाहल में से / छन कर आए कुछ / वाक्यों से प्राप्त किया / बचपन से ही / आश्चर्य-चकित जिज्ञासु-आत्मा / चढ़ती किरनों की चढ़ान / नभ-शिखरों तक छुटपन से ही।" उपरोक्त अंश में कर्ता के अंदर से स्वयं कवि मुखरित हो रहा है। यह उसके आत्मपरक तथ्य हैं। 'ज्ञान' एवं 'विद्यालय' के अर्थ यहां परंपरित-प्रचलित अर्थ नहीं हैं। विद्यालय जीवन का है, समाज का है और समग्र सामाजिक यथार्थ, सामाजिक संबंध, उनके अंतर्विरोध, विद्या हैं, ज्ञान हैं। गोर्की ने अपनी जीवनी के तीसरे खंड को नाम दिया है- "मेरे विश्वविद्यालय', विश्वविद्यालय से गोर्की का आशय भी समाज से रहा है। मुक्तिबोध ने भी उसका यही संदर्भ लिया है। इसके साथ-साथ मध्यवर्ग के वर्ग-चेतस व्यक्ति को एकलव्य जैसे पौराणिक प्रतीक से सही स्पष्ट किया है। उसके पास पीड़ा का ज्ञान नहीं होता, वे अनुभव उसे, वर्ग-भेद वाले सर्वहारा समाज से ही प्राप्त होते हैं, उसका अपना वर्ग उसे यह सारे अनुभव नहीं देता। इसके अलावा कवि का कथन है कि इस ज्ञान के प्रति वह बचपन से ही जिज्ञासु रहा है। प्रारंभ से ही उसका केंद्रीय संवेदन निम्न वर्ग जनता की ओर रहा है। मुक्तिबोध के निजी जीवन को देखें तो यह तथ्य प्रमाणित भी होता है।

अल्पज्ञान या अल्प-अनुभव, संपूर्ण ज्ञान प्राप्त करने की लालसा प्रदान करते हैं। कर्ता पूरा ज्ञान-अनुभव प्राप्त कर मुक्ति की आकांक्षा रखता है- "उस मुक्त-काम बेचैनी में / मैं उन ग़रीब गलियों में घूमा-झूमा हूं। जिन गलियों में तुम अक्षयवट / ले शत-सहस्र भावना-विचारों के पल्लव / ओ जटा जटिल / अनुभव-शाखाएं लिए खड़े। जाने कितने जन-कष्टों की / पीढ़ियां दुःखों की देखी हैं तुमने।" इस अंश से स्पष्ट है कि अक्षयवट (बरगद) यहां सर्वहारा का ही प्रतीक है, किंतु आगे की व्याख्या इस प्रतीक के अर्थ को और व्यापक करती है। यह अक्षयवट अपने संपूर्ण इतिहास के साथ संघर्षशील जनता है। इस प्रतीक-रूपक के संदर्भ में कर्ता अपनी आत्म-स्थिति को कहता है कि- "उस अक्षयवट से मैं / चिंता में अकुलाता झूमा / बेचैनी के सांपों को मैंने छाती से / उस अक्षयवट के तने-तने पर रगड़ा है / वह रगड़ अभी तक बाकी है / व्रण-रेखाएं जिसकी / इस छाती पर साक्षी।" बेचैनी, पहले कहा जा चुका है कि मुक्ति-कामना की है। सांप असंतोष के प्रतीक हैं। इन सर्पों को उसने अपनी छाती पर एवं सर्वहारा इतिहास पर रगड़ा है। यह सही है कि अवर्गापसारित मध्यवर्ग के व्यक्ति का आक्रोश कभी-कभी नपुंसक विद्रोह बनकर रह जाता

है, सर्वहारा के इतिहास को जानने के बावजूद। आक्रोश घावों की रेखाएं छोड़ जाता है। इस आत्मस्वीकार में ही कर्ता वस्तु-पक्ष को संबोधित करता हुआ वक्तव्य देता है– "ओ अक्षयवट, यदि तुम न रहे होते / मेरी इन गलियों में / तो अंधकार के सिंधु तले / पानी के काले थर के नीचे कीचड़ में / अज्ञान ह्वेल की प्रदीर्घ भीषण ठठरी सा / मैं कहीं पड़ा होता सूने में / किसी चोर की गठरी सा / रह अंधकार के भूसे सा / निशि वृषभ गले !!" मध्यवर्गीय कर्ता विविध उपमाओं से यह स्पष्ट करता है कि यदि उसका सर्वहारा विचारधारा से साक्षात्कार न हुआ होता तो वह पूंजीवादी व्यवस्था का एक अंग मात्र बनकर रह जाता, अज्ञानी रहता, पूंजीवादी चोर की गठरी जैसा। ज्ञानांधकार के भूसे जैसा, पूंजीवादी तंत्र के निशि-वृषभ का भोज्य बन गया होता।

छठा बंद : कर्ता में द्वंद्व की स्थिति को समाप्त करने एवं उसे वर्गापसारित करने में सर्वहारा की क्या भूमिका थी, वह स्पष्ट करता है। वर्णन एवं उपमा-रूपकों में स्थिति-चित्र से– "खूंखार, सिनिक, संशयवादी / शायद मैं कहीं न हो जाऊं / इसलिए बुद्धि के हाथों पैरों की बेड़ी / जंज़ीरें खनकाकर तोड़ीं / तुमने निर्दय औज़ारों से।" यद्यपि– 'टूटती बेड़ियों की नोकों / से जख़्म हुआ औ' ख़ून बहा' किंतु "यह जान तुरंत / अपने अनुभव के गंधक का / चुपड़ा मरहम मेरे व्रण पर तुमने सहसा।" वर्ग-चेतस पैटी बुर्जुआ को वर्गापसारण में, अपने वर्ग से मुक्त होने के प्रयास में, जो कष्ट होता है, सर्वहारा की स्थितियों के अनुभव वास्तव में मरहम का काम करते हैं।

मुक्तिबोध अपने गढ़े प्रतीकों की यथासंभव व्याख्या भी साथ ही देते चलते हैं। वे केवल 'मरहम' शब्द का प्रयोग करके भी काम चला सकते थे, किंतु वह फ़ैंटैसी में भी कथ्य के स्तर पर अस्पष्टता नहीं चाहते।

कर्ता, वस्तु-पक्ष द्वारा मरहम लगाने की इस सहायता का आभारी है और चाहता है कि यह सहायता उसे भविष्य में भी मिलती रहे। लेकिन कर्ता की यह इच्छा जानकर वस्तु-पक्ष में दूसरी ही क्रिया हुई– सातवां बंद–

यह जान तुम्हारे माथे की
तीनों रेखाएं उलझ गयीं
नभ में त्रिकाल रेखाएं विद्युत की चमकीं
मैंने जब नीली चकाचौंध वह, देखी तो
वे भीषण होकर गरज गयीं।

'उत्तर' के इस कठोर व्यवहार से कर्ता के ऊपर नया प्रभाव पड़ा, नई प्रतिक्रिया हुई–

झूठे अवलंबन की शहनाई मूक हुई

भावुकता निर्भरता का संबल दो टूक हुआ
देखा, सहसा मैं बदल गया
भूरे निःसंग रास्ते पर
मैं अपने को ही सहल गया।

कर्ता के लिए यह वर्गापसारण पूर्ण होने की स्थिति है। अब उसकी मानसिकता बदल गई, सर्वहारा की स्थिति के ज्ञान से, कोरी भावुकता समाप्त हो गई। दूसरे शब्दों में कर्ता का संवेदनात्मक ज्ञान अब ज्ञानात्मक संवेदन में परिणत हो गया। यहां कविता का दूसरा कथ्य पूर्ण हुआ। विवेक-प्रक्रिया ने कर्ता की निर्णयात्मक परिणति कर दी।

आठवां बंद : कर्ता ने वस्तु-पक्ष से जो ज्ञान-निष्कर्ष प्राप्त किया, उसने उस पर प्रभाव डाला। वर्गापसारण से उसका आत्म-प्रसार होने लगा, इस नए प्रभाव पर वह वक्तव्य देता है– "अपने छोटे निज जीवन में / जी ली हैं अनगिन ज़िंदगियां।" ज़िंदगियों की व्याख्या– "ज़िंदगी हरेक / ज्वलित चंदन का ईंधन है," संघर्ष की प्रतीक हैं। बात आगे बढ़ती है– "मेरी धमनी में जलते चंदन का धूंआ / छाती के रेशे-रेशे में / उसने घुस-फंस कर की काली धड़कन मेरी / पर वह काजल है चंदन का।" धड़कन काली क्यों हुई ? कालिमा पीड़ा की परिचायक है, यह पीड़ा क्यों आई ? इस 'क्यों' का विस्तार आगे की फ़ैंटैसी भी करती है, जिसमें कर्ता स्वयं को ही अर्जुन के रूप में परिणत पाता है– "है स्नेह-भरी चिंता में / शाल्मलि वृक्ष तले / उद्विग्न खड़े वनवासी दुर्धर अर्जुन का / जिसके नेत्रों में चमक उठे / चंदन के पावन अंगारे / जो सोच रहा / क्यों मानव के इस तुलसी वन में आग लगी।"

शाल्मलि वृक्ष के नीचे उद्विग्न खड़े वनवासी अर्जुन शिव की तपस्या करते हुए किरातार्जुन हैं। अपने कथ्य को स्पष्ट करने के लिए मुक्तिबोध पौराणिक पात्रों का प्रचुर प्रयोग करते हैं, उन्हें प्रतीक बनाकर उनमें नए अर्थ-अनुषंग भरते हैं। अर्जुन तपस्यारत हैं, किंतु उद्विग्न हैं। तपस्या अपने लिए नहीं जन-कल्याण के लिए की जाती है। अर्जुन को शिव से ब्रह्मास्त्र चाहिए, शत्रु-संहार के लिए, उसी को प्राप्त करने के लिए वह चिंतित हैं। कर्ता की भी यही स्थिति है, उसे अनगिन ज़िंदगियों को बचाने के लिए समाधान चाहिए, और अब वह वर्गापसारित होकर अर्जुन के समान दुर्धर भी हो गया है। ध्यान देने की बात यह भी है कि कर्ता अब एकलव्य नहीं, अर्जुन है। अर्जुन जैसी लक्ष्य-केंद्रीयता अब उसके पास है। अर्जुन के सामने बहुत सारे प्रश्न हैं, पहला प्रश्न है कि 'मानव के इस तुलसी वन में आग क्यों लगी ?' मानव का तुलसी वन उसका समाज माना जा सकता है। यह सवाल उसे अन्य सामाजिक समस्याओं तक

ले जाता है– "क्यों मारी-मारी फिरती है / मन की यह सज्जनता गहरी / दु:ख के कीड़ों ने खाई क्यों / ये जुही पत्तियां जीवन की / निर्माल्य हुए क्यों फूल / युवक-युवतीजन के / क्यों मानव-सुलभ सहज / आकांक्षाओं के तरु / यों ठूंठ हुए वृंदावन के"। प्रस्तुत समस्याएं सही जीवन-मूल्यों के समाप्त होने की, बेरोज़गारी की एवं शोषित जनता की सहज भौतिक आवश्यकताएं पूरी न हो पाने की समस्याएं हैं। सारे समाज की आकांक्षाओं को पूर्ण करने वाले सर्वहारा-तरु स्वयं कैसे ठूंठ हो गए? समस्याएं विराट हैं, तरह-तरह के प्रश्नों के रूप में वह कर्ता के सामने आती हैं। उसे इसका कारण भी पता चलता हे, ऐसा इसलिए है क्योंकि "मानव आदर्शों के गुम्बद में आज यहां / उलटे लटके चिमगादड़ पापी भावों के।"

कविता में यहां तक आते-आते अर्जुन का बिंब दबने सा लगता है, अर्जुन के रूप में कर्ता ही ये सवाल कर रहा है– "क्यों स्वार्थ-घृणा-कुत्सा के / थूहर जंगल में / हैं भटक गए थे लक्ष्य / पुराने पांवों के / क्यों घर-आंगन की मौन अकेली / छाया में / चिंता के प्रेत / सियाह बदन हैं झूल रहे. . .।"

इस बात का उल्लेख हम पहले भी कर चुके हैं कि जहां मुक्तिबोध पंक्ति के अंत में डॉट्स का इस्तेमाल करते हैं वहां अक्सर वे डॉट्स आगे विकसित होने वाली फ़ैंटैसी की सूचना देते हैं। पिछली पंक्ति में झूलने का संदर्भ फ़ैंटैसी को झूले के बिंब से शरू करता है– "आवाज़ कड़ी उस झूले की / धंसते हिय का हिलडोल बनी / लोहे का गाडर / छत की छाती पर धम से आ धमका।" कर्ता पुन: इसका कारण सोचता है और पाता है कि "वह कारण, सामाजिक जंगल का घुघ्घू है / है घुघ्घू का संगठन, रात का तम्बू है !!" 'सामाजिक जंगल' और 'घुघ्घू' दोनों ही प्रतीक हैं। सामाजिक जंगल समाज तो है ही, लेकिन वह समाज जिसमें 'जंगल के नियम' लागू हैं। 'घुघ्घू' व्यक्तिगत संपत्ति के स्वामी का प्रतीक है। हर युग, हर समाज में यह घुघ्घू और उसका वर्ग ही समस्त मानव-सभ्यताओं का मूल रहा है। 'रात का तम्बू' उसके शोषण-तंत्र का प्रतीक है।

इस कारण को उसके ऐतिहासिक परिप्रेक्ष्य में जानते ही कर्ता पर उसकी प्रतिक्रिया होती है– "यह भीतर की ज़िन्दगी नहाती रहती है / हिय के विक्षोभों के खूनी फव्वारों में / अंगारों में। इस दिल के भरे रिवाल्वर में / बेचैनी ज़ोर मारती है, इसमें क्या शक।" 'दिल का भरा रिवाल्वर' कर्ता की प्राप्त-जुझारू शक्ति की लक्षणा करता है। वर्तमान युग पूंजीवादी युग है, आगे के वर्णन से स्पष्ट होता है– "क्यों ताकतवर उस मशीन के / पिस्टन की सी दिल को धक्-धक् उद्दाम वेग से चला रही। ये लौह चक्र / मन-प्राण बुद्धि के विक्षोभी।"

'लौह चक्र' आद्यौगिक चक्का है, जिसने इस व्यवस्था में मन, बुद्धि, प्राण को विक्षुब्ध कर रखा है, दिल की धक्-धक् को बढ़ा दिया है। किंतु इस पूंजीवादी व्यवस्था की तार्किक परिणति समाजवाद में है, यह भी तै है– "यह स्याह स्टीम-रोलर जीवन का / सुख-दुःख की / कंकर-गिट्टी यक सां करके / हर एक रास्ता बना रहा युग के मन का / मेरे मन का !!"

अगला, नवां बंद, पिछले बंद के सूत्र 'रास्ता' से प्रारंभ होता है। कथ्य को नया मोड़ मिलता है। दिल का भरा रिवाल्वर फ़ायर करके अराजक नहीं हो जाता, सर्वहारा के पास आता है, क्योंकि वही एकमात्र रास्ता है– "रास्ते पर इस– / मानव व्यक्तित्व कदम्बों की शीतल छाया / विद्रोहों की विधियां / विक्षोभी मन का बल / छाती में मधुमक्खी का छत्ता फैला है।"

यहां से मुक्तिबोध मधुमक्खी के रूपक को विस्तार देते हैं एवं कथ्य को स्पष्ट करते हैं– "जो अकुलाया औ' दंशतत्परा मधुमक्खी के दल-दल। रस-मर्मज्ञाओं की सेना स्नेहान्वेषी, पर डंक सतत तैयार, बुद्धि का नित संबल।" मधुमक्खी का छत्ता सर्वहारा वर्ग के लिए नया उपमान है। सर्वहारा वर्ग मध्यवर्ग से वर्गापसारित व्यक्ति को साथ तो रखता है किंतु उसके कभी भी उभर आने वाले ढुलमुलपन पर अंकुश भी रखता है। दूसरी ओर मध्यवर्ग का व्यक्ति इस सर्वहारा चेतना से संपन्न होकर सुखी अनुभव करता है। मधुर रस-बिंदु के रूप में आशावाद से संचरित रहता है– "मधुमक्खी दल ने ज़िंदगियों के फूलों से / रस-बिन्दु- मधुर एकत्रित कर संचित रखने / मेरे प्राणों में / अग्नि परीक्षाओं से गहरे छेद किए / छाती मधुपूरित अनगिन छेदों का जाला / आत्मा में मधुमक्खी का है छत्ता फैला।" वर्गापसारित होने के बाद भी सर्वहारा नेतृत्व उसे कठिन परीक्षाओं के बाद ही विश्वास में लेता है। यहां 'अग्नि परीक्षा' मुहावरे के रूप में है न कि अभिधा में।

प्राणों में गहरे छेद होने पर भी कष्ट नहीं रहता क्योंकि वह सर्वहारा विचारधारा के मधु से पूरित रहता है। कर्ता को अब मानव व्यक्तित्व कदंब जैसे लगते हैं। वह वस्तु-यथार्थ के अपने सहचर मित्र को संबोधित करता है– "मानव व्यक्तित्व-कदम्ब तले / मधुमक्खी के जाले / तुमसे सीखा कैसे ये पाले जाते हैं / मेरे दिन, मेरी रातों में / ओ सहचर मित्र, तुम्हारे दिन हैं / रातें हैं।" यह कर्ता एवं वर्गापसारण के लिए सही शिक्षक सर्वहारा ही है। वही मानव व्यक्तित्व को कदंब बनाता है, उस तरु के गंभीर तने पर विविध सर्वहारा ज़िंदगियां ही काट-खोद कर वाक्यावलियां लिखती हैं। वस्तुतः कविता का प्रमुख कथ्य यही है।

अंतिम बंद, प्राप्त कथ्य पर कवि के वक्तव्य से प्रारंभ होता है– "ज़िंदगी

हरेक. . . निजत्व लिए पलकें / खोले / अपना अपना व्यक्तित्व लिए / अलकें खोले / अंतर के तरु की शाखा-शाखा पर / प्रतिपल / चाकू से काट-काट चित्रित करती हैं, गहरा संवेदन।"

तदनंतर, इसी सूत्र को पकड़कर फ़ैंटैसी प्रारंभ होती है– 'मानव व्यक्तित्व कदम्ब तले (गम्भीर रात्रि में) आ करके / चुपचाप सिमिट / अकुलाहट की चांदनी / सरल निर्व्याजमुखी / तरु-तने खुदी वाक्यावलियां / पढ़ती है बहुत ध्यान से, तब / पढ़ते-पढ़ते अक्षर-दल से / उमड़ी चंदन की ज्वालाएं। पावनता की विक्षुब्ध रश्मियां भभक उठीं / ये खोदे गए मर्म-सारांश भभकते हैं।" 'अकुलाहट की चांदनी' पीड़ित मन की प्रतीक है। यह चांदनी दिन में नहीं आती, गंभीर रात्रि में आती है, गंभीर कष्टों के समय आती है, किंतु जब यह आभ्यंतर के दूसरे हिस्सों में खुदे गहरे संवेदन के अक्षर-दल को पढ़ती है तो तिरोहित हो जाती है, क्योंकि वे खोदे गए 'मर्म-सारांश भभकते हैं'। इस फ़ैंटैसी चित्र को उपमान बनाकर कर्ता वक्तव्य देता है–

बस इस तरह,
अर्थों की गहरी ज्वालाएं दिन-रात
निकलतीं इसी तरह,
माधुरी और करुणा में भीगी रहकर भी
जी के भीतर की शिलालेख चट्टान,
गर्म रहती ही है
संघर्ष-मार्ग-इतिहास-मर्म कहती ही है

इतिहास का मर्म है कि संघर्ष ही मार्ग है। संबोधन से आरंभ हुई कविता संबोधन पर ही समाप्त होती है, कर्ता अपना निष्कर्ष वक्तव्य देता है–

ओ मेरे सहचर मित्र,
क्षितिज के मस्तक पर नाचती हुई
दो तडिल्लताओं में मैत्री रहती ही है।

'तडिल्लता' शब्द का प्रयोग मुक्तिबोध ने कविता के प्रारंभ में भी किया था। वहां तडिल्लता, विप्लव की तडिल्लता थी। अर्थ था कि मध्यवर्ग में भी उसके अपने शोषण के कारण यत्किंचित विप्लव होता है। और यह निष्कर्ष कि दो विप्लवी वर्गों में मैत्री होती ही है, एक ऐतिहासिक सत्य है। यह कविता इसके साथ-साथ इस बात पर बल देने में कतई नहीं चूकती कि वर्गों की मैत्री या एकता सर्वहारा वर्ग द्वारा ही संभव है। विविध वर्गों की 'चल तडिल्लता' को अचल करने का सामर्थ्य उसी के पास है। इसका कारण है, कारण यह कि उसका सारा इतिहास संघर्षों का इतिहास है, और उसे आख़िरी बिंदु तक

संघर्ष करते रहना है, जब तक कि उसकी अपनी व्यवस्था स्थापित न हो जाए। लेनिन ने लिखा है– "अंत तक क्रांतिकारी रहने वाले वर्ग के रूप में, पूंजीपति वर्ग के ख़िलाफ़ संघर्ष के लिए सभी मेहनतकशों और शोषितों को एकताबद्ध कर सकने वाले एकमात्र वर्ग के रूप में, उस दमन का नेतृत्व करने में, उसकी तामील करने में केवल सर्वहारा वर्ग ही समर्थ है।"[1]

1. लेनिन : राज्यसत्ता और क्रांति, पृ. 28

पता नहीं

मुक्तिबोध की छोटी कविताएं दो प्रकार की हैं। पहली वे जिनमें रूपक-धर्म का निर्वाह होता है, दूसरी वे जो उनकी बड़ी कविताओं और उनके प्रमुख कथ्य के किसी एक हिस्से को फ़ोकस करती हैं।

दो-चार कविताओं को छोड़कर मुक्तिबोध की प्रायः सभी छोटी कविताएं उनकी बड़ी कविताओं और उनके प्रमुख कथ्य के किसी एक हिस्से को फ़ोकस करती हैं। यही कारण है कि उनकी छोटी कविताओं को बिना बड़ी कविताओं की मदद के समग्रता में समझ पाना संभव नहीं हो पाता। कभी तो यह छोटी कविताएं स्वयं में किसी बड़ी कविता का हिस्सा मालूम पड़ती हैं और कभी यह होता है कि किन्हीं दो लंबी कविताओं के अलग-अलग कथ्यांश एक छोटी कविता के रूप में जगह बना लेते हैं। ऐसा होने का प्रमुख कारण हम पहले भी समझ-सोच चुके हैं कि मुक्तिबोध की कविता की गति मध्यवर्गीय जीवन के केंद्र के इर्द-गिर्द ही चक्कर लगाती है, बाह्यांतर दबावों से बेचैनी महसूस करती है। मुक्ति के लिए छटपटाती है और व्यक्तित्वांतरित होती हुई समूचे सामाजिक विकल्प के लिए परिवर्तनकारी शक्तियों की खोज करती दिखाई देती है।

'अंधेरे में' कविता के कथ्य को हमने स्वयं मुक्तिबोध निर्मित तीन प्रमुख पड़ावों में देखा था– स्वानुभूत आदर्श, विवेक-प्रक्रिया और क्रियागत परिणति, मुक्तिबोध की छोटी कविताएं स्वयं को इनमें से किसी एक या दो पड़ावों पर केंद्रित करती हैं। ऐसी बात नहीं कि तीसरे पड़ाव का कोई संदर्भ कविता में न आता हो, लेकिन यह सही है कि अगर आता है तो वह संदर्भ-भर ही होता है। लंबी कविताओं की भांति छोटी कविताओं का कथ्य विस्तार नहीं पाता और न उनमें लंबी कविताओं जैसी कर्ता-पक्ष और वस्तु-पक्ष की अनवरत क्रिया-प्रतिक्रिया ही होती है। इन कविताओं की मुद्रा अधिकतर संबोधन की होती है– या तो वाचक-नायक किसी / किन्हीं को संबोधित करता दिखाई देगा या फिर कोई एक, वाचक-नायक को संबोधित कर रहा होगा। फ़ैंटैसी इनमें बहुत स्थान नहीं घेर पाती, हालांकि होती है। दूसरे, इनमें फ़ैंटैसी के अक्सर वे ही हिस्से होते हैं जो मुक्तिबोध के सर्वाधिक प्रिय हैं या जो उनकी फ़ैंटैसी की जान हैं। मसलन, कोई पुरुष (वही रक्तालोकस्नात) उभरना, दिखाई देना या कर्ता के आभ्यंतर लोक का एकाएक प्रकट हो जाना या किसी / किन्हीं

चीज़ों का जनसमूह में व्यक्तित्वांतरित हो जाना।

'पता नहीं'[1] एक ऐसी ही छोटी कविता है। पहले से बता दें कि इस कविता का कथ्य मुख्यत: 'अंधेरे में' और 'मेरे सहचर मित्र' कविताओं के उपकथ्यों से मिलकर बना है, या कहें यह कविता इन कविताओं के लिए एक पूरक कविता है। उक्त दोनों कविताएं हमें इसे समझने में मदद देंगी। स्वानुभूत आदर्शों के बाद में हुई विवेक-प्रक्रिया से निकला हुआ वाचक-नायक, क्रियागत परिणति के दौरान हुए अपने अनुभवों को, किसी व्यक्ति (कविता में अदृश्य, संभवत: पाठक) को संबोधित करते हुए बता रहा है। कर्ता-वाचक-नायक एक मध्यवर्गीय वर्ग-चेतस व्यक्ति है, जो स्वयं के कवि होने का आभास देता है।

कविता इस आत्मकथन से प्रारंभ होती है : "पता नहीं कब, कौन, कहां, किस ओर मिले / किस सांझ मिले, किस सुबह मिले!!" आगे इस कविता को हम केवल पदान्वय करके समझने की कोशिश करेंगे : "ज़िंदगी की यह राह जिससे जिस जगह मिल जाय, बस वहीं मेंहदी के अहाते के भीतर एक घर होगा, बाहर पीली प्रसन्न कनेर होगी, ऊंचा बरगद होगा, गीली ज़मीन होगी, और मन इन सब को देखकर न जाने क्या-क्या कल्पना करेगा।" निश्चय ही कल्पनाएं घरेलू होंगी, आत्मीय होंगी, संवेदनाओं से ओत-प्रोत होंगी। 'ब्रह्मराक्षस' कविता के प्रारंभ में भी मुक्तिबोध ने ऐसा ही वर्णन किया है, लेकिन वहां क्योंकि ब्रह्मराक्षस रहता है, एक मध्यवर्गीय निष्क्रिय बुद्धिजीवी, 'संवेदना से स्याह', अत: वातावरण रहस्यमय हो गया है, यहां इस कविता की भूमि उतनी बोझिल और ख़तरनाक नहीं है, बल्कि आत्मीय है। 'ब्रह्मराक्षस' कविता में यही वातावरण वाचक-नायक को ख़तरे से आगाह करता है, किंतु यहां वाचक-नायक आत्मविश्वासपूर्वक किसी व्यक्ति को संबोधित कर रहा है: "तब एक गंभीर वृक्ष के तले बैठकर मन टटोलो, अपने-अपने तप्त-अनुभवों की तुलना करो, पता नहीं किससे कौन सा छोर मिल जाय, इसीलिए घुलना-मिलना पड़ेगा।"

मुक्तिबोध की कविताओं का वाचक-नायक अन्य कई कविताओं में एक निष्कर्ष पर पहुंचा है:

"अपने छोटे से जीवन में / जी ली हैं अनगिन ज़िंदगियां / ज़िंदगी हरेक/ ज्वलित चंदन के ईंधन सी।"[2]

"मैं देखता क्या हूं कि पृथ्वी के प्रसारों पर / जहां भी स्नेह या संगर / वहां पर एक मेरी छटपटाहट है। वहां है ज़ोर गहरा एक मेरा भी / सतत मेरी उपस्थिति, नित्य सन्निधि है। एक मेरा भी वहां पर प्राण-प्रतिनिधि है / अनुज,

---

1. मुक्तिबोध : चांद का मुंह टेढ़ा है, पृ. 4-6
2. वही, पृ. 89

अग्रज, मित्र / कोई आत्म छाया-चित्र।"[1]

अपने इन्हीं निष्कर्षों के रहते मुक्तिबोध का काव्य-नायक संबोधित व्यक्ति को सलाह दे रहा है। यह आत्मीय सलाह उसकी उसी शाश्वत खोज का हिस्सा है जो इसने हर गली, हर सड़क, हर चेहरा, प्रत्येक गतिविधि, प्रत्येक चरित्र और हर एक आत्मा का इतिहास, हर देश व राजनैतिक परिस्थिति, प्रत्येक मानवीय स्वानुभूत आदर्श, विवेक-प्रक्रिया और क्रियागत परिणति जानने के उद्देश्य से 'अंधेरे में' कविता के अंत में शुरू की थी। क्रांति का स्वप्न देखने के बाद 'अंधेरे में' का वाचक-नायक इसी निष्कर्ष पर पहुंचा था कि वह सपना तब तक पूरा नहीं हो सकता जब तक कि वह अपने समानधर्मा, समानलक्ष्यबद्ध सहचर मित्रों को तलाश नहीं कर लेता और उन्हें भी क्रांति के निजी और सबके उद्देश्य के लिए सक्रिय नहीं कर देता।

स्पष्ट है, वह ऐसे व्यक्तियों की केवल खोज ही नहीं करता बल्कि उन्हें भी अनवरत खोज के लिए, सहचर मित्रों की तलाश के लिए, प्रेरित करता है। दूसरे यह कि ऐसे व्यक्ति बने-बनाए नहीं मिलते बल्कि उन्हें क्रांति के उद्देश्य के लिए तैयार करना पड़ता है। अतः वह चाहता है कि अपरिचित परिचित बनें और परिचितों के मध्य संवाद हो। संवाद यदि एक बार क़ायदे से शुरू हो जाए तो वर्तमान हालात पर ही होगा, अपने-अपने तप्त अनुभवों पर ही होगा। अनुभवों का परस्पर आदान-प्रदान उन्हें निष्कर्षों तक ले जाएगा और उन्हें उन निष्कर्षों के अनुकूल सक्रिय कर देगा। यही कारण है कि प्रस्तुत कविता में वह संबोधित व्यक्ति को ऐसा करने के सुझाव दे रहा है। मेंहदी के अहाते और बरगद के आसपास का सारा परिवेश सामाजिक जीवन का कार्यक्षेत्र है, जहां किसी भी साथी हो सकने वाले व्यक्ति के मिलने की संभावना है।

दूसरा बंद : तप्त अनुभवों का आदान-प्रदान करने से लाभ क्या होगा, वाचक-नायक संबोधित व्यक्ति को बता रहा है– हालांकि ये सही है कि 'फ़ासले चिलचिला रहे हैं', सामाजिक-संबंध छिन्न-भिन्न हो रहे हैं, जटिल हो रहे हैं, दूरियां बढ़ रही हैं किंतु यथार्थ की यह यातना 'तेज़ भूरी दोपहर' की तरह असंतोष को भी जन्म देती है। शोषण का 'बांका-तिरछा काल, गर्म-धार' की तरह सामाजिक जीवन में रेंगता चला जा रहा है, लेकिन "तुम्हारे हाथ में जब भी मित्र का हाथ होगा, बरगद (संगठित जनता का प्रतीक) की छांह वहीं फैलेगी।" मित्र की उपस्थिति से एकाकीपन की यंत्रणा नहीं होगी, उल्टे अनुभव-विनिमय के कारण आत्म-विस्तार होगा। "उसी बरगद की छाया में रहकर गहरी-गहरी उर-स्पर्श करने वाली सपनीली सी स्वर्गीय-उषा खुलकर सामने

---

1. मुक्तिबोध : चांद का मुंह टेढ़ा है, पृ. 177

दिखेगी।" मित्र भी उस समय अकेला नहीं रह जाएगा बल्कि तुम्हें लगेगा जैसा स्वर्गीय उषा के रूप में "गहरी अंतःकरण तृषा तुमको लाखों आंखों से निहारती हुई बैठी है। मानव के प्रति मानव के जी की पुकार जितनी अनन्य, आत्मीय और प्रसन्न।" वाचक-नायक कहना चाहता है कि समानधर्मा मित्र की उपलब्धि से संबोधित व्यक्ति के व्यक्तित्व का उत्तरोत्तर विस्तार होगा, उसे अपना लक्ष्य उस आत्मीयता और निकट संबंध के कारण और-और समीप दिखाई देगा, "इतना समीप जैसे आंचल फैलाकर लाली भरा आसमान पास बैठा हो।" वाचक-नायक निश्चित होकर कहता है- "हां, उस समय अपनेपन की प्रकाश-वर्षा में रुधिरस्नात हंसता हुआ समुद्र अपनी गंभीरता के विरुद्ध चंचल होगा।" 'लाली भरा आसमान' और 'अपनी गंभीरता के विरुद्ध चंचल समुद्र' की उपमाएं देकर वाचक-नायक समझाना चाहता है कि अनुभव तुलना की विवेक-प्रक्रिया से विश्वदृष्टि विकसित होगी, आस्था पनपेगी और एक लाल भविष्य (समाजवादी समाज) का- स्वर्गीय उषा, लाल आसमान, रुधिरस्नात समुद्र के रूप में- निकट होने का अहसास होगा।

पूंजीवाद आदमी से आदमी के फ़ासले को बढ़ाता है, परस्पर घिनौनी स्पर्धा, घृणा और द्वेष पनपाता है किंतु समाजवादी धारणा की वर्गचेतना व्यक्ति को निकटतम संबंधों में बांधकर उन्हें अधिकतम मानवीय मूल्यों से समृद्ध कर देती है। बरगद की छांह इसी मानव-संबंध-विस्तार की द्योतक है। 'मेरे सहचर मित्र' कविता में मुक्तिबोध ने इसे ही 'मानव-व्यक्तित्व-कदम्बों की शीतल छाया' कहा है।

तीसरे बंद में, 'स्वर्गीय उषा' की उपमा फ़ैंटैसी बनने लगती है। दूसरे बंद में वाचक-नायक ने संबोधित व्यक्ति से कहा था कि यह 'स्वर्गीय उषा' संबंध प्रगाढ़ होने पर लाखों आंखों से तुम्हें निहारेगी। तीसरे बंद में आकर 'स्वर्गीय-उषा' मुख के रूप में फ़ैंटैसीकृत हो जाती है और बात आगे बढ़ती है, वाचक-नायक कह रहा है- "वह मुख है या मात्र आलोक भरी आंखें हैं, जो सतत तुम्हारी थाह लेने के लिए गहरी होती जा रही हैं, इतनी गहरी कि तुम्हारी थाहों में अजीब सी हलचल होने लगती है, मानो अनजाने रत्नों की अनपहचानी सी चोरी में तुम धर लिए गए, निज में बसने के लिए ही कस लिए गए।"

इस कविता के वाचक-नायक को यदि 'अंधेरे में' कविता का वाचक-नायक मान लें तो हम पाते हैं कि यहां संबोधित व्यक्ति को वह अपनी ही आपबीती सुना रहा है। उसे भी एक दिन एकाएक उसके अपने रत्न हाथ लग गए थे-

"पाता हूं निज को खोह के भीतर / विलुब्ध नेत्रों से देखता हूं द्युतियां /

मणि-तेजस्क्रिय हाथों में लेकर / विभोर आंखों से देखता हूं उनको / पाता हूं अकस्मात / दीप्ति में वलयित रत्न वे नहीं हैं / अनुभव-वेदना-विवेक-निष्कर्ष / मेरे ही अपने यहां पड़े हुए हैं।"[1]

व्यक्तित्वांतरण की प्रक्रिया से स्वयं गुज़रने के बाद वह संबोधित व्यक्ति को (उसे हो सकने वाले अनुभवों के बारे में) बता रहा है– यह तुम्हारे साथ भी होगा, तुम्हारे अपने अनुभव एक स्वतःस्फूर्त प्रक्रिया में तुम्हारे सामने आ खड़े होंगे, तुम्हारा विवेक तुम्हें कसने लगेगा, प्रतिबद्ध करने लगेगा।

चौथा बंद : संबोधित व्यक्ति इस कविता के वस्तु-पक्ष का महत्वपूर्ण हिस्सा है, लेकिन प्रकट नहीं है। कर्ता-पक्ष और वस्तु-पक्ष की क्रिया-प्रतिक्रिया इसीलिए इस कविता में उस तरह नहीं है जैसी कि शेष लंबी कविताओं में। कर्ता अपनी ओर से ही वस्तु-पक्ष की प्रतिक्रियाओं का अनुमान लगा लेता है और उन संभावनाओं को फ़ैंटैसी में व्यक्त करता है, कहता है– "तब तुम्हें अकस्मात लगेगा कि प्रतिभाओं का सार, स्फुलिंगों का समूह लेकर सबके मन का बना हुआ एक अग्निव्यूह (क्रांतिकारी विचारधारा) तुम्हारे अंतःकरण में समा गया है, उसके ऊपर छाई ठंडी प्रस्तर सतहें (पुराने संस्कार और जड़ता) सहसा कांपती हैं, तड़कती हैं, टूटती हैं और भीतर का वह ज्वलत्-कोष ही निकल पड़ता है। फिर एकाएक कैसी घटना होती है कि ज्वलत्-कोष के स्थान पर एक प्रज्वलित कमल खिल उठता है! एक स्वप्न-रचना की तरह उस कमल कोष के पराग-स्तर से सहसा एक खड़ा हुआ शक्तिपुरुष अपने दोनों हाथों से आसमान थामता हुआ प्रकट होता है। तुम्हारे अत्यंत निकट आता है और तुमको कंधे पर बिठलाकर न जाने किस ओर, न जाने कहां और कितनी दूर ले जाने की आतुरता और उत्कटता ज़ाहिर करता है।"

प्रस्तुत फ़ैंटैसी मुक्तिबोध की प्रियतम कल्पनाओं का परिणाम है। इस शक्तिपुरुष को हम कई कविताओं में कई रूपों में देख चुके हैं। 'अंधेरे में' कविता में यह रक्तालोकस्नात पुरुष के रूप में प्रकट होता है और काव्य-नायक को कहीं दूर जाने को प्रेरित करता है। 'मेरे सहचर मित्र' में यही 'उत्तर' और 'सहचर सैनिक' के रूप में काव्य-नायक को कंधे पर बिठाता है और नभ छूने जितना ऊंचा कर देता है। इन कविताओं के विश्लेषण में हमने पाया कि उक्त शक्तिपुरुष सर्वहारा जनक्रांति का अग्रदूत है, जो मध्यवर्ग के मुक्ति को छटपटाते जनों को आत्मचेतस बनाता है और उनका वर्गापसारण करने के लिए सक्रिय रहता है। इस कविता में उक्त शक्तिपुरुष के प्रकट होने के दौरान की बिंबमाला सर्वाधिक सक्षम बन पड़ी है।

---

1. मुक्तिबोध : चांद का मुंह टेढ़ा है, पृ. 265

पांचवां बंद : "शक्तिपुरुष द्वारा तुम्हें ले जाए जाने के बाद", वाचक-नायक कहता है– "फिर वही सुदूर की यात्रा, किसी भरपूर की भटकती हुई खोज शुरू हो जाएगी। आत्मचेतस मन की अनेकानेक अंत:संभावनाएं होंगी और ज़िंदगी जाने किन-किन ख़तरों से जूझेगी। लेकिन यह तय है कि अपने हृदय की धड़कनों में तुम दर्दीले, फैले-फैलेपन की मिठास महसूस करोगे। तुम्हारे लिए यह युग व्यक्तिबद्धता को तोड़ता हुआ नि:स्वात्म विकास का युग होगा, जिसके सामाजिक जीवन में मानवगति के बारे में सुनकर तुम प्रत्येक व्यक्ति के चरण तले जनपथ बनकर दौड़ जाओगे।" यानी मुक्ति के लिए मानव प्रयासों– जनांदोलनों– को देखकर तुम उन्हें अपनी सेवाएं समर्पित करोगे। स्पष्टत: "वे अवस्थाएं तुम्हें दरिद्र करवाएंगी और तुम दैन्य ही भोगोगे पर तुम अनन्य और प्रसन्न होगे।" वाचक-नायक कहना जारी रखता है– "एक आत्मीय छवि (वही शक्तिपुरुष) तुम्हें उस जगह नित्य भटकाएगी जहां मानव मन का कोई छोर मिले। वह तुम्हें ले जाएगी, क्योंकि पता नहीं कब, कौन, कहां, किस ओर मिल जाय।"

कविता यहां समाप्त हो जाती है। 'मेरे सहचर मित्र' कविता के कथ्य– "दो तडिल्लताओं में मैत्री होती ही है"– को रखने वाली यह कविता 'अंधेरे में' कविता के समापन के आगे की कविता है, अत: इन दोनों कविताओं की पूरक है। इस कविता की रचना-प्रक्रिया में निहित ज्ञानात्मक आधार, संवेदनात्मक उद्देश्य, ज्ञानात्मक संवेदन और संवेदनात्मक ज्ञान वही हैं जो उन कविताओं में थे।

ओ काव्यात्मन् फणिधर

मुक्तिबोध की कविताओं में कविता के बारे में छिटपुट टिप्पणियां तो मिल जाती हैं किंतु कविता को केंद्रीय विषय बनाकर लिखी जाने वाली यह एकमात्र लंबी कविता है। यों कुछ आलोचकों ने 'अंधेरे में' कविता तक को कविता के बारे में कविता करार दिया। उसकी पूर्ण अभिव्यक्ति की खोज को कविता की अभिव्यक्ति की खोज माना। जबकि कविताई अभिव्यक्ति से 'अंधेरे में' का कोई लेना-देना ही नहीं है और इस 'ओ काव्यात्मन् फणिधर'[1] शीर्षक कविता को जो विशुद्ध रूप से कविता के बारे में है, समझने का प्रयास नहीं किया गया।

मुक्तिबोध की कविताओं को कल होने वाली घटनाओं की कविता कहा जाता रहा है, और वह इसलिए कि मुक्तिबोध की संपूर्ण रचनाधर्मिता की चिंता का इकलौता कारण है–

समस्या एक
मेरे सभ्य नगरों और ग्रामों में
सभी मानव
सुखी, सुन्दर व शोषण-मुक्त
कब होंगे ?[2]

ज़ाहिर है इस समस्या का निदान आसान नहीं है और यदि है तो वह कल होने वाली घटनाओं से होना है। डा॰ विद्यानिवास मिश्र ने लिखा है कि– "मुक्तिबोध बीस वर्ष बाद के कवि हैं।" यह कथन भी प्रकारांतर से कल होने वाली घटनाओं की कविता वाले कथन को पुष्ट करता है।

भविष्यत् से जुड़ी होने के कारण मुक्तिबोध की कविताएं कहीं भी ख़त्म न होने वाली कविताएं हैं, और उन्हीं के शब्दों में आवेग-त्वरित काल-यात्री हैं। वे अपनी अधूरी दीर्घ कविताओं में उमग कर फिर से जन्म लेना चाहते हैं, और व्यक्तित्वांतरित होकर सच को नए सिरे से जीना और समझना चाहते हैं। लक्ष्य वही है कि 'सभी मानव सुखी, सुन्दर व शोषण-मुक्त कब होंगे'।

इस कठिन लक्ष्य की प्राप्ति के लिए जो विचारधारा, रणनीति और कार्यनीति

---

1. मुक्तिबोध : चांद का मुंह टेढ़ा है, पृ. 112-122
2. वही, पृ. 141

मुक्तिबोध के पास है उसका सीधा सरोकार मार्क्सवादी चिंतनधारा से है। वे मानते हैं कि कला का वर्गीय आधार होता है और प्रत्येक साहित्य वर्गीय साहित्य है, प्रत्येक कविता वर्गीय कविता है। एक वर्गीय चेतना रखने वाली कविता विरोधी वर्ग को नहीं सौंपी जा सकती। सौंपना तो दूर की बात है उसे विरोधी वर्ग के घातक प्रहारों से बचाना भी होगा। कहीं ऐसा न हो कि अपने लक्ष्य तक पहुंचने और अपना काम करने से पहले ही वह कविता बधिकों के हाथों मारी जाए। उस कविता का अपने निश्चित प्रभावी वर्ग तक पहुंचना आवश्यक है। यदि वह वर्ग ठीक अभी उपलब्ध नहीं है तो कविता कुछ समय उसकी प्रतीक्षा कर सकती है। कविता की दायित्वपूर्ति तभी हो सकेगी जब वह उपरोक्त लक्ष्य को पाने में लगे लोगों को और सक्रिय करने की अपनी भूमिका का निर्वाह कर सके। इस संक्रमण काल में कविता को न केवल अपने अस्तित्व की रक्षा करनी होगी बल्कि उन क्रांतिकारी वर्गों की तलाश भी करनी होगी जो समस्या के निदान को इच्छुक हैं।

'ओ काव्यात्मन् फणिधर' शीर्षक कविता संक्रमण काल में कविता के दायित्व को रेखांकित करने वाली कविता है। पूरी कविता 19 बंदों में विभक्त है और इसमें आद्योपांत संबोधन शैली अपनाई गई है। कविता का वाचक-नायक कविताओं को नाग के रूप में संबोधित करता है (ओ नागात्मन् कविताओ)। इस कविता में फ़ैंटैसी शिल्प का इस्तेमाल एक रूपक के अंतर्गत हुआ है। फ़ैंटैसी का विस्तार सिर्फ़ उतना ही होता है जिससे कि कविता के रूपक-धर्म में कोई बाधा न पहुंचे।

हिंदी साहित्य में नाग का प्रसंग या तो धार्मिक संदर्भों में आता रहा है अथवा समाज के निषेधात्मक चरित्रों के प्रतीक के रूप में। यहां नाग का रूपक इन दोनों प्रकारों में से किसी भी प्रकार का नहीं है। न तो धार्मिक है न नकारात्मक, बल्कि सांप के उन कुछ गुणों पर आधारित है, वाचक-नायक जिनकी अपेक्षा अपनी कविताओं से करता है। मसलन किंवदंतियों के अनुसार सांप मणिधर होता है। वह न केवल अपनी मणि की रक्षा करता है बल्कि दबे-ढके गुप्त ख़ज़ानों पर भी कुंडली मार कर बैठ जाता है। कोई अनधिकारी यदि उस ख़ज़ाने की ओर ललचाया हुआ हाथ बढ़ाता है तो नाग उसे डंस लेता है, लेकिन अधिकारी व्यक्ति के आने पर नाग वहां से हट जाता है और ख़ज़ाना उसे सौंप देता है। सांप धरती के अंदर, धरती की सतह पर और धरती के ऊपर वृक्षों पर लुकता-छिपता हुआ सहजता से आ-जा सकता है। सांप के उपरोक्त गुण एवं धर्म वाचक-नायक अपनी कविताओं में देखना चाहता है।

इस कविता के काव्य-नाग के पास भी कुछ रत्न-मणियां हैं जिन्हें

अधिकारी लोगों को ही सौंपा जाना है। रत्नों-मणियों के मुक्तिबोध के प्रतीक से हम भली भांति परिचित हैं। 'अंधेरे में' कविता में उन्होंने लिखा है–

दीप्ति में वलयित रत्न वे नहीं हैं
अनुभव, वेदना, विवेक-निष्कर्ष,
मेरे ही अपने यहां पड़े हुए हैं।[1]

काव्यात्मन् फणिधर के पास जो द्युतिमान उपेक्षित रत्न हैं वे अनुभव-वेदना-निष्कर्षों के ही रत्न हैं। लेकिन उन्हें अभी सरेआम प्रकट कर देना हितकारी नहीं है।

कविता प्रारंभ होती है–

वे आते होंगे लोग.
अरे, जिनके हाथों में तुम्हें सौंपना ही होंगे
ये मौन उपेक्षित रत्न।

जब तक सुपात्र नहीं आते अर्थात वर्गीय चेतना संपन्न वे लोग नहीं आते जो लक्ष्य प्राप्ति में लगे हुए हैं, "मात्र तब तक केवल तब तक तुम छिपा चलो द्युतिमान उन्हें तम गुहा तले।"

द्युतिमान रत्नों को अंधेरी गुफाओं में छिपा ले चलने की सलाह एक रणनीतिक-कार्यनीतिक सलाह है। ये रत्न अवसर आने पर ही भेंट किए जाने हैं, इसलिए–

ओ संवेदनमय ज्ञान नाग
कुण्डली मार तुम दबा रखो
फूटती हुई रश्मियां।

हालांकि मणियों-रत्नों जैसी अनमोल धरोहर को पाकर अपने आनंद को छिपाए रखना कठिन है। उनसे उठने वाली किरणों के उजाले को बांधे रखना दुष्कर है लेकिन वाचक-नायक कहता है–

तुम छिपा चलो जो कुछ तुम हो
यह काल तुम्हारा नहीं।

यह काल तो कल जाएगा अब घटनाएं घटेंगी।

दूसरा बंद मात्र छः पंक्तियों का छोटा सा बंद है जिसमें वाचक-नायक काव्यात्मन् फणिधर से कहता है कि उसे अन्य प्रज्वलित रत्न-प्रस्तर भी एकत्र करने होंगे और उनका पूरा हिसाब; अपना, सबका, मनका, जग का पूरा हिसाब, उन लोगों को देना होगा जो अभी आते ही होंगे। वाचक-नायक कविता पर

---

1. मुक्तिबोध : चांद का मुंह टेढ़ा है, पृ. 246

अच्छी-ख़ासी ज़िम्मेदारियां सौंप रहा है। समकालीन कविता के लिए ज़रूरी है कि वह कल होने वाली घटनाओं को ध्यान में रखते हुए अपने अनुभव-वेदना-विवेक-निष्कर्षों को एकत्र करे।

तीसरे बंद में वाचक-नायक काव्यात्मन् फणिधर को इस संक्रमण काल की आगे की कार्यनीति सुझाता है और कहता है कि "इन रत्नों को लेकर नागराज अपनी सर-सर गति से जंगल, पुर, नगर पार करते हुए आंगन के पिछवाड़े कचरे के ढेरों में पहुंचो, वहां की मैली सतहों में तुम्हें चुपचाप धंसाए गए और छिपाए गए मन के और जन के रत्न मिलेंगे।" वाचक-नायक इन रत्नों की एक वक्तव्य द्वारा पुनर्व्याख्या करता है कि ये रत्न इस जग के परिवर्तन के मूल्य-सत्य हैं। इन्हीं मूल्य-सत्यों, विवेक-निष्कर्षों से समाज में क्रांति आएगी। जब ये इतने मूल्यवान थे तो कचरे के ढेर में क्यों हैं, वाचक-नायक बताता है कि अपने पास रखने पर ये रत्न अनेक असुविधाओं के कारक बन जाते थे इसीलिए उपेक्षिता भूमि में फेंक दिए गए। 'अंधेरे में' कविता में मुक्तिबोध ने लिखा है–

हाय-हाय! मैंने उन्हें गुहावास दे दिया
लोकहित क्षेत्र से कर दिया वंचित
जनोपयोग से वर्जित किया और
निषिद्ध कर दिया
खोह में डाल दिया!!
वे खतरनाक थे
(बच्चे भीख मांगते)[1]

चौथा बंद : मध्यवर्गीय बुद्धिजीवी उन रत्नों से, अनुभव-विवेक-निष्कर्षों से, जगपरिवर्तन के मूल्य-सत्यों से, भली भांति परिचित होता है, किंतु वह जानता है कि ये निष्कर्ष जीवन में अनेक एवं विविध असुविधाओं के कारक बन जाएंगे, इसीलिए उन्हें उपेक्षित कर देता है, कचरे में फेंक देता है। हमारा काव्यात्मन् फणिधर जब पिछवाड़े के ढेरों में पहुंचा और रत्नों की टोह लेने लगा तो कुछ खड़खड़ हुई। मकानों में रह रहे उनके निष्कासकों को सर्पिल गति के भूचाल की डरावनी ध्वनियां आने लगीं।

हमारा बुद्धिजीवी वर्ग जब पुस्तकों के माध्यम से मार्क्सवादी विचारधारा से परिचित होता है, जीवन के विवेक-निष्कर्ष प्राप्त करता है तो उसके सामने पश्चिम के प्रमुख विचारकों-दार्शनिकों के महिमामंडित सुसभ्य छविचित्र होते हैं। वह महसूस करता है कि विचारधारा के जिस सर्वोच्च शिखर पर ये दार्शनिक-

---

1. मुक्तिबोध : चांद का मुंह टेढ़ा है, पृ. 247

चिंतक बैठे हैं वह उसके लिए भी सुलभ्य हो सकता है। किंतु जब वह उनके द्वारा विचारादर्शों को अपने जीवन के समानांतर देखता है तो उसे विविध असुविधाओं का भय सताने लगता है। वह जान जाता है कि पश्चिम के चिंतक जिन उच्च शिखरों पर बैठे हुए हैं वे शिखर सामान्य नहीं हैं बल्कि ज्वालामुखी के विवर हैं। कोई जब उन विचारादर्शों की बात करता है तो यह बुद्धिजीवी वर्ग उससे कतराने की और अनजाना बनने की चेष्टा करने लगता है। पिछवाड़े में ज्यों ही खड़खड़ हुई और कोई विचारादर्शों की उनके द्वारा फेंकी गई मणियां ले जाने लगा तो मानो स्वयं को सांत्वना देते हुए यह वर्ग कह उठा–

जी नहीं, नहीं कुछ नहीं, युं ही मन में खटका-
–जिस उच्च शिखर को
पश्चिम के भूगोलशास्त्रियों ने देखा,
जिस पर प्रसन्न मुद्रा में आसन जमा लिया,
कुछ महामहिम सभ्यों ने दर्शन कमा लिया,
वह हो न कहीं
भू-ज्वाल-विवर–
जी नहीं, नहीं कुछ नहीं, युं ही मन में खटका।

पांचवें बंद में वर्णन है कि पिछवाड़े के ढेरों के पास से खड़खड़, गड़बड़ औ सरसर करता हुआ वह भयजनक श्याम संवेदन कोबरा नाग दीवार फांद कर छत पर चढ़ा। किंतु कमरों में और कोठों में लाठियां घूमने लगीं। नाग तेज़ी से स्वयं को बचाता हुआ खपरैलों पर चढ़ गया।

यह एक तथ्य है कि मार्क्सवादी विचारधारा से परिचित हो जाने वाले, किंतु शासक वर्गों के हिमायती बुद्धिजीवी ही विचारधारा पर सर्वाधिक आक्रमण करते हैं, क्योंकि वे जान जाते हैं कि इस विचारधारा में जग के परिवर्तन के मूल्य-सत्य हैं।

छठा बंद : नागात्मन् फणिधर महाशय खपरैलों से बच निकले लेकिन उनका काम यहीं समाप्त नहीं हो गया। अभी तो उन्हें श्याम झुरमुटों तले फेंके हुए ऐसे अनेक रत्नों को एकत्र करना है। ज़ाहिर है ये रत्न उन लोगों ने फेंके हैं जिनके लिए ये असुविधाकारक हो गए थे, क्योंकि इन्हीं के किरण-सूत्र से मन में, जग में परिवर्तन और यवनिका-परिवर्तन हो जाता है। वाचक-नायक अपने काव्यात्मन् फणिधर को प्रोत्साहित करता है कि वह अपना फन फैलाए, मणिगण को धारण करे और उन्हें वाल्मीकि गुहा में ले जाकर एकत्र करे।

सातवें बंद में, वाचक-नायक फणिधर को एक नई सलाह और दिशा देता है कि वह अंधेरे से निकल कर जंगल में भटकते हुए अपनी सरसर गति

से खंडहर, पीपलों को पार करते हुए उस ओर जाए, नदी के पार, वहीं रास्ता है। नदी के पार तुलसी वन के तले से निकलने पर एक वटवृक्ष मिलेगा।

तुलसी वन और वटवृक्ष मुक्तिबोध के प्रिय प्रतीक हैं। तुलसीवन इंसान और इंसानियत के रूप में प्रयुक्त किया है और वटवृक्ष सर्वहारा के आश्रय के रूप में। 'मेरे सहचर मित्र' कविता में उन्होंने स्पष्ट लिखा है– 'क्यों मानव के इस तुलसीवन में आग लगी।' बरगद के लिए 'अंधेरे में' कविता में उन्होंने लिखा है– 'गरीबों का यही घर यही छत।' तात्पर्य यह कि काव्यात्मन् फणिधर को उन इलाकों में जाना होगा जहां मानव हैं, मानवता है और सर्वहारा वर्ग है।

आठवें बंद में, वटवृक्ष की शाखाओं के नीचे सो रहे लोगों का वर्णन है। वहां अनेक व्यक्तियों के बीच एक पागल स्त्री लेटी है जिसके स्तन से बालक झांईं लिपटी हुई है। जंगल में दूर सियार रो रहे हैं। वाचक-नायक की सलाह है कि फणिधर द्रुततर गति से उन शाखाओं पर सरसर चढ़ जाए। अपनी अनुभव-विवेक-निष्कर्ष-मणियां सौंपने से पहले वहां के वातावरण का जायज़ा लेना होगा, स्थितियों को समझना होगा।

नवें बंद में वटवृक्ष की अंधकार शाखाओं में पलने, पनपने वाली गतिविधियों का ब्यौरा है। अंधकार शाखाओं के घने पत्तों के बीच कोई एक दार्शनिक आत्मा छिपकर स्वर दबाकर सिसकती है। उसकी मुक्ति इसी कारण नहीं हो सकी क्योंकि जब वह जीवित थी तब अकर्मक रहते हुए आचरण रहित मात्र सोचती रही। उसकी विवेक-बुद्धि 'उदरम्भरि बन अनात्म हो गई।' उसने "विवेक बघार डाला स्वार्थों के तेल में।' वह श्याम दार्शनिक आत्मा अपने जीवन में मात्र उदर-शिश्न के सुख भोगती रही। आध्यामिक गहन प्रश्नों को सकर्मक होकर सुलझाने के बजाय मात्र उनका सुख भोगती रही। वह भी– "जन उत्पीड़न विभ्राट व्यवस्था के सम्मुख।"

यह आत्मा भी मुक्तिबोध के 'ब्रह्मराक्षस' के समान पाप-छाया-ग्रस्त है। यह भी श्याम है क्योंकि इसकी भी संवेदना स्याह है। वाचक-नायक इस आत्मा के आशयों का विष पी लेने की सलाह भी देता है।

दसवें बंद में, वह काव्यात्मन् फणिधर को वटवृक्ष के नीचे उतरने की सलाह देता है। नीचे एक मैली दरिद्र अस्त-व्यस्त पागल युवती सोई है। उसके बाल बिखरे हुए हैं और एक स्तन लटका सा है। अनगिनत वासना-ग्रस्तों का मन इसमें अटका सा है। उन्हीं वासना-ग्रस्तों में से कोई एक जो अधिक उच्छृंखल था, किसी काले पल में उस स्त्री को गर्भ दे गया। शोषिता और व्यभिचारिता उस पगली को पुत्र हुआ, लेकिन मरा हुआ। स्तन मुंह में डाले उस बालक

की परछाईं अब तक उसके पास लेटी है।

उपरोक्त छोटी सी फ़ैंटैसी की व्याख्या मुक्तिबोध अगली ही पंक्ति में कर देते हैं कि मरे हुए बालक की परछाईं वस्तुतः 'आधुनिक सभ्यता संकट की प्रतीक रेखा' है। वाचक-नायक टिप्पणी करता है कि जहां जीने से पहले ही समस्याओं के हल मर जाते हों, ओ नागराज चुपचाप यहां से चल दे।

तेजस्क्रिय मणिरत्न सचेत सर्वहारा को सौंपने हैं न कि लुंपन सर्वहारा को। लुंपन सर्वहारा शासक वर्गों की गिरफ़्त में आसानी से आ जाता है। उसकी उच्छृंखलता शोषकों के लिए लाभकारी है क्योंकि इन्हीं में से कोई 'डोमाजी उस्ताद' बन जाता है।

ग्यारहवां बंद : 'ब्रह्मराक्षस' कविता की शुरुआत के समान ही वातावरण का चित्रण है– अंधियारा कुआं है, करोंदे की झाड़ी में छिपी हुई चौड़ी मुंडेर अधटूटी सी है, जिस पर कुछ लाल-लाल फूलों की और ठंडी कन्हेर की सूखी-सूनी वीरान महक फैली हुई है। अब काव्यात्मन् फणिधर को उस अंधियारे कुएं में चुपचाप अंधेरे में उतरने का निर्देश देता है वाचक-नायक। कुएं का गोल तला सूखा है जिसमें कचरे के बड़े-बड़े ढेर हैं, किंतु विचित्र बात तो ये है कि वहां किसी ने आत्मजसद्योजात् शिशु रखा, छोड़ा, त्यागा है। शिशु बड़े ज़ोर-शोर के साथ रोता है।

'आत्मजसद्योजात् शिशु' भी मुक्तिबोध का प्रिय प्रतीक है। 'अंधेरे में' शीर्षक कविता में गांधी जी वाचक-नायक को एक सद्योजात शिशु सौंप गए थे–

बालक लिपटा है मेरे इस गले से चुपचाप
छाती से कंधे से चिपका है नन्हा सा आकाश
स्पर्श है सुकुमार प्यार भरा कोमल
किन्तु है भार का गम्भीर अनुभव
× × × ×
सहसा रो उठा कंधे पर वह शिशु
अरे अरे वह स्वर अतिशय परिचित
× × × ×
किन्तु न जाने क्यों खुश बहुत हूं
जिसको न मैं इस जीवन में कर पाया
वह कर रहा है।[1]

सद्योजात् कोमल शिशु जहां भावी की गंध लिए क्रांतिकारी शक्तियों का प्रतीक

---

1. मुक्तिबोध : चांद का मुंह टेढ़ा है, पृ. 253

है वहीं मृत शिशु पतनशील पूंजीवादी बीमार समाजों की उच्छृंखलताओं के परिणाम का प्रतीक है। 'डूबता चांद कब डूबेगा' में मुक्तिबोध ने लिखा है–

गहरे कराहते गर्भों से
मृत बालक ये कितने जन्मे
बीमार समाजों के घर में
बीमार समाजों के घर में
जितने भी हल हैं प्रश्नों के
वे हल, जीने के पूर्व मरे।[1]

रुदनशील आत्मजसद्योजात् बालक इन बीमार समाजों के प्रति एक वैज्ञानिक सोच रखने वाला नया सत्य है और परिवर्तन का प्रतीक है। इसे मुक्तिबोध ने अनुभव-बालक भी कहा है। चंचल चौहान लिखते हैं– "नया सत्य पूंजीवादी व्यवस्था के षड्यंत्रों का भंडाफोड़ करता है। इसलिए इस बालक को ख़तरा उठाना पड़ता है। पुराना सत्य मरा हुआ सत्य है या विकृत और कुरूप है। 'ओ काव्यात्मन् फणिधर' में पागल स्त्री के स्तन से चिपकी बालक झांईं उसी पुराने सत्य की प्रतीक है।"[2] चंचल चौहान जिसे पुराना सत्य कहते हैं वह वस्तुतः किसी प्रकार का सत्य नहीं। मुक्तिबोध ने मृत बालक की पुराना सत्य के रूप में कहीं व्याख्या नहीं की। सत्य तो सत्य होता है, पुराना विशेषण लगाकर उसे नकारात्मक रंग नहीं दिया जा सकता। शोषण के वीर्य-बीज से जन्मे ये मृत बालक पूंजीवादी सत्य के प्रतिरूप भी नहीं हैं बल्कि पूंजीवादी असत्य के प्रतीक हैं जिनसे आगामी समस्याओं का कोई निदान संभव नहीं। मृत बालक और आत्मजसद्योजात् को पुराना सत्य और नया सत्य कहना हमारे विचार से उचित नहीं। नया सत्य तो एकबारगी चल भी सकता है पर पुराना सत्य नहीं। नया सत्य भविष्यत् का विशेषण बन सकता है।

बारहवें बंद में, आत्मजसद्योजात् के अचानक मिलने का विस्मयबोध और प्रसन्नताज्ञापन है। कौन अभागा था जिसने आत्मोत्पन्न सत्य इस तरह त्याग दिया? किस मौन विवशता के कारण, किसके भय से, कौन सी क्रांति करने वाला था यह बालक? वाचक-नायक काव्यात्मन् फणिधर को उसके पास पहुंचने का निर्देश देता है और कहता है–

निज नाग-नेत्र की कोमल द्युतियों से
गीले गुलाब पर मृदु प्रकाश डालो,
आक्रोशवती मुख-गरिमा का सौन्दर्य देख

1. मुक्तिबोध : चांद का मुंह टेढ़ा है, पृ. 42
2. चंचल चौहान : मुक्तिबोध : प्रतिबद्ध कला के प्रतीक, पृ. 51

आवेग भरा उल्लास नृत्य
तुम नाच-नाच डालो!!
आनन्द आदिवासी– नर्तक सी धूम करो!!
प्रस्तुत करो सबल!
प्रस्फूर्त अश्रुमय नाचो, कविताओं के पल!!

नागात्मन् कविताओं के उल्लसित होने का यही उपयुक्त अवसर है क्योंकि जिन रत्नों-मणियों को लेकर वे घूम रही हैं उनका उपयोग इस बालक के माध्यम से ही संभव है। तेरहवें बंद में वाचक-नायक बताता है कि इस शिशु-स्वर से सांकलें टूटती हैं, दरवाज़े सिसिफ़से खुलते हैं और मन मिलते-जुलते हैं। आगामी के अनेकानेक असाधारण संकेत उसके स्वर में अभिव्यक्त हो रहे हैं। नागात्मन् कविताओं के लिए ज़रूरी है कि वे भविष्यत् के इस नवसत्य की सुरक्षा करें।

भावातिरेक में हम एक व्यक्ति के लिए अनेकानेक संबोधनों का इस्तेमाल करते हैं। आत्मजसद्योजात् शिशु के मिल जाने पर वाचक-नायक इतना भावविह्वल है कि काव्यात्मन् फणिधर को एक-दो नहीं बल्कि सोलह नामों से संबोधित करता है। इन सभी सोलह संबोधनों में नाग-धर्म तो है ही, लाक्षणिक रूप से काव्य-धर्म भी प्रकट होता है। ये संबोधन हैं–

1. मेरे कोब्रा
2. ओ क्रेट
3. पुष्ट पायथन
4. तम विशेषज्ञ
5. प्रज्वलंत मन
6. ओ लहरदार रफ़्तार
7. स्याह बिजली
8. भू-लोक-विपथ-विज्ञान-गणित-शास्त्री
9. तम-छायाओं द्वारा प्रकाश-पथ के ज्ञाता
10. आज की श्याम भूताकृतियों के द्वारा ही कल की प्रकाश छवियों के ओ दर्शन कर्ता
11. विष रासायनिक
12. चिकित्सक
13. पण्डित कर्कोटक
14. ओ जिप्सी
15. जग पर्यटक अथक
16. तक्षक मेरे

फणिधर रूपी कविता चूंकि प्रज्वलंत मन है इसीलिए तम विशेषज्ञ है। समाज में फैली विषमताओं और असमानताओं के अंधेरे से परिचित है। वह लहरदार रफ़्तार वाली स्याह बिजली है। बिजली के लिए विरोधाभासी स्याह विशेषण कविता के आज के चरित्र को लाक्षणिक ढंग से व्यक्त करता है। सामाजिक, राजनैतिक, सांस्कृतिक स्थितियों के कारण इस पूंजीवादी समाज में बिजली जैसी ऊर्जा रखने वाली कविता भी अपने प्रकट स्वरूप में स्याह है, क्योंकि उसे अपनी ऊर्जा विश्व के अमानवीय तत्वों के विरुद्ध संघर्ष करने में खर्च करनी पड़ रही है। निश्चय ही ऐसे दिन आएंगे जब यह बिजली स्याह नहीं रहेगी। ज़माने की स्याही मिटाने के लिए उसके ऊपर ज़िम्मेदारियों का भारी बोझ है। एक शानदार समाजवादी व्यवस्था के विकल्प को प्राप्त करने के लिए उसे अपना ज्ञानात्मक आधार अधिकतम परिपुष्ट रखना है। वह भूलोक के सभी ज्ञान-विज्ञान और गणित समीकरणों से परिचित है। वह आज की श्याम भूताकृतियों को अच्छी तरह जानती है और कल आने वाली प्रकाश छवियों की दर्शनकर्ता है। कविता का व्यक्तित्व सामाजिक चिकित्सक जैसा होता है, क्योंकि वह समाज में फैले विभिन्न विषयों की रासायनिक प्रक्रिया जानती है।

नाग-रूपक का निर्वाह करते हुए मुक्तिबोध इस कविता की फ़ैंटैसी को आगे बढ़ाते हैं। उनका वाचक-नायक काव्यात्मन् फणिधर से इतने आत्मीय संबोधन देते हुए अपेक्षा रखता है कि स्वयं-समर्थ और क्षमतावान होते हुए काव्यात्मन् फणिधर उसके अभ्यंतर का सारा सुख और दुख और ज्ञान पी ले और कुछ देर के लिए मानव रूप धरे। सद्योजात् आत्मज को जीवित रहना है। इस नवसत्य की सुरक्षा करनी है। फ़ैंटैसीगत तार्किकता की कसौटी पर वाचक-नायक की अपेक्षा उचित ही है क्योंकि मानव रूप धरे बिना शिशु की संरक्षा कैसे हो सकती है।

आज की कविता उन नवसत्यों से संपर्कान्वित हो जो इस सड़ी-गली पूंजीवादी शोषणवादी व्यवस्था को नई समाजवादी व्यवस्था में रूपांतरित कर सके, कवि का संवेदनात्मक उद्देश्य इस कविता में यही है।

उस ऊष्म नवल आत्मा से संपर्कान्वित हो
विश्लेषण करते हुए
स्वप्न देखते हुए
पथ खोज चलो।

ऐसा नहीं है कि इस पथ पर चलने वाले और नहीं हों। ऐसे लोग हुए हैं, जिनकी आत्मा प्रज्वलनमयी थी, किंतु उनके पास भविष्य की सही रणनीतियां और कार्यनीतियां नहीं थीं। वे निरे और कोरे सज्जन थे, संघर्ष की व्यावहारिकता

से अनभिज्ञ। किंतु वे इतने बेईमान नहीं थे कि अपने प्रज्वलनमयी आत्मा के नवल सत्य को मार देते। उन्होंने बेहतर यही समझा कि आत्मा के अनुभव सत्यों से समृद्ध भविष्य स्वप्नों के प्रतीक आत्मजसद्योजात् को कहीं रख दें ताकि कोई ऊर्जावान साहसी इसे ले जाए और समाज रूपांतर विधियों को सक्रियता दे। काव्यात्मन् फणिधर के लिए यह अच्छा अवसर है कि उसे तम-कूप-विवर में आत्मजसद्योजात् मिल गया। वाचक-नायक काव्यात्मन् फणिधर से अनुरोध करता है कि वह उस बालक को अच्छी तरह पहचाने, उसके स्वप्नों की ज्यामितिक रेखाएं नापे। उसमें स्थित जगत गणित समीकरणों को समझे। उसके सारे रंगों को पी ले।

उस आत्मज अनुभव सद्योजात बालक के अनुभव कोई बहुत मधुर अनुभव तो नहीं रहे होंगे, उसके अनुभव संसार में समाज के रावणों के अत्याचार, नपुंसक भोग-शिरा-जालों में उलझे क्रीतदासों के कारनामे, असमानता की खाइयों के अंधेरे और नृशंस शोषण की कड़वाहटें ही होंगी। वाचक-नायक चाहता है कि काव्यात्मन् फणिधर इस बालक के सभी अनुभव- रंगों को विप्लव में परिणत कर दे और उसका ज़हरीला थरथर संवेदन भोगे। उस संवेदन से अधिकाधिक उत्तेजित और आक्रामक हो जाए, और सक्रियता की दिशा में बढ़े। हालात को सूंघे, स्वप्न देखे और मनुष्यों के मनों का विश्लेषण करते हुए आगे बढ़े। ज़िम्मेदारी है आत्मजसद्योजात् की सुरक्षा की।

पंद्रहवें बंद में दृश्य बदलता है, आठवें, नवें और दसवें बंद में जिस वटवृक्ष के परिवेश का वर्णन था, संभवतः वही फलक है। समय बदल चुका है, अब रात हो गई है। हारे-थके श्रमिक सर्वहारा जन अपने आश्रयदाता बरगद के तले लौट आए हैं। बरगद के नीचे शायद कोई प्याऊ रही हो (श्रमिक प्रभा) या पानी से भरे कुछ घड़े रखे हों जिनसे श्रमिक स्त्री-पुरुषों ने ओक लगाकर पानी पिया होगा। उस गिरे हुए पानी से धरती अभी तक आर्द्र कोमल है। गीली मिट्टी की सोंधी गंभीर सुगंधें उस स्तब्ध वातावरण के प्रशांत पल में लहरा रही हैं और वहीं कहीं सांवली सिवंती और श्याम गुलाब सो रहे हैं। हम जानते हैं कि बरगद के नीचे कोई और पौधा नहीं पनपता। फिर सिवंती और गुलाब के फूल कैसे पनप सकते हैं? लेकिन यह तो फ़ैंटैसी है इसलिए पनप भी सकते हैं। वस्तुतः सिवंती और गुलाब तो सर्वहारा वर्ग के श्रमशील मज़दूरों के लिए मुक्तिबोध की आत्मीय उपमाएं हैं। सांवली सिवंती रूपी कोई श्रमिक महिला थकान के कारण बेसुध हुई सो रही है। उसका एक स्तन उघड़ा है। हमारे काव्यात्मन् फणिधर को इसी की तो तलाश थी। वाचक-नायक ने झट से सलाह दी कि वह धीमे-धीमे दबे पांव हल्के-हल्के सिवंती के पास जाए

और उस शिशु को उसकी बगल में लिटा दे और थोड़ी देर चुपचाप खड़ा होकर दृश्य देखे। सिवंती हिलती-डुलती है। बालक भी दुग्ध-पान करके अपने मन की कर लेता है और पंद्रहवें बंद का समापन इस टिप्पणी के साथ होता है कि–

श्रम गरिमा का पी दूध
सत्य नवजात
विकसता जाएगा।

सोलहवां बंद : किसी के द्वारा तम-कूप-विवर में फेंका हुआ परित्यक्त बालक किसी ऐसी मां के पास आ गया जिसका बच्चा पैदा होते ही मर गया। मां की वात्सल्यपूर्ति नहीं हो पाई और फेंका हुआ बच्चा प्रारंभ से ही मातृत्वहीन है। काव्यात्मन् फणिधर ने इन दोनों को मिला दिया और चुपचाप खड़ा देखता रहा। वात्सल्य और मातृत्व से भरपूर ऐसा दृश्य देखकर किसका मन नहीं भर आएगा ? काव्यात्मन् फणिधर महाशय इस अभूतपूर्व मिलन को देखकर अश्रुविगलित हो गए। चौदहवें बंद में वे मानव रूप धर चुके थे लेकिन इस सोलहवें बंद में जो संबोधन है वह सीधे कविताओं से–

ओ कविताओ।
जलमयी मुखाकृति मत पोंछो
रहने दो, बहने दो !!
इस तम में कौन देखता है
केवल कुछ तारों के सिवाय।

कविताओं का संवेदनात्मक प्रवाह है जिसे ज्ञान-विवेक के आधार पर रोक लेना चाहिए लेकिन वाचक-नायक उसे बहने देने को कहता है। कहते भी हैं न आंसू बहने से मन हल्का हो जाता है। हां, रोता हुआ देखकर समाज जग-हंसाई ज़रूर करता है। वाचक-नायक चाहता है कि कविताएं अपने संवेदनात्मक प्रवाहों के आंसू न रोकें क्योंकि इस अंधकार में कोई उनका रोना नहीं देख रहा सिवाय कुछ तारों के जो अंधकार में चमक रहे हैं, और इस आत्मजसद्योजात् के प्रति चिरतटस्थ मुद्रा बनाए हुए हैं। ये तारे मध्यवर्ग के उन व्यक्तियों के प्रतीक हैं जो शोषक और शोषित के संघर्षों के प्रति तटस्थ भाव रखते हैं। सत्य और असत्य दोनों के प्रति समभाव रहते हैं, और अपनी इस स्थिति की औचित्य स्थापना के लिए आध्यात्मिक भाष्यों में लिपटे तर्क गढ़ लेते हैं। उनकी तटस्थता उनके बौने चपटे स्वार्थों का मात्र कवच होती है।

सत्रहवां बंद : इसलिए ओ काव्यात्मन्, माना कि ज़िम्मेदारियों का भार सौंपने के कारण तुम अधिकाधिक गंभीर हो, तुम्हारी आंखों में आंसुओं की झाइं हैं, लगता है जैसे कि तन है ही नहीं और जो है वह सिर्फ़ मन की परछाईं

है, इसलिए ओ काव्यात्मन्, तुम उस गुहा की ओर लौट चलो जहां तुमने रत्न छिपाए हैं।

अठारहवें बंद में सिर्फ़ इस बात की सूचना मिलती है कि काव्यात्मन् फणिधर के गुफा में पहुंचने पर 'कुछ अजीब हुआ'। जो गुहा भीतर से देदीप्यमान रहती थी वह इस समय अंधियारी, काली, स्तब्ध, निश्चेतन, जड़ और दुस्सहा हो गई है। यानी रत्न अब वहां नहीं हैं।

रत्न वहां क्यों नहीं हैं? वस्तुतः अनुभव-विवेक-निष्कर्षों के वे रत्न स्वयं चाहते रहते हैं कि उन्हें रास्ता खोजते अन्वेषक मिल जाएं–

अन्तस्थल-गुहा में तब
मिले ये दीप्त
सौ-सौ रत्न जीवन के
गहन-गम्भीर सुविचारित
सरल थे सत्य थे मन के।
शिलाओं के पहाड़ी कवच पहने थे
कि रास्ता खोजते अन्वेषकों की जोहते थे बाट।[1]

(नक्षत्र-खण्ड)

अठारहवें बंद में जो अजीब हुआ वह इसीलिए हुआ कि रास्ता खोजते कुछ अन्वेषकों को वे रत्न मिल गए। जीवन के गहन-गंभीर सुविचारित सरल सत्यरूपी वे रत्न कुछ सुपात्रों को मिल गए।

उन्नीसवें बंद में, इस बात की पुष्टि हो जाती है क्योंकि वाचक-नायक नागात्मन् से कहता है कि रत्नों के नदारद होने पर शोक न करो। जिन लोगों की प्रतीक्षा थी वे तुम्हारी अनुपस्थिति में वे रत्नों के ज्वलतद्युति-प्रस्तर-धन-कोश को ले गए।

ध्यान रहे कि कविता की शुरुआत इन लोगों की प्रतीक्षा की भावभूमि से हुई थी। कविता का संवेदनात्मक उद्देश्य यही था कि उपेक्षित रत्न उन लोगों को मिलें जो उनके अधिकारी हैं। इस प्रकार कविता तार्किक रूप से अपने समापन की ओर गतिमान है। उन्नीसवां बंद उपसंहार का बंद है।

वे लोग जो मुक्तिबोध को अधूरी कविताओं का कवि मानते हैं वे प्रायः कविताओं को न समझ पाने के कारण ऐसी सतही टिप्पणी करते हैं। अन्य अनेक कविताओं के समान यह कविता भी एक पूर्ण कविता है क्योंकि जिस समस्या को लेकर प्रारंभ हुई थी उसके निदान तक की गतिमानता इसमें है।

---

1. मुक्तिबोध : चांद का मुंह टेढ़ा है, पृ. 125

सुपात्रों को रत्न मिल गए। उन्हें लेकर वे अपने-अपने घर गए। ज़ाहिर है अब उन घरों में लाए गए रत्नों के अर्थ दीप्त होंगे।

देखा जाए तो कविता की भूमिका भी इतनी ही है कि वह अपने समकालीन यथार्थ से अनुभव-रत्नों को बटोरे और सही समय पर सही लोगों को सौंप दे। कवितागत अनुभव जब पाठक या श्रोता तक पहुंचते हैं तो वे कवि और कविता से स्वतंत्र हो जाते हैं, क्योंकि पाठक और श्रोता उन सद्य: पाए गए अनुभव-रत्नों को अपने अनुभवों के समानांतर जांचते-परखते हैं। पाए गए अनुभव-रत्नों से नई-नई अर्थ-दीप्तियां होती हैं। यथार्थ की पेचीदगियां उजागर होती हैं और सामाजिक संबंधों के जटिल समीकरण हल होने लगते हैं। समझ में आने लगता है कि बड़े भव्य व्यक्तित्वों की आड़ में कैसे चरित्र सक्रिय हैं। पूंजीवादी व्यवस्था के पैरोकार जो ऊपर से ब्रह्मदेव सदृश लगते हैं, अब उनका भीषण मुख साफ़-साफ़ दिखाई देने लगता है।

अलग-अलग घरों में रत्न पहुंचे, उजाला हुआ और उजाले में ब्रह्मदेव का भीषण मुख दिखाई दिया। टेढ़े मुंह वाले इस ब्रह्मदेव से हम पहले से परिचित हैं। 'चांद का मुंह टेढ़ा है' कविता में ये पूंजीवादी सत्ता के प्रतीक चांद थे और 'लकड़ी का बना रावण' कविता में सर्वतंत्र, स्वतंत्र, सत्‌चित्‌ विराट पुरुष द्यौ: पिता भव्य थे, वहां भी पूंजीवाद के प्रतीक। जनतंत्री शक्तियां जब सत्ता के सर्वोच्च सिंहासन पर बैठे इस विराट पुरुष की ओर लपकीं तो उसे पता चल गया कि वह कोई ब्रह्मदेव नहीं है बल्कि बांस व काग़ज़ का बना हुआ हास्यप्रद रावण भर है जो गिरने ही वाला है।

इस कविता के ब्रह्मदेव भी उपरोक्त दोनों के समान पूंजीवादी शासक वर्ग के प्रतीक हैं जिन्होंने अपने उद्दाम स्वार्थों के लिए सरस्वती तक को अपनी अंकशायिनी बना लिया, और अपनी असत्य सत्ता की सुरक्षा के लिए हर तरह का विवेक जताया और बुद्धि बघारी। सूक्ष्म आत्मरति का प्रचार किया और विक्षुब्ध जगत को अपने स्वार्थों के लिए अपने मन से काट कर फेंक दिया। रत्नों के प्रकाश ने घर वालों को ब्रह्मदेव के असली चरित्र के दर्शन करा दिए। इस प्रकाश में यह भी दिखाई दिया कि ब्रह्मदेव की छत्रछाया में वही लोग अधिकाधिक दीप्तिमान हुए जो 'धन के श्रीमुख' थे, पूंजीवाद के पैरोकार थे। रत्नों के प्रकाश में यह भी दिखाई दिया कि ब्रह्मदेव के राज में 'निर्धन एक-एक सीढ़ी नीचे गिरते जाते' हैं।

पूंजीवादी व्यवस्था में यही होता है, धनिकों के श्रीमुख दीप्तिमान रहते हैं और निर्धन लगातार निर्धन होते जाते हैं।

उस ब्रह्मदेव का दर्शन सभी कर सकेंगे,

जिसकी छत्रछाया में रह
अधिकाधिक दीप्तिमान होते
धन के श्रीमुख
पर, निर्धन एक-एक सीढ़ी नीचे गिरते जाते।

उपरोक्त पंक्तियों में ब्रह्मदेव का प्रतीकार्थ एकदम स्पष्ट है। मुक्तिबोध अपने प्रतीकों के अर्थ इसी सरलता, स्पष्टता से देते हैं कि अन्वेषकों को असुविधा न हो।

कविता के समापन पर वाचक-नायक अपने नागात्मन् को धीर बंधाता है कि इस संक्रमण-काल में अपने विवेक को बरक़रार रखते हुए, ईमान बनाए रखकर इन अंधकार मैदानों में अभी और भटकना है। शुक्र, गुरु, बुध, मंगल जैसे सैकड़ों उपेक्षित रत्न धरती पर कचरे की पर्तों में ढके हुए मिलेंगे, उन्हें भी ढूंढ़ना है, इसलिए जड़ मिट्टी खोदो और ओ भूगर्भशास्त्री (सत्रहवां संबोधन) भीतर का और बाहर का व्यापक सर्वेक्षण कर डालो।

इस सर्वेक्षण से कविता रूपी नागात्मन् को संवेदनात्मक ज्ञान और ज्ञानात्मक संवेदन के जो अनुभव-रत्न मिलेंगे उन्हें पुनः सुपात्रों तक पहुंचाना है। संक्रमण काल में रचनाकार और उसकी कविता का यही दायित्व है।

मुक्तिबोध की काव्य-भाषा

(क) काव्य-भाषा की वस्तुवादी समझ

रचना-प्रक्रिया का सैद्धांतिक विवेचन करते हुए मुक्तिबोध ने तीसरे क्षण को सर्वाधिक महत्व दिया है। उनके अनुसार यह क्षण सर्वाधिक लंबा, सर्वाधिक जटिल और सर्वाधिक महत्वपूर्ण है। यही वह क्षण है जहां कवि की भावध्वनियों को शब्दध्वनियों की तलाश होती है। भाव और शब्दों की द्वंद्वात्मक जटिलताओं में कवि की काव्य-भाषा रूपाकार लेती है। कवि के पास शब्द होते हैं लेकिन वे ठीक इस तरह नहीं होते जैसे चित्रकार के पास रंग या मूर्तिकार के पास पत्थर। अन्य कलाओं के उपादान कलाकारों के अपने होते हैं जिन्हें वह निजि कह सकते हैं। कवि के पास शब्द अपने होते हुए भी उसके अपने नहीं होते। वे पूरे समाज के होते हैं। यहां ध्यान देने योग्य है कि मुक्तिबोध जब काव्य-कला को सामाजिक, सांस्कृतिक प्रक्रिया मानते हैं तो उसके मूल में भाषा की सामाजिकता का बिंदु भी होता है। बहरहाल सामाजिक उपादानों का निजी निर्मिति में उपयोग एक दुष्कर कार्य है जिसे कवि करता है।

कवि न केवल उन शब्दों को उनके मूल स्वरूप में स्वीकार करता है बल्कि उनमें नए अर्थ-अनुषंग भी भरता है। और देखा जाए तो यही कवि-कर्म की प्रमुखता है। डा० सियाराम शरण तिवारी लिखते हैं– "शब्दों में कवि का सतत संघर्ष चलता रहता है। जो ऐसा नहीं करता वह मौलिक लेखक नहीं हो सकता। किन्तु ऐसा प्रयास यदि भयंकर हो तो उसके लेखक अथवा भाषा का कल्याण संदिग्ध भी हो जा सकता है क्योंकि शब्द कोई निर्जीव पदार्थ नहीं हैं कि वे लेखक का सारा अत्याचार सह लेंगे। मौलिकता के फेर में शब्दों पर अनपेक्षित अर्थ का बोझ लादने का प्रयास अवश्य असफल होगा। शब्द सजीव होते हैं इसलिए अच्छा कर्म उन्हें शिक्षित और दीर्घायु करता है।"[1] निःसंदेह मुक्तिबोध ने शब्दों में नए अर्थ-अनुषंग भरे हैं, उन्हें शिक्षित और दीर्घायु किया है। लेकिन शब्द-संस्कार की प्रक्रिया को वैयक्तिक प्रयास संदर्भ

---

1. डा० सियाराम तिवारी : काव्यभाषा, पृ. 52

में नहीं देखा जाना चाहिए।

सामाजिक, सांस्कृतिक प्रक्रिया के तहत तीसरे चरण में जाकर भाषा एक सामाजिक-सांस्कृतिक उपकरण का काम करती है। इस सामाजिक उपकरण को रचनाधर्मिता की समग्रता से काटकर नहीं देखा जा सकता क्योंकि इसका स्वयं का निर्माण शेष तत्वों के बनने-बिगड़ने के अनुपात में ही होता है। डा॰ रामविलास शर्मा कहते हैं कि इसको बनाने में, बदलने में, और विकसित करने में युग की विचारधारा भाव-चेतना और संवेदना की सक्रिय भूमिका होती है।[1]

डा॰ नामवर सिंह ने इसके बदलाव की प्रक्रिया को एक सीमा तक जैविक मानते हुए लिखा है कि वह कलाकार के मानसिक गठन, भाव-चेतना, काव्य-संवेदना इत्यादि के माध्यम से ही युगीन यथार्थ से जुड़ी होती है। इन दो-तरफा अर्थों में ही भाषा एक सांस्कृतिक उपकरण और सामाजिक प्रक्रिया के रूप में हमारे सामने आती है। प्रसिद्ध भाषाशास्त्री विटगैंस्टाइन को अपने पूरे जीवन की समग्र भाषा-शोध के बाद अंत में यदि इस निष्कर्ष पर पहुंचना पड़ा कि भाषा की कल्पना करने का मतलब है जीवन की एक पद्धति की कल्पना करना, तो कोई आश्चर्य नहीं। रचनाधर्मिता का आवयविक और आत्यंतिक अध्ययन इसी निष्कर्ष पर ले भी जाता है। जीवन का समग्र परिदृश्य, सांस्कृतिक स्थिति, समाज-व्यक्तित्व, इन सबको भाषा एक दिए गए समय में समेटने का सामर्थ्य रखती है। उसकी सार्थकता भी इसी में निहित होती है कि वह जीवनानुभवों को व्यक्ति से व्यक्ति के बीच कितनी सक्षमता से ले जाती है। कहने का आशय यह है कि भाषा की सारी सार्थकता उसकी संप्रेषण क्षमता में निहित है और काव्य-भाषा काव्य की भाषा होने के कारण ही, अनहोनी नहीं हो जाती कि अपना यह धर्म छोड़ बैठे, जैसा कि काव्य-भाषा को मात्र अभिव्यक्ति मानने वाले लोग उससे करा देते हैं।

यह सही है कि भाषा अनुभूतियों की अभिव्यक्ति है। लेकिन यदि वह अभिव्यक्ति अपने प्रभाव-सापेक्ष वर्गों में संप्रेषित नहीं हो पाती तो अबूझ अतः निरर्थक हो जाती है, अपनी सामाजिक भूमिका का निर्वाह नहीं करती। अतः समाज की नहीं रह पाती। भाषा के महत्व को रेखांकित करने के लिए इसी बात को यों भी कहा जा सकता है कि कलानुभूति बिना गोचर और प्रत्यक्ष हुए अपनी कोई सार्थकता नहीं रखती, अतः वे ही कला-माध्यम महत्वपूर्ण और अर्थपूर्ण है जो इन कलानुभवों को प्रत्यक्ष कर दें। ज़ाहिर है कि भाषा सर्वाधिक सक्षम माध्यम है। इतनी सक्षम कि कभी-कभी तो वह माध्यम होने की भूमिका

1. डा॰ रामविलास शर्मा : भाषा और समाज, पृ. 470

से ऊपर उठ जाती है और अपनी शक्ति से वस्तु-यथार्थ को भी बदलने लगती है।

कला के दायरे में अर्न फ़िशर ने वस्तु और रूप के अंतस्संबंधों को व्याख्यायित करते हुए वस्तु को शिल्प का नियामक तत्व माना है। प्रायः सभी प्रगतिशील विचारक इसे स्वीकार करते हैं। भाषा, वस्तु और शिल्प दोनों का हिस्सा बनकर, दोनों के बीच का पुल बनकर हमारे सामने प्रस्तुत होती है, अतः रूप और कथ्य के संबंध में यह बात भाषा पर भी लागू होती है कि रूप आरोपित अलंकरण नहीं बल्कि आंतरिक प्रक्रिया का अंग है। यानी रूप का भाषा-तत्व (प्रकट) अनुभवों की भाषा (भावध्वनियों) के ज़ोर पर ही निर्भर करता है। जहां कथ्य अधिकाधिक जीवनानुकूल और प्रामाणिक होगा वहां भाषा का प्रकट स्वरूप भी अपने गठन में उतना ही प्रौढ़ और समृद्ध होगा, नवनवीन रूप धारण करेगा। लेकिन इसके विपरीत यदि रूप पुराना और जड़ होगा, जहां भाषा संदर्भानुकूल न बदलने की कसम खा चुकी होगी वहां भले से भला कथ्य भी कहना मुश्किल पड़ जाएगा। फिशर ने माना है कि जहां कथ्य के कारण शक्तिशाली रूप परंपरा पुराने रूप को परिवर्तित करती है, वहीं पुराना शक्तिशाली रूप वस्तु को विकृत भी कर सकता है।[1] इन अर्थों में भाषा की भूमिका माध्यम भर होने से अधिक सिद्ध होती है।

विचार-संप्रेषण और भाव-संप्रेषण अलग-अलग चीज़ें हैं और अलग-अलग मानी भी जाती रही हैं। कविता में भाव-चेतना के अनुरूप ही भाषा की आवश्यकता पड़ती है, लेकिन होता यह है कि नई युगीन जटिलताओं में उत्पन्न उस अनुभव-भाव-राशि के लिए दी गई वर्तमान भाषा ओछी पड़ जाती है। आत्मचेतस और विश्वदृष्टि-संपन्न कवि दी गई उस भाषा की मजबूरी स्वीकार नहीं करता, बल्कि उससे आगे जाकर अपनी चेतना-प्रक्रिया और अभिव्यक्ति की अपेक्षाओं के अनुकूल भाषा का निर्माण करता है। भाषा-निर्माण का अर्थ अपरिचित शब्द गढ़ना नहीं, बल्कि दी गई भाषा के अंगभूत पुराने शब्दों को ही नए अर्थ प्रदान करना होता है, क्योंकि संप्रेषण की धारणा उसके मूल में बनी रहती है। नए भावों, नई संवेदनाओं की कलात्मक अभिव्यक्ति, प्रभाव-सापेक्ष होते हुए भी, यानी संप्रेषण-समर्थ होते हुए भी, विचार-संप्रेषण की भाषा से कुछ और प्रकार की होती है। कारण यही कि प्रचलित शब्द में उसके रूढ़ अर्थ के स्थान पर नए अर्थ-अनुषंग पैर जमा लेते हैं, दूसरे यह कि वर्तमान जटिल वर्ग-विभाजन और जटिल सामाजिक संबंधों के रहते, भाव-समूह भी जटिल हो रहता है। इस जटिलता का ज्यों-का-त्यों बोझ विचार-संप्रेषण की भाषा वहन नहीं कर सकता। हम यह देखते भी हैं

1. अर्न फ़िशर : द नैसेसिटी ऑफ़ आर्ट (अंग्रेज़ी), पृ. 142

कि काव्य-भाषा का अन्य भाषाओं में अनुवाद विचार की भाषा के मुकाबले इसीलिए कठिन या कहें असंभव हो जाता है, क्योंकि काव्य-भाषा में कोरा ज्ञान या कोरा विचार नहीं, बल्कि संवेदनात्मक ज्ञान और ज्ञानात्मक संवेदन रहते हैं।

रचना-प्रक्रिया में संवेदनात्मक उद्देश्यों के सर्वाधिक सक्रिय रहने की बात हम पहले भी कह चुके हैं। कवि की भाषा, यानी उसका शब्द-चयन, पद-विन्यास, वाक्य-विन्यास और मुहावरा-चयन, सब कुछ उसके संवेदनात्मक उद्देश्य से ही परिचालित होते हैं। परिणामतः कविता के निर्माण के अंतिम दौर में चुने गए शब्द और वाक्य अपनी चेतना-प्रक्रिया से गुज़र कर एक निश्चित अर्थ और संदर्भ रखते हैं, एक निश्चित वाक्यक्रम और विन्यास रखते हैं। एक कवि इस चुनाव में अपने संवेदनात्मक उद्देश्यों को कभी पिछड़ने नहीं देता। रचना के नारे में प्रभाव-सजग रहने के कारण वह अपने प्रभावीय श्रोता या पाठक के वर्गीय यथार्थ को उसी के मुहावरे में, उसी की दुनिया के लोकप्रिय शब्दों में व्यक्त करना चाहता है। धीरे-धीरे उनकी एक निश्चित कथन-पद्धति बन जाती है और उसकी रचना का रूप संवरने लगता है। अर्न फ़िशर ने इसके संगठन को बताते हुए लिखा है कि कविता में प्रत्येक शब्द अपने भीतर किसी न किसी काव्य-वस्तु को लिए हुए रहता है तथा उसी को संप्रेषित करता है। लेकिन वह अपने आपमें भी एक वस्तु होता है, स्वायत्त यथार्थ का वाहक। प्रत्येक शब्द अपने आपमें एक कविता होता है, जैसे कोई 'क्रिस्टल' का अणु हो। इसकी मूल स्थिति में छोटा सा परिवर्तन भी रचना को प्रभावहीन बना सकता है, उसके शिल्प-सौंदर्य को, उसके संपूर्ण आकर्षण को समाप्त कर सकता है, उसका सघन-संश्लिष्ट प्रभाव बिखर सकता है।[1] कविता में शब्द-पद वाक्यों की यह संगठना उसे अंतिम रूप प्रदान करती है जो अपनी सार्विक एकता में ही प्रभावक्षम बन पाती है। यानी संप्रेषण की मंज़िल तक पहुंचने में, भावों की लय-ध्वनि को आकार देती है, विविध शब्दों भें, बिंबों-प्रतीकों आदि के ज़रिए, पद-विन्यास, वाक्य-विन्यास के रूप में गोचर होती है। काव्य में आई भावछवियां इसी प्रक्रिया में इतनी क्रमबद्ध, संगठित और सुनियोजित रूप में व्यक्त होती हैं कि उनका कोई ऊपरी परिवर्तन भाषा गवारा नहीं कर सकती।

(ख) सामाजिक-सांस्कृतिक आधार

इसी समझ के तहत हम मुक्तिबोध की काव्य-भाषा पर टिप्पणी करना चाहते हैं। मुक्तिबोध की काव्य-भाषा उपरोक्त अपेक्षाओं में से अधिकांश को पूरा

1. अर्न फ़िशर : द नैसेसिटी ऑफ़ आर्ट (अंग्रेज़ी), पृ. 168

करती है, क्योंकि उसके पीछे रचना की संवेदनात्मक उद्देश्यों से संपन्न एक सचेत प्रक्रिया है। यह प्रक्रिया न केवल जीवन के गतिमय सचेत पक्ष से जुड़ी है, बल्कि एक निश्चित मार्क्सवादी जीवन-दृष्टि से संपन्न है। इस तरह रचना-प्रक्रिया के दूसरे व तीसरे क्षण में द्वंद्वात्मक ढंग से बनते हुए भाषा भी कथ्य की सारी शक्ति समेटने में समर्थ हो पाती है। कहना न होगा कि मुक्तिबोध की काव्य-भाषा जिसे बहुत से आलोचक ऊपर-ऊपर से एवं वस्तु-संदर्भों से विच्छिन्न कर देखते हैं और विश्लेषण-विहीन टिप्पणियां करते हैं, कथ्य की आंतरिक शक्ति के प्रति अनभिज्ञता का परिणाम है। मुक्तिबोध की कविता और प्रकारांतर से उनकी भाषा पर लगाए गए जटिलता, दुरूहता और ऊबड़-खाबड़ होने के आरोप, दरअसल उनके कथ्य तक न पहुंच पाने के परिणाम हैं। डा० शिव कुमार मिश्र एक मार्क्सवादी आलोचक हैं लेकिन मुक्तिबोध के भाषा-शिल्प पर निर्णय देने में वे भी चूक गए। उन्होंने लिखा है– "जिस व्यक्ति का मानस इतने गहरे द्वंद्वों से आक्रांत हो स्वाभाविक है कि वह कला और शिल्प के प्रति अधिक सचेष्ट नहीं रह सकता। मुक्तिबोध के लिए यही सत्य है. . .अप्रस्तुत योजना यदाकदा ही हुई है, छंद उखड़ा हुआ और टूटा हुआ ही दिख पड़ता है।"[1] मुक्तिबोध ने गहरे द्वंद्वों से आक्रांत चरित्रों को केंद्र में रखकर कविताएं लिखी हैं, उसका आशय यह नहीं है कि वह स्वयं गहरे द्वंद्वों से आक्रांत थे। सच्चाई तो यह है कि वे अपने वस्तु-तत्व के प्रति जितने निश्चित रहते थे उतने ही कला, भाषा और शिल्प के प्रति सचेष्ट रहते थे।

मिश्र जी की टिप्पणी पर डा० सम्पत ठाकुर की टिप्पणी भी दर्शनीय है– "मिश्र की एक ही बात सही है कि मुक्तिबोध ने छंद को बंधहीन रखा है किंतु साथ ही यह भी सच है कि यह मुक्त बंदिश उन्होंने जानबूझ कर की है, ताकि लय और तुकों का आग्रह उनके कथ्य की तीव्रता को शिथिल न बना दे।"[2] निश्चित ही मुक्तिबोध कविता में सदैव ही तुकों के हिमायती नहीं रहे लेकिन वे तुकों की शक्ति से भी भली भांति परिचित थे। उनके भाषा-शिल्प को समग्रता से देखा जाना चाहिए।

तुकों के होने या न होने का पैमाना मुक्तिबोध के लिए उनका कथ्य रहा है। अपने भावों और बौद्धिक अनुकूलताओं से समानुपातिक संबंध रखने वाले शब्दों का ही उन्होंने चयन किया। डा० कमला प्रसाद पाण्डेय लिखते हैं– "मुक्तिबोध का शब्द चयन, प्रतीक, भाव और स्थिति बौद्धिक वातावरण के अनुकूल हैं। शब्दों में वातावरण की भयावहता सम्पूर्णता से बाहें फैला

---

1. डा० शिव कुमार मिश्र : नया हिंदी काव्य, पृ. 279
2. डा० सम्पत ठाकुर : हिन्दी की मार्क्सवादी कविता, पृ. 177

देती है।"[1]

भाषा के प्रति मुक्तिबोध अत्यंत सचेत रहते थे, इस बात को हिंदी के अनेक भाववादी आलोचकों ने भी स्वीकार किया है। परमानंद श्रीवास्तव ने टिप्पणी की है– "भाषा की तहें बताती हैं कि भाषा मुक्तिबोध की चिंता है, शिल्प उतनी बड़ी चिंता नहीं है। भाषा को बहुअर्थमयी छवियां देने के प्रयास में मुक्तिबोध की दिलचस्पी नहीं रही है, पर भाषा का वस्तुमय परिप्रेक्ष्य, भाषा का विस्तार, उनका एक प्रमुख सरोकार ज़रूर जान पड़ता है।"[2] भाववादी-रूपवादी समीक्षा भाषा, शिल्प, कथ्य, बिंब, प्रतीक आदि सभी को अलग-अलग मूल्यांकित करती है। यह कहना कि भाषा पर उन्होंने ध्यान दिया, शिल्प पर नहीं, उचित नहीं है।

फिर भी ये आरोप मुक्तिबोध की काव्य-भाषा के सामने कुछ सवाल खड़े कर देते हैं कि वे अतिरिक्त कारण क्या थे जिन्होंने लोगों को जटिलता, दुरूहता और ऊबड़खाबड़त्व के आरोप लगाने के अवसर प्रदान किए। क्या यह मुक्तिबोध की काव्य-भाषा की सीमा है? इस प्रश्न के अतिरिक्त कुछ अन्य प्रश्न भी मुक्तिबोध की काव्य-भाषा के साथ जुड़े हुए हैं जो उनकी सीमाओं को ही रेखांकित करने का प्रयास करते हैं, मसलन मुक्तिबोध की सभी कविताओं में भाषा के उपकरण– शब्द, बिंब, प्रतीक आदि एक से क्यों है? उनकी कविताओं में एक ही भाषा-पैटर्न की बार-बार आवृत्ति क्यों होती है? जिन 'कण्डीशंड रिफ़्लैक्सिज़' से बचने के लिए मुक्तिबोध बार-बार आगाह करते हैं, क्या वे स्वयं उनके शिकार नहीं हैं? एक प्रश्न यह भी कि मुक्तिबोध की कविता कवियों को बहुत कुछ देते हुए भी अनुकरणीय क्यों नहीं हो पाई? क्या इसके पीछे उनकी काव्य-भाषा की भूमिका नहीं थी? लोग ऐसा क्यों महसूस करते हैं, जैसा कि डा॰ लल्लन राय भी करते हैं कि– "मुक्तिबोध के काव्य-शिल्प पर विचार करना उनकी फ़ैंटैसी के शिल्प में अनुस्यूत प्रतीक- योजना, बिम्ब-विधान, मिथक-रचना और विलक्षण रूपक-व्यवस्था को विवेचित-विश्लेषित करना वस्तुतः तलवार की- धार पर दौड़ना है।"[3]

दरअसल ये सारे सवाल युगीन संदर्भों के परिप्रेक्ष्य में ही समझे जा सकते हैं, और तब यह सीमा न बनकर शक्ति के रूप में हमारे सामने आते हैं। शब्दावली के इस्तेमाल में परस्पर विरोधी स्थितियों पर डा॰ हुकुमचंद राजपाल लिखते

1. डा॰ कमला प्रसाद पाण्डेय : छायावादोत्तर काव्य की सामाजिक और सांस्कृतिक पृष्ठभूमि, पृ. 164
2. डा॰ परमानंद श्रीवास्तव : समकालीन कविता का व्याकरण, पृ. 33
3. डा॰ लल्लन राय : मुक्तिबोध का साहित्य-विवेक और उनकी कविता, पृ. 256

हैं– "अंतर्विरोध तथा सटीक शब्द-प्रयोग मुक्तिबोध के कथ्य एवं शिल्प की विलक्षणता है। प्रतिबद्ध, मार्क्सवादी, जनवादी धारणाओं के प्रति सचेत अनुभवशील, संकल्पधर्मी, क्रांति, विद्रोह का कवि अन्तर्विरोधों का संसार भी निर्मित किए है। यह सब उसके गहन चिंतन और संवेदनशील अनुभूतिमय हृदय की सफल परिणति है।"[1]

(ग) काव्य-भाषा की प्राणशक्ति : पुनरावृत्ति

यह तो तय है कि मुक्तिबोध की सारी काव्य-यात्रा का मार्ग मध्यवर्ग ही है। उसी के सुख-दुख, उसी की आशा-निराशा, उसी के संकल्प-विकल्प उनकी कविता में बेहद जगह बनाए हुए हैं। इस तरह कथ्य के क्षेत्रफल की सीमारेखा तो स्वतः ही खिंच जाती है जो कई सारे सवालों का जवाब अपने आप दे देती है। मुक्तिबोध ने मध्यवर्गीय जीवन को इतनी बारीकी और गंभीरता से देखा और महसूस किया कि उनकी कविताएं एक ही कथ्य को एकाधिक तरीकों से व्यक्त करना चाहती है और वे एक-दूसरे की पूरक बनकर सामने आती हैं। पुनरावृत्ति इस व्यापार की स्वाभाविक परिणति बन जाती है, भाषा पर इसका प्रभाव पड़ता है। शशिबाला शर्मा ने लिखा है–"मुक्तिबोध की भाषा की प्राणशक्ति का एक कारण है शब्दों की पुनरावृत्ति। कथ्य की सशक्तता, भयावहता पर अधिक बल देकर उसे अधिक मूर्त रूप में उपस्थित करने के लिए मुक्तिबोध शब्दों की आवृत्ति करते हैं।[2]

शब्दों में ज़ोर पैदा करने के लिए मुक्तिबोध पुनरावृत्ति करते हैं। 'मानता हूं, मानता हूं, मनवाता अड़ा हूं।'[3] वाली शैली में उनके शब्द मानो कह रहे हों– 'यह हुआ, मैं कहता हूं, यह हुआ। मानो इसे।'[4] एक ही तरह की शब्दावली और एक ही तरह के बिंब प्रतीकों का एकाधिक बार इस्तेमाल होना कथ्य के आंतरिक ज़ोर के कारण होता है। उनकी कविता की भाषा की यह तथाकथित सीमा दरअसल उनकी शक्ति है। आवृत्तियों के अनंतर शब्द अपनी अर्थ-प्रक्रिया को उन्हीं भावात्मक साहचर्यों के साथ इस हद तक स्पष्ट कर देते हैं कि शब्दार्थ-बहुलता का भ्रम जाता रहता है। नेमिचन्द जैन को लिखे एक पत्र में मुक्तिबोध ने कहा है– "मेरा ख़याल है कि मेरी भाषा सुन्दर न भी हो सके, वह सशक्त होकर रहेगी, क्योंकि उसके पीछे अंदर का ज़ोर रहेगा।

1. डा॰ हुकुमचंद राजपाल : मुक्तिबोध की काव्य-चेतना और मूल्य-संकल्प, पृ. 164
2. शशिबाला शर्मा : मुक्तिबोध की कविता में यथार्थबोध, पृ. 127
3. मुक्तिबोध : चांद का मुंह टेढ़ा है, पृ. 264
4. मुक्तिबोध : एक साहित्यिक की डायरी, पृ. 21

बताइए क्या मेरा सोचना ग़लत है?"[1] निश्चित ही अपनी भाषा के बारे में मुक्तिबोध का सोचना ग़लत नहीं था। और क्योंकि उसमें अंदर का ज़ोर है, इसलिए वह सुंदर भी है, इसमें संदेह नहीं।

बड़े रचनाकारों के साथ अक्सर ये हुआ है कि उन्होंने जिस जीवन-यथार्थ को महसूस किया है उसे उसके सभी पक्षों में प्रस्तुत करने की उनकी कामना कभी तुष्ट नहीं हो पाती। मुक्तिबोध को लगातार यह महसूस होता था कि जिस यथार्थ को वह प्रस्तुत करना चाहते हैं, समग्रता में प्रस्तुत नहीं कर पा रहे। इसलिए वे अपनी कविताओं पर बार-बार काम करते थे। नेमिचन्द जैन के उसी पत्र में उन्होंने लिखा है– "आप विश्वास नहीं करेंगे, एक कविता को दुरुस्त करने के लिए छह घण्टे लगते हैं। मैंने कई सुधार भी दी हैं। कई तो सुधारने की प्रक्रिया में परिवर्तित हो गई हैं। पता नहीं कब तक मैं कविताओं को यों सुधारता बैठूंगा।"[2] बार-बार सुधारने की प्रवृत्ति के मूल में उनकी यही कामना सक्रिय रहती थी कि कथ्य अपनी समग्रता में प्रस्तुत हो सके।

ऐसी बात नहीं है कि विचार-संप्रेषण (गद्य) में वे पुनरावृत्ति नहीं करते हों, करते हैं और कई-कई बार करते हैं। रचना-प्रक्रिया में तीन क्षण की बात उन्होंने तीन तरह से तीन बार प्रस्तुत की है। उद्देश्य यही रहा है कि वह अपनी बात अधिकाधिक स्पष्ट कर सकें। कविता में भी उनकी यही प्रवृत्ति दृष्टिगोचर होती है, वहां भी वे उस काव्य-भाषा की तलाश करते हैं, जो उनकी सारी संवेदनात्मक-ज्ञानात्मक धरोहर को व्यक्त कर सके।

(घ) निराला शब्द-संसार

यह एक सदाशय है जिसके रहते उनकी लगभग सभी कविताओं में उनके सामान्य विशेषण, प्रतीक-बिंब यहां तक कि समग्र फ़ैंटैसी एक साथ दिख जाते हैं। 'संवलाए', 'कुहरीले', 'श्यामल', 'गहन', 'तिमिर-श्याम', 'अंधियारे' 'सियाह' या 'उजियाले', 'रक्तिम', 'चिलचिलाते', 'किरणीले', 'चमकीले', 'सिन्दूरी-गेरुआ', 'जगमगाते' या 'लक्ष-लक्ष' 'असंख्य', 'अनंत', 'कोटि-कोटि' जैसे भाववाचक, गुणवाचक और परिमाणवाचक विशेषण उनकी प्रायः हर कविता में दिख जाते हैं। कभी-कभी एक ही भाववाचक संज्ञा जो एक कविता में साधारण भाषा के रूप में इस्तेमाल होती है, अन्यत्र जाकर कहीं बिंब बन जाती है, कहीं प्रतीक और कहीं वातावरण का निर्माण करती है– मसलन 'बरगद', 'चौराहा', 'चांद', 'कमल', 'शिशु', 'रत्न', 'पुष्प', 'टीला', 'पहाड़', 'पठार', 'सरीसृप', 'शून्य',

1. मुक्तिबोध रचनावली-6, पृ. 221
2. वही, पृ. 220

और 'मां' आदि ऐसी ही भाववाचक संज्ञाएं हैं। लेकिन ध्यान देने योग्य बात यह है कि इन शब्दों के पीछे ज्ञानात्मक संवेदना का एक ही पक्ष अर्थ-शक्ति के रूप में अंतर्निहित होता है। 'बरगद' शब्द भले अलग-अलग स्थानों पर अलग-अलग रूपों में यानी बिंब, प्रतीक, प्रतीकाभास या वातावरण-निर्माण के रूप में इस्तेमाल हुआ हो, लेकिन उसका केंद्रीय भाव 'जन' के इर्द-गिर्द ही रहता है। जैसे चीनी से बनी हुई विविध मिठाइयों का एक ही स्वाद– मीठापन।

शब्दों के इसी प्रकार के प्रयोग से उनकी कविता का शैल्पिक ढांचा निर्मित होता है। फ़ैंटैसी शिल्प उनकी भाषा के विविध प्रयोगों को अपने अंदर सफलता से समाहित कर लेता है। शब्दों के इस बहुविध प्रयोग के पीछे निश्चित ही रचनाकार में एक आत्मविश्वास और साहस होना ज़रूरी होता है। यह साहस और आत्मविश्वास मुक्तिबोध जीवन के यथार्थ से ग्रहण करते हैं। अंधेरे या उसके पयार्यवाची शब्दों को संज्ञा के रूप में इस्तेमाल करते हुए या उन्हें विशेषण बनाते हुए मुक्तिबोध उनके पीछे छिपी हुई सामाजिक सच्चाई को बड़ी तीव्रता से महसूस करते हैं। अत: भाषा के बाह्य रूप की अकेली चिंता नहीं करते। कथ्य की यह अतिरिक्त शक्ति ही भाषा को अपने साथ ही साथ शक्तिशाली बनाती चलती है। भाववादी, मुमूर्ष पूंजीवादी कवि जहां शब्द (भाषा) को साध्य मानकर उसकी नक्काशी करने में अकेला श्रम खर्च करते हैं और भाषा के इस स्तर तक नहीं पहुंच पाते वहां मुक्तिबोध की काव्य-भाषा बिना सतर्क और अतिरिक्त प्रयासों के बेहतर बनती चली जाती है। भाषा कबीर की तरह उनकी चेरी हो जाती है। कारण यही कि कबीर के पास भी सामाजिक चेतना थी और कहने को बहुत कुछ था उसी तरह मुक्तिबोध भी समाज-चेतस-विश्व-दृष्टि संपन्न हैं। और उनके पास कहने को बहुत कुछ है। लेकिन जिनके पास कहने को कुछ नहीं होगा, और कविता के लिए कविता करना जिनका उद्देश्य होगा, वे भले ही काव्य-भाषा को साध्य बना लें, पर उस ऊंचाई तक कदापि नहीं पहुंच सकते। अज्ञेय ताउम्र शब्द-शिल्पन करते रहे लेकिन उनका साहित्य मुक्तिबोध की भाषागत ऊंचाइयों को नहीं छू सकता। स्वयं अज्ञेय की कविताएं घनघोर पुनरावृत्ति की शिकार रहती हैं– 'मौन', 'नाद', 'महामौन' आदि अस्पष्ट और निरर्थक शब्द उनकी कविताओं का केंद्र होते हैं, वही कथ्य, वही भाव, वही मुद्राएं बरकरार रहती हैं और कहने के नाम पर विशेष कुछ नहीं होता। जीवन की हलचल से दूर रहने पर 'मौन' की 'सागर-मुद्राएं' देर तक दूर तक नहीं ढोई जा सकतीं, जल्दी ही टूट जाती हैं, बिखर जाती हैं। मतलब यह कि भाषा को सौंदर्य प्रसाधन समझने वाले, केवल ऊपरी चीज़ समझने वाले कभी सुगठित सौंदर्ययुक्त भाषा नहीं दे सकते। मेक-अप से अपनी कुरूपता ढकने वाली महिला की तरह कुछ देर तो वे दर्शकों / पाठकों को अवश्य चकमा दे सकते हैं पर क़रीब पहुंचने पर छद्म नहीं ढक पाते। वास्तविक काव्य-भाषा-सौंदर्य अंतर्तत्व

फ़ैंटैसीगत रूपायन, उनके अद्‌भुत भाषा-सामर्थ्य का द्योतक है। एज़रा पाउंड ने एक जगह लिखा है– "पूरी ज़िंदगी में एक भाव-चित्र का निर्माण कर सकना कहीं अच्छा है, मोटे-मोटे ग्रंथों को लिखने की तुलना में।" मुक्तिबोध ने एक नहीं हज़ारों भाव-चित्र प्रस्तुत किए हैं। 'मेरे सहचर मित्र' कविता में शाल्मलि वृक्ष तले उद्विग्न खड़े वनवासी अर्जुन का प्रतीकात्मक भाव-चित्र वर्तमान युगीन समस्त मानव समस्याओं को अत्यंत संवेदनात्मक प्रौढ़ता से प्रस्तुत कर देता है। अर्जुन का सोचना यह है कि मानव के इस तुलसी वन में क्यों आग लगी, मन की यह गहरी सज्जनता क्यों मारी-मारी फिरती है, दुख के कीड़ों ने जीवन की ये जुही-पत्तियां क्यों खाईं, वृंदावन के मानव-सुलभ सहज आकांक्षाओं के तरु क्यों ठूंठ हुए? कारण यह कि मानव-आदर्शों के गुंबद में आज यहां उलटे लटके चमगादड़ पापी भावों के। 'तुलसीवन', 'दुख के कीड़े', 'जीवन की जुही-पत्तियां', 'वृंदावन' 'आकांक्षाओं के तरु' 'ठूंठ होना', 'गुम्बद', 'चिमगादड़' आदि शब्द और शब्द-पद कवि के गहन संवेदनात्मक ज्ञान और संवेदनात्मक उद्देश्यों के रहते ही रचे जा सके हैं। पूंजीवादी व्यवस्था में अमानवीकरण की प्रक्रिया, जनता की स्थिति और उसके कारणों को व्यक्त करने के लिए उपरोक्त शब्द-चयन उनकी पक्षधरता और वृहद् मानवीय चेतना का परिचायक है। अर्जुन के माध्यम से इस यथार्थ चित्र को प्रस्तुत करने के बाद मुक्तिबोध कविता में आगे कहते हैं :

"यह भीतर की ज़िंदगी नहाती रहती है/ हिय के विक्षोभों के खूनी फव्वारों में/ अंगारों में / इस दिल के भरे रिवाल्वर में / बेचैनी ज़ोर मारती है, इसमें क्या शक।"[1]

मुक्तिबोध जिस समय, सामाजिक यथार्थ को विविध बिंबों, प्रतीकों, उपमाओं और लक्षणाओं आदि के माधयम से बड़ी फ़ैंटैसी में रूपांतरित करते हैं, यह उनकी रचना-प्रक्रिया के सर्वाधिक महत्वपूर्ण क्षण होते हैं। उन्हीं के अनुसार यह रचना-प्रक्रिया के दूसरे और तीसरे क्षण के बीच घनिष्ठ द्वंद्वात्मक संबंध हैं। भाव भाषा तलाशने के लिए द्वंद्वरत रहते हैं और भाषा भावों की कांट-छांट करने में। मुक्तिबोध की कविताओं को देखने से पता चलता है कि यदि उनके भाव और भाषा के समग्र द्वंद्व को रूपायित कर दिया जाय तो वह भयानक लंबा होगा। कोई भी कविता एक महाकाव्य की मोटाई से पहले ख़त्म होकर नहीं देगी। यह बहुश्रुत बात है कि मुक्तिबोध अपनी कविताओं पर बेहद मेहनत करते थे, कांट-छांट करते थे, पर यह सच है कि मुक्तिबोध जिस कथ्य को चुनते थे उसके लिए भाषा के विराट फलक की ज़रूरत महसूस होती ही थी।

इसी संदर्भ में मुक्तिबोध की भाषा पर, उसकी सीमा के रूप में लगाए

---

1. मुक्तिबोध : चांद का मुंह टेढ़ा है, पृ. 101

गए एक सवाल पर और विचार करें कि क्या यह दुरूह और जटिल है। हालांकि यह सही है कि भाषा और भाव द्वंद्व के क्षणों में, भाषा अक्सर भाव की तुलना में भारी रही है और उसके ज़रिए भाव तक पहुंच पाना दुर्गम प्रतीत होता है, तथापि ऐसी बात नहीं कि उसने पाठक के सामने अनर्गल और व्यर्थ रुकावट का काम किया हो या भाव की हत्या कर दी हो। दरअसल यह मुक्तिबोध की शिल्प के बारे में समझ के कारण था। 'जनता के साहित्य' के बारे में स्पष्ट धारणाएं रखते हुए भी उनका मत था कि यह ज़रूरी नहीं है कि यथार्थवादी कथ्य को यथार्थवादी शिल्प में ही कहा जाय, यथार्थवादी कथ्य को भाववादी शिल्प में भी कहा जा सकता है।

यथार्थवादी कथ्य को भाववादी शिल्प में अभिव्यक्त करने की अपनी इस धारणा को यद्यपि उन्होंने अपनी कविताओं से सिद्ध कर दिया, लेकिन उन्हें उसके लिए बड़ी कीमत चुकानी पड़ी। उनकी इस धारणा का दोष भी अकेले उनके मत्थे नहीं मढ़ा जा सकता। वस्तुतः हम यह नहीं भूल सकते कि मुक्तिबोध नई कविता के अभिन्न अंग थे और खासकर उस समय यथार्थवादी-प्रगतिवादी बात कर रहे थे जबकि प्रगतिवाद को अपनी सपाटबयानी और सीधेपन के लिए कोरा प्रचार होने के आरोप सहने पड़ रहे थे। शीतयुद्धीय साहित्यिक राजनीति यहां की उच्च सांस्कृतिक भूमि पर पैर जमा चुकी थी और प्रगतिवाद एकाएक मरणासन्न दिखाई देने लगा था। उन स्थितियों में यदि मुक्तिबोध ने भाववादी बुर्जुआ शिल्प का इस्तेमाल किया भी तो अपने कथ्य की रक्षा में यह एक बड़ी चुनौती को एक समर्थ जवाब था और यह सच भी है कि मुक्तिबोध के नाम पर बड़े-बड़े नामधारी, शीतयुद्ध के पुराने तीरंदाज़ों को सांप सूंघ जाता है। दूसरे, मुक्तिबोध के समय में जनांदोलनों का स्वरूप ठीक वही नहीं था जो आज है, निश्चय ही जनांदोलन रचनाकार की चेतना-प्रक्रिया को दूर तक प्रभावित करते हैं और उसे अपनी आवश्यकताओं को पूरा करने को बाध्य करते हैं। रूस पर फ़ासिस्टी आक्रमण के समय यदि मुक्तिबोध सीधे-सरल, छंदोबद्ध, सहज-संप्रेषणीय ढंग से यह लिख सकते थे कि– फ़ासिस्तों की अंधकार मेघों सी सेना चीर। चली हज़ारों लाल किरण सरिताएं तीव्र अधीर– तो यह ज़रूरी नहीं था कि जीवित रहने पर आज भी वह उसी भाषा-शिल्प से जुड़े रहते। उनके भाषा-शिल्प की अनुकरणहीनता के बावजूद उनसे बहुत कुछ सीखने की हामी इसी बात को सिद्ध करती है।

• • •